Hans Eggerts · Der Kleine Münsterländer Vorstehhund

Hans Eggerts

Der Kleine Münsterländer Vorstehhund

Pflege · Abrichtung · Zucht

7., überarbeitete Auflage

38 Farbfotos
112 Schwarz-Weiß-Fotos
7 Zeichnungen

Verlag J. Neumann - Neudamm

Die Deutsche Bibliothek – CIP-Einheitsaufnahme

Eggerts, Hans:

Der Kleine Münsterländer Vorstehhund: Pflege, Abrichtung, Zucht / Hans Eggerts. – 7., überarb. Aufl. – Morschen-Heina: Neumann-Neudamm, 1995.

ISBN 3-7888-0662-1

Unter Straße 3, 34326 Morschen-Heina

Printed in Germany

Titelgestaltung: Philipp Schneider unter Verwendung eines Gemäldes „Blanka von der Rohrteichwiese" aus der Jagdgalerie Knut Pezus, 35216 Biedenkopf 5

Reprotechnik: repro team kassel gmbh, 34266 Niestetal-Sandershausen

Gesamtherstellung: Delo Druckerei GmbH, SLO – 61000 Ljubljana; Slovenien

Vorwort

„Der Kleine Münsterländer Vorstehhund ist eine Forderung der Zeit, denn Großstadt, Mietwohnungen, Wagen- und Autofahren verlangen einen leicht unterzubringenden Jagdgefährten". Das schrieb Edmund Löns im Jahre 1912. Heute stellen unsere Hunde die drittstärkste Gruppe bei den Prüfungen. Eine solche dynamische Entwicklung konnte Löns wohl nicht voraussehen. Diese war auch nur möglich, weil es zu allen Zeiten Frauen und Männer gegeben hat, die verantwortungsbewußt die Zucht in die richtige Bahn lenkten. Viele wirkten im stillen, manche Namen gerieten in Vergessenheit.

Seit Erscheinen der Bücher von Löns und Dr. Jungklaus sind mehr als 60 Jahre vergangen. Eine Neuauflage dieser Bücher würde sie völlig verändern. Aus diesem Grunde entschloß sich der Verlag im Jahr 1976 zur Herausgabe eines neuen Buches. Dieses Buch ist für mich eine besondere Verpflichtung, weil es sicherlich nur selten vorkommt, daß drei Generationen – wie in meiner Familie – gemeinsam mit dem KlM das Waidwerk ausübten und sich in verschiedensten Funktionen des Verbandes betätigten.

Durch die Kriegs- und Nachkriegsereignisse gingen viele Unterlagen verloren. Eine der geschichtlichen Hauptquellen ist die Deutsche Jäger-Zeitung, deren Verleger, der Geheime Kommerzienrat Neumann, das Jagd- und Jagdgebrauchshundwesen großzügig gefördert und entscheidend zu seiner Entwicklung beigetragen hat. Leider gibt es keine geschlossene Sammlung dieser Zeitung mehr, so daß umfangreiche Ermittlungen und Reisen auch zum Studium dieser Quellen notwendig wurden.

„Was aus dem Hunde wird, können wir durch eine sachgerechte Ausbildung beeinflussen. Die Dressurmittel selbst müssen im Jäger liegen, und Geduld und abermals Geduld, Selbstbeherrschung auch bei schwerstem Widerstand, eine unendliche Tierliebe und ein Hineindenken in die Tierseele gehören dazu". So schrieb einst der ostpreußische Falkner, Züchter und Führer von KlM, Professor Dr. Thienemann, ehemaliger Leiter der Vogelwarte Rossitten.

„Aber was wissen wir schon von den geheimsten Antennen tief drinnen in einer Tierseele?" fragt der Jagdschriftsteller Cramer-Klett und führt weiter aus, „daß trotz zahlloser Gelehrter und Dichter und eines unübersehbaren Rudels auf die Menschheit losgelassener Psychologen wir nicht einmal die eigene Seele bis hinein in den Grund dessen kennen, was wir das Menschenherz nennen."

Die in diesem Buch gewählte Reihenfolge der Abrichtefächer ist auf den von mir jahrzehntelang geleiteten Jagdgebrauchshund-Führerlehrgängen – die mir am meisten Freude von allen Funktionen bereitet haben – und bei der Ausbildung der Jungjäger praktiziert worden.

Die Ausbildung in der Feld- und Wasserjagd sowie im Buschieren sollte in der Regel im ersten Feld abgeschlossen sein, während die Abrichtung in der Waldjagd (Schweiß, Stöbern) erst im darauffolgenden Jahr beginnen sollte.

Diese 7. Auflage wurde infolge des gestiegenen Informationsbedürfnisses und dem Zuchtfortschritt entsprechend überarbeitet. Mein Konkurrent Schröder legt besonderen Wert auf züchterische Dinge. Wir auch. Aber es enststeht der Anschein, als hätten wir auf sein Buch reagiert. Das sollte vermieden werden.
Möge mein Buch das Verständnis für unseren Hund vertiefen, die Ausbildung erleichtern und dazu beitragen, daß der KlM nach dem Ausspruch Hegendorfs (1936) das bleibt, was er immer war:
der kleine Universalhund.

Hamburg, im Frühjahr 1994 — Hans Eggerts

Inhalt

Einführung

Rassetypische Merkmale

Der KlM hat einen harmonischen, nicht zu kräftigen, zweckmäßigen Körperbau, der ihn zu höchsten jagdlichen Leistungen befähigt. Die Schulterhöhe von 50 bis 56 cm wird den jeweiligen jagdlichen Anforderungen und dem persönlichen Geschmack gerecht. Charakteristisch sind seine eleganten Bewegungen und seine federnde Gangart. Die „Leichtfüßigkeit" unseres Hundes zeigt sich beim Traben, besonders dann, wenn er den Schritt wechselt.

Das mittellange Haar ist hart, schlicht, auf der Kruppe und dem Behang zumeist leicht gewellt. Manchmal bildet sich zwischen den Augen eine kleine Scheitellocke.

Unser Hund ist weiß-braun oder geschimmelt mit kleineren oder größeren oft unsymmetrischen Platten und Farbtupfern. Die braunen Platten variieren von Schwarz- bis Hellbraun. Lohfarbene Flecke kommen an der Lefze, der Backe, oberhalb des Auges (Vieräugel genannt) und manchmal auch am Waidloch und Rutenansatz (Jungklaus'sche Abzeichen) vor.

Der edle Kopf ist trocken und der Oberkopf mäßig breit, leicht gewölbt mit allmählichem Übergang zum Fang (geringer Stopp). Der langgestreckte, sich ein wenig nach vorn verjüngende Fang ist kräftig und der Nasenrücken gerade oder leicht gebogen. Die Lefzen liegen fest aufeinander. Die breiten, hochangesetzten Behänge liegen fest an, laufen nach unten spitz zu und reichen nach vorn gezogen bis etwa zum Mundwinkel. Sie sind gut behaart, leicht lockig, deren Fransen über die Behangspitzen hinausragen.

Die Augenlider liegen fest am Augapfel und bedecken die Bindehaut. Die dunkelbraunen Augen leuchten in der Dunkelheit rot.

Der fast rechteckige Rumpf macht beim Traben wellenartige Bewegungen, und die Haut schiebt sich von einer Seite zur anderen. Der leicht geschwungene Hals ist muskulös, der Rücken eisenhart, die Lenden (Nierenpartie) sind sehr kräftig und die Rippen leicht gewölbt. Die tiefe Brust ist sehr geräumig und der Bauch wenig aufgezogen.

Die Läufe sind gerade, kräftig und die Pfoten rund, gewölbt, geschlossen und zwischen den Zehen behaart. Die Rückseite der Läufe sind stark behaart (Vorderläufe: befedert; Hinterläufe: behost).

Die lange Rute mit der langen breiten Fahne wird gerade getragen; sie darf im letzten Drittel leicht nach oben gekrümmt sein. Die Rute mit einer prächtig entwickelten Fahne ist das Wahrzeichen unseres Hundes.

Wesen

Der KlM ist ein vielseitiger, leicht zu führender Jagdgebrauchshund mit großer Arbeitsfreude. Er scheut weder Dornen, scharfes Schilf noch Ver-

letzungen und ist gegen eisige Kälte unempfindlich.
Unser Hund ist sehr gelehrig, intelligent und hat ein hervorragendes Gedächtnis. Das Erlernte vergißt er auch nicht bei seltenem jagdlichen Einsatz.
Seine Umgebung beobachtet er sehr aufmerksam, er hört und sieht alles. Auf Ansitz und Pirsch drehen und wenden Jäger und Hund im Gleichklang ihr Haupt. Beide bilden dann eine vollendete Harmonie.
Er ist sehr unternehmungslustig, schleppt vieles heran und ist noch im hohen Alter stets zu einem Spiel bereit. Seine fröhliche Stimmung zeigt sich auch, wenn er den Fang halb öffnet und uns mit blitzenden Zähnen „anlacht".
Breit gefächert sind seine Empfindungen und fein abgestimmt seine Lautäußerungen. Ist es notwendig, reagiert er schnell und stellt sich Fremden feindlich entgegen. Die gesträubten Rückenhaare, der gekräuselte Nasenrücken, die gefletschten Zähne und leises tiefes Knurren kündigen den Angriff an. Bissig ist er nie.
Für Lob ist er sehr empfänglich. Geschieht es zu oft und reichlich, ist er überschäumend in seinem Glücksgefühl. Eine nachgiebige Haltung wird sofort von ihm erkannt und ausgenutzt. Deshalb muß er konsequent, aber nicht zu hart behandelt werden. Manchmal ist er ein wenig dickköpfig. Mit allen vier Läufen stemmt er sich gegen den Leinenzug oder ignorert den Befehl. In solchen Fällen fühlt er sich falsch verstanden und behandelt, was meistens auch zutrifft.
Die mittlere Statur erlaubt es, ihn auch in der Wohnung zu halten. Er ist ruhig, wachsam und schnell stubenrein.
Gern sucht er Familienanschluß. Weil er sehr anhänglich und anpassungsfähig ist, möchte er immer mitgenommen werden.

Bonceur 2 (gew. 9.5.07), Stammvater der Heitmann-Linie mit Clemens Heitmann Junior (Aufnahme aus 1915)

Geschichtliches

Entwicklung des Jagdgebrauchshundwesens

Nach Verkündung der Jagdausübung durch jedermann auf eigenem Grund und Boden (1848) waren nicht genügend Jagdhunde vorhanden. Deshalb wurden ausländische Rassen eingeführt und oft mit altdeutschen Hunden gekreuzt.

Die im Jahre 1879 gegründete Delegierten Commission (DC) legte erstmals für einige Hunderassen den Standard fest. So begann die Zucht mit schriftlich nachgewiesener Abstammung.

Hegewald (Freiherr von Zedlitz und Neukirch) forderte Zucht nach Leistung. Unter seinem und dem Einfluß Oberländers (Karl Rehfus) trennten sich die Jagdgebrauchshundvereine von der DC und gründeten im Jahre 1899 in Hannover den heutigen Jagdgebrauchshundverband.

Kleine langhaarige und helle Hunde wurden als Blendlaternen bekämpft, weil sie als nicht für die Jagd geeignet gehalten wurden, denn nach damaliger, viel vertretener Auffassung wird nur ein gedecktfarbiger Hund nicht vom Wild und von Wilderern gesehen.

Wertvolles Zuchtmaterial ging dadurch verloren, lokale Jagdhundschläge starben aus oder wurden in weit abgelegene Gegenden zurückgedrängt und führten dort ein bescheidenes Dasein, wie unser KlM.

Die Münsterländer vor der Vereinsgründung

Seit Jahrhunderten war der Heidewachtel der beliebteste Jagd- und Haushund der niedersächsischen Bauern. Im 19. Jahrhundert lebten nur noch wenige dieser Hunde in den abgelegenen Dörfern des Bergischen Landes und des Münsterlandes in der Gegend von Dorsten, Borken, Coesfeld, Horstmar, Alstätte, Burgsteinfurt, Lingen, Westerstede, Osnabrück, Soest, Ostik an der Lippe sowie bei Alfeld an der Leine und Hildesheim.

In den unübersichtlichen Heide-, Moor- und Buschrevieren suchte unser Hund unter der Flinte ausdauernd, gründlich, mäßig flott und vorsichtig, damit das Wild nicht vorzeitig rege wurde. Scherzhaft sagte man von ihm, wegen seines enormen Fleißes und seiner geringen Größe habe er sich von unten abgelaufen. Gefundenem Wild stand er fest vor. Flüchtendem Wild prellte er manchmal nach. Bei jagdlich erfahrenen Hunden galt das nicht als Fehler, weil das Wild meistens tödlich getroffen war. Das kranke Wild wurde energisch gehetzt, gegriffen und freudig gebracht. Dressiert wurden diese Hunde nicht. Im ständigen Jagdeinsatz lernten sie, wie sie den Jäger am besten zu Schuß bringen konnten.

Wegen der vielen Hecken in seiner jagdlichen Heimat nannte man den KlM Heckenhündchen, aber auch

Magister- und Pastorenhündchen, weil er oft von diesen gezüchtet und geführt wurde. Ebenso gebräuchlich waren die Namen Spion, Spannjer und Spiönken, denn die vorsichtige Suche nach dem Wilde kam dem Ausspionieren gleich. In anderen Gebieten kannte man ihn als münsterländische Rasse, und Lehrer Heitmann nannte seine Hunde Heidewachtel.
Diese Berichte verdanken wir Alberts, Bömcke, Flume, Graes, Dr. Helker, Heitmann, Wolberg, Isfort, Nienhaus, von Beverförde-Loburg, Rocholl, Schürbrock, Löns, Gerdes, Hienen, Hansberg, Jaspers, Ulken, Jakobi, Moeller und Noelle. Bis auf Heitmann, Moeller, Noelle und Wolberg haben sie den KlM nicht gezüchtet oder geführt. Sie kannten ihn aus ihrer Jugendzeit oder aus Berichten älterer Jäger.
Moeller, Straßburg, jagte viel im Münsterland, sah dort die KlM und führte von 1900 bis 1904 selbst einen Rüden. Er rühmte die Klugheit und Vielseitigkeit der sehr selbständig jagenden Hunde, die oft schußhitzig waren. Von den Jägern hörte er, daß Lehrer Heitmann KlM züchtete und führte.

Der Zuchtstamm des Lehrers Heitmann

Vom Gastwirt August Heßling, Leer bei Burgsteinfurt, der seit etwa 1850 KlM züchtete, erwarb im Jahre 1877 Lehrer Heitmann, Burgsteinfurt, seine erste Hündin, die er Flora nannte. Seine letzte etwa im Jahre 1900 gewölfte 3. Flora wurde als erster KlM im Zuchtbuch erfaßt.

Anmerkung: Aus Gründen der Übersichtlichkeit werden bereits jetzt den Namen der Hunde der spätere Zwingername und die Zuchtbuchnummer hinzugefügt.

Flora III 1 aus Flora II nach Tell Wattendorf suchte ruhig, gründlich, stand fest vor, jagte laut und verwies das verendete Wild. Das schlichte Haar war weiß-braun, das Auge dunkel. Ihre weiß-braune Schwester Minka hatte ein sehr gutes Gebäude.
Flora wurde von Tell Greving gedeckt. Am 9. 5. 1907 fiel ein Wurf in unbekannter Stärke. In diesem Wurf lagen Boncoeur 2, Tasso 3 und Hertha von Loburg 4. Das war der letzte von Heitmann gezogene Wurf. Heitmann starb im Jahre 1917.
Der weiß-braune Boncoeur war sehr passioniert, stand fest vor, stöberte laut und war gehorsam am Wild (B: Lehrer Heitmann jun., Alstätte). Tasso, Weiß mit wenig Braun, hatte eine weinglasförmige Blesse und war stämmig (B: Rendant Schmitz, Notteln). Hertha hatte ein Schultermaß von 45 cm und war nach Löns und Rühl der Idealtyp des KlM. Die weiß-braune Hündin suchte wie ein Setter mit sehr guten Feldmanieren und stöberte laut (B: von Beverförde-Loburg, Ostbevern).
Hermann Asbeck, Alstätte, paarte die Geschwister Boncoeur und Hertha. Im Wurf vom April 1910 lag die weiß-braune Flora v. Westerberg 5 (B: W. Heckhoff, Osnabrück), die et-

was hoch auf den Läufen stand und ein Modell der Rasse war (Engler, Löns). Im zweiten Wurf vom November 1910 lagen mindestens 5 Hunde. Die weiß-braune Diana v. Nettethal 6 war klein mit vorzüglichem Körperbau (B: C. Osterhaus, Haste). Die Kleinste im Wurf war Diana v. Schlichteberge 7, die fest vorstand und sehr passioniert im Wasser war (B: Lehrer Pleister, Osnabrück). Die weiß-braune Flora v. d. Bokelwarth 26 hatte einen weißen Stirnfleck (B: W. Blohm, Delmenhorst). Lindo Asbeck 71 und Hektor Asbeck 72 hatten viel Weiß und wenig Braun.

Nachkommen der Hertha v. Loburg 4 mit Boncoeur 2 – Heitmann-Geschwister

Hertha v. Loburg 4

Flora v. Westerberg 5, Idealtyp nach Jungklaus

Diana v. Nettethal 6

Flora v. d. Bokelwarth 26

Borkemeier führte seiner Minka den von den Brüdern König, Leer bei Burgsteinfurt, gezogenen weiß-braunen Lord Schleithoff 28 zu. Im Wurf vom November 1910 lag offensichtlich nur die Hündin Purzel 54. Lord hatte eine Schulterhöhe von 48 cm, war übermäßig muskulös und wirkte grob. Zuchtbuchführer Rühl bezeichnete (1913) den Rüden als klobig mit

zu schweren Läufen. Das Auge war hell. Er war stark gemantelt.
Auf seinen jagdlichen Streifzügen lernte Hegemeister Edmund Löns Heitmann kennen und glaubte, in dessen leichtführigen Arbeitshunden seinen Idealhund gefunden zu haben. Am 9. 12. 1910 berichtete Edmund Löns erstmals über diese Hunde. Besonders fiel Löns das haselnußfarbene Auge auf. Bemängelt wurde die hin und wieder vorkommende steile Hinterhand und Schulter. Der Bericht enthält weder Angaben über die Abstammung noch Namen von Züchtern und Führern. Ausgelöst wurde er durch eine Veröffentlichung des Försters Rudolf Frieß über den in Süddeutschland beheimateten stöbernden Deutschen Wachtel.
Auf Anraten von Löns und Heitmann paarte Beverförde-Loburg seine Hertha 4 mit dem Rüden Lord-Schleithoff 28 (B: Schulte-Schleithoff). Im Wurf vom 4. 5. 1911 lagen mindestens 3 und im Wurf vom 12. 11. 1911 mindestens 6 weiß-braune Welpen.
Von einigen Hunden aus diesen Würfen wird berichtet: Mascotte v. Loburg 8 (B: Bartscher) war derb, langrückig, hatte starke Knochen, stand schlecht vor, leistete Gutes beim Stöbern und der Wasserarbeit. Ilse v. Loburg 12 (B: Bartscher) war gedrungen, hatte einen schweren Kopf, stand fest vor und hatte ein feuriges Temperament. Sie brachte sicher verloren. So fiel z. B. einmal ein Hase in ein tiefes Loch, und Ilse konnte den Kranken nicht herausziehen. Sie verbellte so lange, bis der Besitzer kam und den Hasen herausholte. Heila v. Loburg 15 (B: Eilers) war ein Setter in Kleinformat mit einem kurzen Rücken. Sie suchte sehr schnell. Blitz v. Loburg 16 (B: Eilers) hatte eine kräftige Figur. Ursel v. Loburg 18 (B: Jesch) leistete alle Arbeiten eines großen Vorstehhundes mit unbändiger Jagdlust. Bei Ansitz und Pirsch verhielt sie sich ruhig. Ihres angenehmen Wesens und Benehmens im Hause wegen wurde sie bald zum Familienmitglied.

Nachkommen der Hertha v. Loburg 4 – Heitmann – mit Lord Schleithoff 28 – Fremdblut

Mascotte v. Loburg 8

Silva v. Loburg 9

Lore v. Loburg 14

Am 8. 2. 1912 erschien von Löns ein weiterer Artikel unter der Überschrift: Der Spion – ein vergessener Jagdhund. In Wort und Bild wurden Hertha 4, Flora 26, Lord Schleithoff 28 und die 7 Monate alten Mascotte 8, Silva 9 und Spion v. Loburg 10 vorgestellt. Löns forderte alle Jäger auf, über den KlM zu berichten, und sprach die Vermutung aus, daß es in der Gegend von Dorsten noch KlM gebe. Über die Zukunft der Zucht schrieb er: „Wir erwerben uns ein großes Verdienst als Züchter, wenn wir diesen Stamm des Wachtelhundes frei von jedem Tropfen fremden Blutes unseren Nachkommen überliefern."
Der Löns'sche Artikel brachte nach Francke, Essen, die ganze Jägerei auf die Läufe, von denen einige über die KlM im 19. Jahrhundert berichteten. Auf diese Weise wurden auch die bei Dorsten beheimateten KlM der Öffentlichkeit bekannt.

Der Zuchtstamm des Jagdaufsehers Wolberg

Der Rentner Ludwig von Hamm, Coesfeld, züchtete ebenfalls etwa seit der Mitte des 19. Jahrhunderts KlM. Von ihm erwarb Rechtsanwalt Feldhaus, Coesfeld, Welpen, der aus seiner Zucht KlM an Uhrmacher Brüning, Tungloh bei Gescher, abgab und der wiederum an den Jagdaufseher Wolberg, Dorsten-Hervest. Es waren dies die im August 1906 gewölften Hündinnen Cora, Mirzel I, Hervest 37 und der Rüde Rino Hervest 36.
Der körperlich sehr gut entwickelte Rüde war ein typischer Vertreter unserer Rasse. Auf der Jagdsuche des KlM-Vereins am 3. 10. 1913 wurde der sehr gut abgerichtete Rüde Prüfungssieger. Seine Nasenleistungen waren sehr gut und die Arbeiten im Feld, Wasser und beim Stöbern hervorragend (B: Kunstmaler Dr. Haniel, Bonn; F: Wolberg).

Rino Hervest 36 aus Polly nach Caro – Dorsten

Wolberg paarte Rino mit seiner Schwester Mirzel. Am 5. 4. 1909 fiel ein weiß-brauner Wurf, in dem mindestens 5 Welpen lagen. Mylord Hervest 38 war nach Bömcke der feinnasigste Hund im Wurf. Der von Löns zeitweise geführte Rüde fand rasch, stand fest vor, zog nach und sekundierte. Kleine Gehölze umschlug er und zeigte sich drückendes Wild an. Vom Wesen dieses Hundes wird berichtet, daß er, von seinem Herrn getrennt oder eingesperrt, in hochgradige Erregung geriet und alle Hindernisse überwand, aus dem Zwinger ausbrach und hohe Mauern überfiel, nur um wieder bei seinem Herrn zu sein. Waren Herr und Hund beisammen, war der Rüde der fügsamste Hund (B: Bartscher). Dieser Charakterzug soll auch anderen Dorstener Hunden zu eigen gewesen sein. Mirzel II Hervest 40 war eine sehr schöne Hündin mit vollendetem Körperbau. Auf der Jagdsuche 1913 zeigte sie recht gute Leistungen. Im Wasser war sie nicht sehr passioniert. Sie erhielt den 2. Preis (BF: Wolberg). Flora Hervest 41 wurde ebenfalls auf der Suche geführt (BF: Förster Geißler, Dorsten) und war in ihren Leistungen sehr gut.

Unterscheidungsmerkmale der Zuchten

Die Hunde Heitmanns waren sehr lebhaft, zierlich, hochläufig, stark behaart und hatten ein Schultermaß von 40 bis 50 cm. Sie jagten spurlaut. Die Dorstener-Hunde waren ruhig, kräftig, lang im Rücken, hatten lockiges Haar und manchmal eine Stirnlocke zwischen den Augen. Die Schulterhöhe lag meistens über 50 cm. Oft waren sie stumm.

Namensgebung der Zuchten

Immer öfter sprach man von Heitmann- und von Dorstener-Hunden. Die Wahl einerseits eines Personennamens und andererseits eines Heimatnamens dürfte willkürlich gewesen sein. Löns nannte den KlM nur Heidewachtel.

Vereinsgründung

Der „Verein für Kleine Münsterländer Vorstehhunde (Heidewachtel)" wurde am 17. 3. 1912 in Osnabrück gegründet. Dem Verband schlossen sich 67 Mitglieder an. In den Vorstand wurden gewählt: Großkaufmann Anton Bartscher, Osnabrück (1. Vorsitzender); Eduard Petersilie, Osnabrück (Schatzmeister); M. W. Rühl, Burgsteinfurt (Zuchtbuchführer); Edmund Löns (Schriftführer) und in den Beirat W. Blohm, Delmenhorst; Rentner Gustav Bömcke, Detmold; Gastwirt C. Osterhaus, Haste bei Osnabrück; Suhrmann, Bremen und Trinnè, Rheine.
Nach der Satzung vom Juli 1912 gehörte es zu den Aufgaben des Vereins, Leistungs- und Schönheitsprüfungen zu veranstalten, Preisrichter zu ernennen, ein Zuchtbuch zu führen und die die Rasse betreffende Literatur zu sammeln. Im Juni 1912

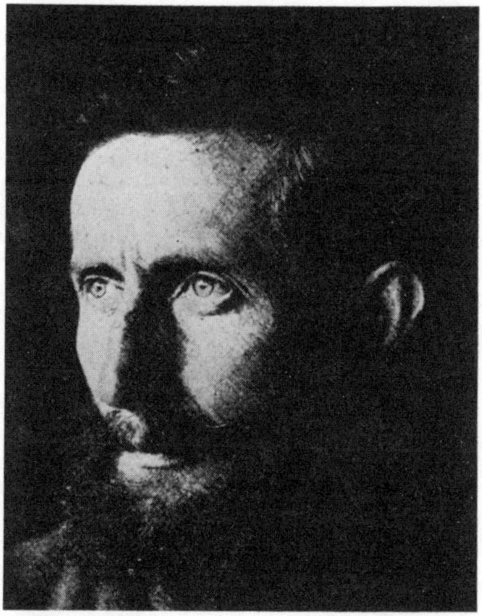

Edmund Löns

Anton Bartscher

wurde das Zucht-Suchen-Reglement beschlossen. Geprüft wurde im Feld, im Wasser und das Stöbern. Bewertet wurden auch die Klugheit, Aufmerksamkeit, Freudigkeit und das allgemeine Benehmen. Vergeben wurde jeweils nur ein 1., 2. und 3. Preis. Es konnten somit immer nur 3 Hunde prämiiert werden. Nach der Zuchtbuch-Ordnung vom Juni 1912 waren die Mitglieder verpflichtet, ihre reingezogenen Hunde eintragen zu lassen, für die eine Stammtafel ausgefertigt wurde.

Nur die Heitmann- und Dorstener-Hunde sowie Nachkommen des Lord-Schleithoff wurden als eintragungsberechtigt bei Einrichtung des Zuchtbuches anerkannt. Löns hielt dies für einen Fehler (1927): „Zu Anfang der Zucht war noch eine größere Anzahl von Arbeitshunden vorhanden, mit denen eine Weiterzucht erfolgreich durchzuführen gewesen wäre, so die schwarz-weißen Borkener Heidewachtel, die später zur Schaffung der großen Münsterländer Schwarzschimmel herangezogen wurden und sich prächtig bewährt haben, ferner der Almsicker Stamm, von dem heute noch gute Arbeitstiere vorhanden sind, und andere mehr. Alle diese Hunde hielt man ängstlich von der Zucht fern, obwohl ich damals dazu riet, mehrere Parallelstämme zu schaffen, um später stets einen Blutanschluß herbeiführen zu können. Ich drang damals nicht durch, da die Reinzuchtfanatiker und Ausstellungszüchter in Versammlungen überwogen. Auch gelang es mir nicht, die züchterische Auswertung und Eintragung der noch vorhandenen Braunschimmel zu erreichen.

Sehr gute Braunschimmel hatte seinerzeit auch der Jagdaufseher Wolberg".

Ahlers schrieb an den neu gegründeten Verein einen offenen Brief und forderte zur Reinzucht auf. Er lobte die Prüfungsordnung, weil sie frei von künstlichen Prüfungsfächern sei (Schleppen, Schweiß, geflügelte Enten usw.). Seiner Ansicht nach wurden die Hunde der bereits bestehenden Vereine nur noch auf hohe Preise getrimmt und für viel Geld verkauft. Für den jagdlichen Gebrauch taugten sie deshalb nichts, weil keiner mit ihnen fertig wurde. Dieser Meinung waren auch die Brüder Edmund und Rudolf Löns, die Oberländer und Hegewald aufs schärfste mit ihren Bestrebungen für einheitliche Prüfungsordnungen bekämpften, die alle Rasseeigentümlichkeiten verwischen.

Das erste Jahrzehnt (1912 bis 1922)

Im Gründungsjahr wurden 52 KlM gewölft und im Zuchtbuch eingetragen. Hinzu kommen 20 vor diesem Zeitpunkt gewölfte KlM, so daß insgesamt im ersten Jahr 72 Tiere eingetragen wurden.

Die ersten Züchter:	**Zwingername**
Hauptlehrer Heitmann, Burgsteinfurt	—
Jagdaufseher B. Wolberg, Dorsten-Hervest	Hervest
Hermann Asbeck, Alstätte	—
Freiherr von Beverfoerde, Schloß Loburg bei Ostbevern	v. Loburg
Kaufmann Anton Bartscher, Osnabrück	v. Domhof
Hauptlehrer Eilers, Bokel bei Oldenburg	v. d. Bokelwarth
Gastwirt C. Osterhaus, Haste bei Osnabrück	v. Nettethal
H. Berkemeier, Burgsteinfurt	—
Lehrer Pleister, Osnabrück	v. Schlichteberge
Kaufmann Wilhelm Heckhoff, Osnabrück	v. Westerberg
Brüder König, Leer	Schleithoff

Heitmann-Linie

Tell Wattendorf x Nora Heßling — Tell Wattendorf x Flora II

Tell Greving x Flora III 1

Tasso 3 Boncoeur 2 x Hertha v. Loburg 4

Flora v. Westerberg 5
Diana v. Nettethal 6
Diana v. Schlichteberge 7
Flora v. d. Bokelwarth 26
Lindo Asbeck 71
Hektor Asbeck 72

Kreuzungen mit Lord Schleithoff 28

Minka Heitmann – Schwester von Flora III 1 – x Lord Schleithoff 28

Purzel 54

Hertha v. Loburg 4 x Lord Schleithoff 28

Mascotte v. Loburg 8
Silva v. Loburg 9
Spion v. Loburg 10
Buschmann v. Loburg 11
Ilse v. Loburg 12
Lore v. Loburg 14
Heila v. Loburg 15
Blitz v. Loburg 16
Ursel v. Loburg 18

Dorstener-Linie

Caro x Polly

Rino Hervest 36 x Mirzel I Hervest 37

Mylord Hervest 38
Heck Hervest 39
Mirzel II Hervest 40
Flora Hervest 41
Patty Hervest 42

Rino Hervest 36 x Cora Hervest

Lord Tungerloh 242

Kreuzung beider Linien

Rino Hervest 36 x Boncoeur-Tochter Flora v. d. Bokelwarth 26
Rino Hervest 36 x Boncoeur-Tochter Flora v. Westerberg 5
Rino-Sohn Mylord Hervest 38 x Boncoeur-Tochter Diana v. Nettethal 6
Rino-Sohn Mylord Hervest 38 x Boncoeur-Tochter Diana v. Schlichteberge 7
Rino-Sohn Heck Hervest 39 x Boncoeur-Tochter Flora v. d. Bokelwarth 26
Rino-Tochter Mirzel II Hervest 40 x Boncoeur 2
Rino-Tochter Flora I Hervest 41 x Boncoeur 2

Nachforschungen der Zuchtkommission (Rühl, Burgsteinfurt, Achteresch und Großkopf jun., beide Osnabrück) führten zu dem Ergebnis, daß die Angaben über die Eltern des Lord nicht zutreffen konnten. Es kam zu Spannungen und am 22. 9. 1913 zum Rücktritt des Vorstandes und der Zuchtkommission. Löns soll von der zweifelhaften Abstammung gewußt haben. Im März 1913 trat er als Schriftführer zurück und schied aus dem Verein aus.

Im Zusammenhang mit der Lord-Affäre war in der Deutschen Jäger-Zeitung vom 25. 10. 1913 zu lesen, daß, „wenn die Wachtelhundleute sich mehr an die Öffentlichkeit begeben würden, gar bald der Unfug mit dem so grausam entlarvten sogenannten KlM ein ungeahntes rasches Ende finden würde und die „erfundene", nicht entdeckte Rasse wohl den Todesstoß erhalten habe".

Besonnene Mitglieder stellten sich für den Verein weiterhin zur Verfügung. Hierzu gehörte der neu gewählte Vorstand mit Rentner Gustav Bömcke, Detmold (1. Vorsitzender), Hauptlehrer Eilers, Bokel (Schriftführer), Kaufmann Wilhelm Heckhoff, Osnabrück (Schatzmeister), Lehrer Blohm, Delmenhorst (Zuchtbuchführer), und für Bömcke und Blohm wurden Bartscher und Wolberg in den Beirat gewählt.

Der Vorstand beschloß am 2. 11. 1913, Lord im Zuchtbuch zu streichen und die noch nicht eingetragenen Lord-Nachkommen bis zur zweiten Generation in einem noch einzurichtenden Registerband einzutragen. Die dritte Generation sollte wieder eintragungsberechtigt sein, wenn mit reinblütigen KlM weitergezüchtet wird und nur ein Elternteil Lord-Blut führt.

Auf die Dauer gesehen hat Lord keine nachhaltigen Folgen in der Zucht hinterlassen. Der Berufsabrichter aller Rassen, Hasenclever, berichtete über den weiß-braunen Lord-Enkel Prinz v. d. alten Grafschaft 235, daß der Rüde im Felde sehr gut suchte, weit und fest vorstand, wie es besser kein großer Vorstehhund tat. Hasso v. Heidelugk 265, 1403, wurde von Fernando Corßen, Bremen, im Jahre 1921 erfolgreich auf der Verbandsgebrauchsprüfung geführt. Die Suche und das Vorstehen wurden mit sehr gut, das Nachziehen mit gut und das Stöbern mit genügend bewertet. Diese Noten beweisen, daß sich das

Lord-Erbe, nämlich Stöberhundblut, nicht durchsetzen konnte. Hassos Mutter war eine Lord-Tochter.
Von der ersten Jagdsuche nach den Vereinsstatuten am 4. 10. 1912 bei Brochterbek wurde nur bekannt, daß Diana v. Nettethal 6, Ilse v. Loburg 12 und Mylord Hervest 38 geführt wurden.
Die nächste Prüfung fand am 3. 10. 1913 bei Tönnishäuschen (Westfalen) statt. Über die äußere Erscheinungsform der Hunde urteilte Engler, Lemgo: „Diese Heidewachtel zeigten in Kopf und in der Gesamterscheinung eine derart erfreuliche Ausgeglichenheit, daß wir Kurzhaarleute froh wären, wenn wir von unseren Hunden das Gleiche sagen könnten".
Den 1. Preis der Hauptprüfung erhielt Rino Hervest 36 (BF: Wolberg), den 2. Preis Mirzel II Hervest 40 (F: Wolberg) und den 3. Preis die Lord-Tochter Mascotte v. Loburg 8 (BF: Bartscher). Nach der Prüfungsordnung konnten weitere Preise nicht vergeben werden, so daß Flora Hervest 41 (BF: Geißler, Dorsten) trotz der für einen 3. Preis ausreichenden Leistungen nicht prämiiert werden konnte. Flora v. Westerberg 5 wurde von Löns geführt, der die Hündin ohne jede Abrichtung vorstellte. Er wollte beweisen, daß dies bei jagdlich gut veranlagten Hunden nicht erforderlich ist. Flora bestand die Prüfung nicht. In der Jährlingsklasse wurde ein 1. Preis nicht vergeben, den 2. Preis erhielt Hektor Hervest 51 (B: Klapproth, Hannover; F: Wolberg) und den 3. Preis der Lord-Sohn Presto vom Domhof 20 (BF: Langer, Leipzig). Nicht prämiiert wurden Erle v. Domhof 21 und Mirzel III Hervest 49, die zu spät zur Prüfung erschienen. Außer Konkurrenz nahmen Ilse v. Loburg 12 und der 9 Monate alte Tell v. Schlichteberge 77 teil. Bemängelt wurde die ungenügende Vorbereitung einiger Hunde.
An den Ausstellungen durften sich nur anerkannte Rassen beteiligen. Dazu zählte der KlM schon deshalb nicht, weil es keine Rassekennzeichen gab. Die Ausstellungsleitungen waren aber damals großzügig. Im Jahre 1913 wurden in Düsseldorf und Bielefeld und im Jahre 1914 in Köln und Hannover je etwa ein Dutzend KlM vorgestellt, die in der Form recht ausgeglichen waren. Tell v. Schlichteberge 77 und Senta v. Westerberg 83 (B: Janderl, Mitterfels/Niederbayern) waren auf beiden Ausstellungen im Jahre 1914 in der Jugendklasse die Besten. Flora v. Westerberg 5 war in Hannover im Jahre 1914 in der offenen Klasse die Beste, gefolgt von Mirzel III Hervest 49.
Im Jahre 1913 wurden 60, im ersten Kriegsjahr 42 und im Jahr darauf nur noch 22 KlM im Zuchtbuch eingetragen. Ab 1916 stiegen die Eintragungen ständig.
„Ob diesem bodenwüchsigen Arbeitsschlag ein Gefallen geschieht, wenn er sich weit über Westfalen hinaus in anders gearteten Revieren ausbreitet", bezweifelt von Otto (1914). Aber schneller, als man glaubte, wurde unser Hund in allen Teilen des damaligen Deutschen Reiches heimisch. Heger Joh. Schäfer, Georgswalde, Böhmen/CSSR, ließ schon

1914 seinen Zwinger Bärenloch schützen. Der erste in unserem Zuchtbuch eingetragene ausländische Wurf fiel am 26. 5. 1916 (Z: Duynsten, Holland) und der zweite am 12. 4. 1918 (Z: Dr. Nyssen, Holland). Sehr viele Berichte über unsere Hunde gibt es nicht. Job v. d. Grotenburg 173 (aus Senta v. Westerberg 83 nach Tell v. Schlichteberge 77) hatte bereits mit 7 Monaten ein Schultermaß von 50 cm. Er hetzte im Alter von 5 Monaten mit lockerem Hals – immer seine Nase gebrauchend – Hasen und Kaninchen kilometerweit. Schon in der Jugend war er ein hervorragender Schwimmer und scheute weder Schnee noch Eis. Beim Bringen packte er anfangs nicht fest zu, später würgte er sogar Katzen. Den ersten Bock hetzte er auf Zuruf und zog ihn an der Drossel nieder. Er war willig und leichtführig, gegen sich selbst im jagdlichen Einsatz äußerst hart. Bei Job war mehr durch Güte als durch Strenge zu erreichen. Sein Besitzer, Freiherr von Schweppenburg, bewunderte den „anständigen Charakter" des Rüden, der sein starkes Gebiß nur gebrauchte, wenn er angegriffen wurde. Ansonsten war er gegen jedermann zutraulich.

Quicksteert v. Nettethal 34 (B: Betzold, Magdeburg) leistete in den hohen Rübenfeldern ausgezeichnete Arbeiten. Tell v. Schlichteberge 77 suchte im Felde wie ein Setter, hatte eine enorme Spursicherheit und jagte laut. Der jagdlich sehr erfahrene Bömcke will weder bei den deutschen noch bei den englischen Hunden eine feinere Nase festgestellt haben. Anfangs war Tell dickköpfig. Im Hause war er sehr ruhig, sonst aber

Nachkomme der Flora v. d. Bokelwarth 26 – Heitmann – mit Heck Hervest 39 – Dorsten

Hertha v. d. Delme 122 mit Wurf nach Baldur Hervest 46 (Besitzer Eilers, Edewecht/Oldenburg)

wachsam und mannscharf. Er würgte lautlos. Seine Schwester Flora 78 (B: Heckhoff) war kräftig und elegant in den Bewegungen. Sie war 50 cm hoch. Sie hetzte gern Wild und war nicht immer leicht zu führen. Löns machte sie durch Schrotschuß gehorsam am Wild.
Hertha v. d. Delme 122 wird als eine der schönsten Hündinnen geschildert. Greif v. Westerberg 142 war ein sehr schöner und kräftiger Rüde, der mit seinem Schultermaß von 53 cm ohne Schwierigkeiten Fuchs und Hase brachte. Fremde stellte er rücksichtslos. Über Greif wird berichtet, daß er „...seinem Herrn Pantoffeln, Pfeife, überhaupt jeden Gegenstand bringt, den er dem Namen nach kennt, sich stets so hinlegt, daß er mit zwinkernden Augen seinen Führer beobachten kann, um beim leisesten Wink als williger Diener zur Verfügung zu stehen, ein in jeder Weise liebenswerter Hausgenosse und zuverlässiger Waidgesell" (B: Dr. Jungklaus; F: Förster Lepper). Hertha v. Westerberg 143 war etwas eigensinnig und lebhaft wie ihre Mutter. Schnüffel v. d. Westerheide 164 vereinigte in seinem Äußeren die Vorzüge beider Ausgangsstämme (B: Bartscher). Er wurde oft zur Zucht herangezogen. Prinz v. d. alten Grafschaft 235 (B: Hasenclever) war ein schnittiger Rüde mit dichtem weichem Haar, edlem Kopf und ausdrucksvollen Augen. Er war leicht zu führen und nahm einen Jagdhieb nicht übel. Lord Tungerloh 242 (B: Mathern, Frankfurt) war sehr scharf, ein passionierter Wasserhund, sehr sicher auf Spur und Fährte. Senta v. Ammerland 281 (B: Kattenbusch) war außerordentlich lebhaft, aber sehr anhänglich. Anfangs hetzte sie abstreichendes Federwild. Nach dem Erlegen weiterer Rebhühner beobachtete sie genau, was nach dem Schuß geschah und stellte bald darauf das Hetzen von allein ein. Sie jagte laut. Heiderauch Jungklaus 394 ist seinem Vater wie aus dem Gesicht geschnitten, jedoch weniger gedrungen. Beide hatten eine Schulterhöhe von 53 cm. Hans v. Westerberg 509 brachte mit seinen 50 cm Schulterhöhe den schwersten Hasen, denn er war muskulös und hatte einen kräftigen Nakken und Fang.
Bei der Hündin Hertha v. Westerberg 143 entdeckte Jungklaus lohfarbene Abzeichen. Er wollte „diese hübschen und alten roten Abzeichen" unserer Zucht erhalten. Weitere Hunde

Flora- und Rino-Nachkomme

Hertha v. Westerberg 143 im ersten Lebensjahr – zeigt den typischen Wachtelhundausdruck (Jungklaus 1921)

Heiderauch Jungklaus 394
Der Rüde wurde als anzustrebendes Ideal herausgestellt.

Heidelerche Jungklaus 391

Nachkommen von Hertha und Greif v. Westerberg (Geschwisterpaarung)

mit dieser Farbe waren jedoch nicht bekannt. Er erreichte sein Ziel durch Inzestzucht, indem er Hertha ihrem weiß-braunen Bruder Greif v. Westerberg 142 zuführte.
Einige Züchter folgten seinem Beispiel und bauten auf seine Zucht auf. Andere wiederum paarten KlM ohne lohfarbene Abzeichen und hatten auch den Erfolg, den sie sich erhofften. Th. Pepersack (Zwinger v. d. Lippe) führte Senta v. Ammerland 281 und Dr. Wiemer, Herne (Zwinger v. Blohmendahl), Heida v. d. Grotenburg 301 ebenfalls Greif v. Westerberg 142 zu. Löns paarte (Zwinger Löns) Lony v. Edewecht 208 und Nothroth (Zwinger v. Sand) Sally v. Ammerland 282 mit Schnüffel v. d. Westerheide 164.
Hertha und Greif führten zu gleichen Teilen das Blut des Heitmann- und des Dorstener-Stammes. Auch die anderen genannten Zuchttiere führten das Blut beider Stämme. Deshalb kann davon ausgegangen werden, daß es schon früher Hunde beider Stämme mit lohfarbenen Abzeichen gab.

Die ersten Zuchtbucheintragungen lauten:

1. Wurf vom 21. 5. 1918
   Zwinger v. Blohmendahl.
   Von 8 Welpen hatten 3 lohfarbene Abzeichen.

2. Wurf vom 4. 6. 1918
   Zwinger Jungklaus.
   Von 6 Welpen hatten 4 lohfarbene Abzeichen.

3. Wurf vom 5. 7. 1918
   Zwinger v. d. Lippe.
   Von 9 Welpen hatten 4 lohfarbene Abzeichen.

Prämiierungen

[illegible] 1920 [illegible]

Besitzwechsel

Abgegeben am 5. Nov. 1911 an H. Berger [illegible]

Verkäufer [illegible]

VEREIN FÜR KLEINE MÜNSTERLÄNDISCHE VORSTEH-HUNDE (HEIDEWACHTELHUNDE) SITZ OSNABRÜCK

Stammtafel

für den Kleinen Münsterländischen Vorstehhund

Name Frigg. v. Westerloy.

Geschlecht weiblich.

Geworfen am 1. 6. 18.

Farbe, Abzeichen braun mit weiß, [illegible]

Eingetragen im Zuchtbuch für Kleine Münsterländische Vorstehhunde unter Nr. 403

Züchter [illegible] Westerloy.

STAMMTAFEL

Zuchtbuch für Kleine Münsterländer Vorstehhunde (Heidewachtelhunde)

Eltern	Großeltern	Ur-Großeltern	Ur-Ur-Großeltern
Vater Baldur Hervest N. 46	Boncoeur N. 2	Tell Greving.	Tell. Wattendorf.
			Nora Hessling.
		Flora III N. 1.	Tell Wattendorf
			Flora II.
	Mirzel II Hervest. N. 40.	Rino Hervest. 36.	Caro.
			Polly.
		Mirzel I. Hervest. 37.	Caro
			Polly.
Mutter Erna v. d. Bokelwarth Reg. Ab. N. 2.	Heck Hervest N. 39.	Rino Hervest. N 36.	Caro
			Polly
		Mirzel I. Herv. 37.	Caro
			Polly.
	Wachtel v. d. Bokelwarth N. 27.	Lord Schleithoff.	
		Flora v. d. Bokelw. 26.	Boncoeur N. 2
			Hertha v. [illegible] N. 4.

[illegible] den 24. VII. 1918. Für die Richtigkeit [illegible] Zuchtbuch-Führer

Typische Eintragungen im Zuchtbuch: symmetrischer Brand am Fang, Backentupfer, Vieraugen, roter Brand am Fangwinkel, hirschroter Brand, gelbe Flecken über den Augen und lohfarben am Kopf, Waidloch und Rutenansatz. (Anm. des Verf.: Oft wird das Lohfarbene am Fangwinkel übersehen. Zieht man die Unterlippe herunter, wird die Färbung sichtbar).

„Bald ist die Farbe dunkel im Sinne des Lohfarbenen, bald heller bzw. gelb", schreibt Jungklaus; und Löns äußert sich: „Die roten Abzeichen müssen, um schön zu sein, leuchtend braunen, sogenannten lohfarbenen Ton haben, nicht aber hellfahl, was ein kleiner Schönheitsfehler ist."

Gezielt gezüchtet wurden dreifarbige Stämme bis Mitte der zwanziger Jahre unseres Jahrhunderts. Jungklaus hat das Verdienst, züchterisch die lohfarbenen Abzeichen gefestigt zu haben, die bereits seit 1921 „Jungklaus'sche Abzeichen" genannt werden.

Es nahmen nach dem Kriege mehr KlM an den Ausstellungen als an den Prüfungen teil. Die in Bielefeld am 22. 6. 1919 von Löns und Schaper gerichteten 26 KlM waren überwiegend kräftig mit mehr als 50 cm Schulterhöhe. Ein Beweis, daß die Jäger diesen Typ dem kleinen eleganten vorzogen.

3 KlM nahmen an der Jugendprüfung (VJP) am 8. 4. 1920 bei Osnabrück teil. Sieger der vereinsinternen Gebrauchsprüfung im Jahre 1920 bei Diepholz wurde Papageno v. d. Lippe 434, 1399 (BF: Kattenbusch). Die Leistungen der 11 auf der VJP der Bezirksgruppe Dorsten – Hervest (Vorsitzender Strothmann) am 20. 4. 1922 erschienenen KlM waren ziemlich gut, es fehlte ihnen aber an der notwendigen Abrichtung (Richter A. Nienhaus).

Der Verein Diana Westfalen, Soest, führte am 24. 6. 1922 eine Pfostenschau und Prüfung auf Verlorensuche von Kaninchen und Katze durch. Gerichtet haben Förster Löns, Generalagent Hornscheid und Hegemeister Bahne 15 Heidewachtel (damals gebräuchlicher als KlM), 1 Langhaar, 9 Deutsch Drahthaar und 8 Deutsch Kurzhaar. Über das Ergebnis schrieb der Soester Anzeiger: „Auch den Heidewachteln, kleine muntere Gesellen, die neuerdings sehr in Aufnahme gekommen sind, wurde gebührend Anerkennung gezollt."

Der weiß-braune Papageno v. d. Lippe 434, 1399, gew. 5. 7. 1918 (a: Senta v. Ammerland 281 n: Greif v. Westerberg 142), wurde von seinem Besitzer Ludwig Kattenbusch, Hamm, und der weiß-braune Hasso v. Heidelugk 265, 1403, 52 cm, gew. 30. 6. 1916 (a: Heidi v. Nettethal RB 10 n: Lord Tungerloh 242), ebenfalls von seinem Besitzer Fernando Corßen, Bremen, auf der VGP des Jägervereins Hamm (Westfalen) am 13./14. 9. 1921 bei Pelkum geführt.

Papageno war der zweitbeste Hund der Prüfung (2. Preis) und zeigte von den 10 prämiierten Hunden die besten Leistungen im Felde. Für das Verlorenbringen von Kanin erhielt er die Note hervorragend. Sehr gut waren die Schweißarbeit, Stöbern hinter Ente, Bringen aus tiefem Wasser,

Stellen der Katze, Buschieren, Vorstehen, Nachziehen, Gehorsam im Felde, Bringen von Fuchs, Kanin und Federwild. Die Fuchsschleppe und das Bringen über Hindernis des 48 cm hohen Hundes waren gut. Frühere Leistungspreise: VJP 1919 Klotingen 2. Preis, Rinkerode 1. Preis; Gebrauchssuche KlM Verband Diepholz 1920 1. Preis.
Der Rüde war leicht zu führen und erst im zweiten Feld spurlaut. Er faßte schweres Wild nicht übers Kreuz, sondern am Brustkern und konnte so, wegen seiner geringen Schulterhöhe, das Wild besser tragen.
Hasso (3. Preis) leistete eine hervorragende Schweißarbeit. Sehr gut waren Buschieren, Stellen der Katze, Stöbern hinter der Ente, Suche, Vorstehen, Gehorsam im Felde, Benehmen vor Haarwild und Bringen von Kanin. Nachziehen und Bringen über Hindernis waren gut, jedoch brachte er den Fuchs nicht auf der Schleppe. Das Stöbern war genügend.
Papageno und Hasso waren schußhitzig. Dieses Verhalten wurde schon früher bei unseren Hunden beobachtet und als rassetypisch bezeichnet.
Die überzeugenden Leistungen dieser hervorragenden Jäger und passionierten KlM-Führer brachten unserer Rasse über Westfalens Grenzen hinaus großes Ansehen und bewiesen ihre vielseitige jagdliche Veranlagung und Leistungsfähigkeit. Papageno und Hasso waren die ersten auf VGP geführten KlM.

Nachkomme des Greif – Heitmann/Dorsten – mit Senta v. Ammerland 281 – Heitmann/ Dorsten

Senta v. Ammerland 281 aus Hela v. Edewecht 193 – Heitmann/Dorsten – nach Baldur Hervest 46 – Dorsten

Senta-Sohn Papageno v. d. Lippe 434, 1399

Senta-Sohn Palladin v. d. Lippe 437

Nachkomme des Rino Hervest 36 mit Cora Hervest – Dorstener Geschwister – ist Lord Tungerloh 242

Lord-Sohn Hasso v. Heidelugk 265, 1403 aus Heidi v. Nettethal RB 10 – Heitmann/Lord Schleithoff 28

Hasso-Sohn Heino v. Bobertal 1494 aus Heidi v. Jornberg 564 – Heitmann/Dorsten

---

Zwischen Rudolf Frieß und Edmund Löns war in unerbittlicher Härte erneut ein Streit darüber entbrannt, welche Rasse den Namen Wachtel für sich in Anspruch nehmen könne. Löns hielt die Bezeichnung Wachtel für den KlM nicht mehr für zeitgemäß und gebrauchte nur noch den Namen Heidewachtel. Mit dieser Namensgebung wollte er auf die jagdliche Verwendung in der Heide hinweisen. Frieß lehnte auch diese Bezeichnung ab, weil sie zur Verwechslung mit dem stöbernden Deutschen Wachtel führte.

Dr. Jungklaus wollte die Begriffsverwirrungen beenden. Er durchforschte die für ihn erreichbare Literatur vieler Völker und schuf sein „System der Jagdhunde". Innerhalb dieses Systems bildete er eine Hauptgruppe für die „Vogelhunde". Der älteste nachweisbare deutsche Name für die Vogelhunde ist Habichtshund (etwa um 600 unserer Zeitrechnung). Bald wurde Vogelhund gebräuchlicher, weil neben dem Habicht auch der Falke zur Beize eingesetzt wurde. Die Vogelhunde unterteilte Jungklaus in Hühnerhunde (große), Wachtelhunde (kleine) und Zwergwachtelhunde. Ausführlich befaßte Jungklaus sich mit der Gruppe der Wachtelhunde, die es auf der ganzen Welt gegeben haben soll, wenn auch sehr voneinander abweichend in Form, Größe und Farbe. Sie sollen andererseits aber viele Gemeinsamkeiten in Typus und Charakter gehabt haben. Bekannt ist der Name Wachtelhund seit dem 16. Jahrhundert.

Die Wachtelhunde wurden von Jungklaus nach Ländern eingeteilt:

1. mittelalterliche Epagneul (franz.),
2. Spaniel (engl.),
3. Deutscher Wachtel,
4. Ostasiatischer Vogelhund.

Die Deutschen Wachtelhunde werden nach Landesteilen benannt, in denen sie beheimatet sind:

1. Münsterländer, Westfälischer Wachtelhund, Heidewachtel, Spion,
2. Vogtländer, Klein Langhaar,
3. Bayrischer oder Süddeutscher Wachtelhund, Deutscher Wachtel.

Dem Münsterländer gab Jungklaus den wissenschaftlichen Namen: *Canis acceptoritus minor guestfalicus.*

Jungklaus untersuchte 63 Gemälde niederländischer Maler des 17. Jahrhunderts und stellte bei den von Steen gemalten Hunden eine auffallende Ähnlichkeit mit den KlM fest, die Löns in dem unmittelbar an Holland grenzenden Teil Deutschlands fand. Der frühere 1. Vorsitzende, Gustav Bömcke, bat (1918) Dr. Dr. med. et phil. Friedrich Jungklaus, die Rassekennzeichen des KlM zu formulieren, damit die Rasse als solche von der DC anerkannt werden könne. Jungklaus, ein begeisterter Falkner und anerkannter Kynologe, hielt die Formulierung für sehr schwierig, weil die KlM in Form, Größe und Farbe unterschiedlich waren, und meinte: „Erschwerend für eine scharfe Formulierung kommt hinzu, daß die Variationsbreite den so verschiedenen Neigungen und Bedürfnissen der einzelnen Jäger entgegenkommt, von denen der eine einen weißen, der andere einen möglichst bedecktfarbigen Hund wünscht oder braucht, dieser einen kräftigen Schwergewichtsapporteur, jener ein möglichst zierliches Stöberhündchen und dergleichen mehr. Derart wechselten schon immer Wunsch und Bedürfnis, besonders aber in Niedersachsen, dessen ausgeprägter Individualismus die Variationsbreite der Rasse förderte, statt sie durch Auslese einzudämmen, und so zur Ausgeglichenheit zu gelangen." Jungklaus beschreibt in den Rassekennzeichen des Westfälischen Wachtelhundes, die in ihren Grundzügen unverändert geblieben sind, seinen idealen KlM, wie er ihn sich wünscht.

„**Farbe:** Weißbunt, d. h., Weiß muß in irgendeiner Form, zum mindesten als nicht zu spärliche Abzeichen vorhanden sein. Die übrige Färbung kann gleichmäßig braun sein oder in braunen bzw. roten Platten bestehen. Roter Brand am Kopf schmückt den Hund.

Größe: 35 bis 53 cm, Überschreitung der oberen Grenze macht den Hund untypisch, der unteren kaum noch jagdgebrauchsfähig.

Haar: Langhaar, das sich auch als Feder und Fahne äußert, seidenweich, nur in der Medianlinie des Nackens und Rückens straffer; schlicht anliegend; lockig – aber nie kraushaarig – nur am Behang, dessen unteren Winkel mit Fransen überragend, bisweilen auch auf dem Scheitel (Scheitellocke), leicht gewellt an Unterhals, Hosen und Rutenwurzel, hier manchmal über die Hälfte der Rute reichend; gelegentlich auf der Kruppe auftretende Lockung ist durch Bürsten zu beseitigen. Unterwolle ist nicht vorhanden, die Behaarung also nur einschichtig. Der Milchspiegel ist nackt.

Kopf und Ausdruck: Der Kopf ist mittelschwer, erheblich leichter als beim Jagdspaniel, aber entschieden schwerer als bei gleich großen Bracken. Nie findet sich Ramsnase, sondern – im Gegenteil – ist der Nasenrücken leicht eingedrückt. Ausgesprochener Stirnabsatz. Im übrigen variiert die Schädelkonfiguration stark, so daß sich im ganzen ein Dualismus zeigt: die meisten Köpfe sind relativ kurz und breit mit kurzem, konisch zugespitztem Fang; dieser Konfiguration mit vollerem, nach vorn gerichtetem Auge entspricht der Wachtelhundausdruck im eigentlichen Sinne, dem ein gleichfalls ansprechender Miniatursettertyp gegenübersteht.

Auge: Voll und rund, doch nie glotzend; Bindehaut unbedingt gut schließend. Das Pigment der Iris folgt dem im Integument vorherrschenden, so daß sehr helle Hunde meist auch helläugig sind; der sympathischere Eindruck dunkeläugiger Hunde darf nicht zur Disqualifikation ihres Gegenteils führen.

Nase: Auch das Nasenpigment korrespondiert mit der Gesamtfärbung, bleibt aber stets braun.

Fang: Immer etwas zugespitzt; der Dualismus von kürzerem oder gestrecktem Fang entspricht den beiden unter ‚Kopf und Ausdruck' gegenübergestellten Ausdruckstypen.

Behang: Hoch angesetzt, nach unten spitz zulaufend, halblang, so daß er nach vorne gezogen niemals die Nasenspitze erreicht; er muß leicht wirken wie der ganze Hund; ein schwerer, langer, tief angesetzter Behang, wie der den Bracken eigen ist, würde weder zum Temperament, noch zur Jagdart des ziemlich flüchtigen, hochwindigen und wendigen Hundes passen.

Gebäude: Entspricht im wesentlichen dem seines größeren Vetters, des Deutsch Langhaarigen, soll also vor allem mäßig langrückig sein; bei leicht gebauten Exemplaren, namentlich Hündinnen, erscheint im Zusammenhang mit den grazileren Läufen der Rücken kürzer; zu langrückige Hunde sind gewöhnlich zu niedrig gestellt, was ein fehlerhaftes Mißverhältnis bedeutet, denn hochläufig soll auch der kleinste Hund erscheinen; noch fehlerhafter aber ist ausgesprochene Kurzrückigkeit, wie bei Deutsch Kurzhaar oder Foxterrier. Brustkorb flach, nicht tonnenförmig gewölbt wie bei Bracken oder gar Deutsch Kurzhaar, dafür aber ziemlich tief.

Linke Spalte: **Erle von Linsberg 22203 mit Gustav Eggerts**

Rechte Spalte: **Hoffnungsvolle Jugend. Urenkel Hubertus mit Junghündin Peggi am Hasen**

Unten: **Verfasser mit dem alten Jagdgefährten**

Läufe: Ellenbogen eher anliegend als abstehend, doch nie so eng anliegend wie bei Pinschern. Rachitis jeden Grades entwertet stark. Feder am Vorderlauf, im Alter auch am Hinterfuß.

Pfoten: Stark gewölbt, runde Katzenpfoten, deren Auswärtsdrehung fehlerhaft ist.

Wolfsklauen sind für die Rasse geradezu typisch, obwohl sie dem Dorstener-Stamm gefehlt haben sollen; oft doppelt vorhanden, müssen aus praktischen Gründen entfernt werden.

Rute: Ziemlich lang mit langer Fahne, wird in Erregung teils waagerecht wie beim Setter gestreckt, teils wie die Standarte des Fuchses erhoben, soll aber nie geringelt werden oder gar auf den Rücken fallen. Die Fahne gehört zur Gesamterscheinung des Hundes, dessen Schönheit sie mitbedingt; da zudem neben dem Laut die Rute das Hauptausdrucksmittel des Hundes ist, das er nicht entbehren kann, wenn er nicht an Ausdrucksfähigkeit verarmen soll, so ist Kupieren fehlerhaft. Die etwaige Bildung eines Winkels wird durch Kupieren der Endwirbel beseitigt".

Das Zuchtbuch enthält interessante Farbangaben: Weiß mit braunem Mantel; dunkel-, hellbraune und gelbliche Platten; brauner Kopf mit weißer Blesse oder Schnippe; weißer Kragen am Hals; weiße Läufe; weißer Kopf mit braunem Behang; getupft, getigert oder gesprenkelt an Lauf und Brust; Dunkel-, Hell- und Braunschimmel; lohfarbene Flecken an Backe, über den Augen, am Waidloch oder Rutenansatz.

Niemand hat ernsthaft daran gedacht, Hunde mit einer Schulterhöhe von etwa 35 cm zu züchten. Es war eine Gedankenspielerei von Jungklaus. Unsere Hunde hatten bei Beginn der stammbuchmäßigen Zucht eine Schulterhöhe zwischen 45 und 55 cm. Einhellig wurde ein größeres Maß abgelehnt.

Ein wesentliches Unterscheidungsmerkmal von verwandten Jagdhundrassen ist nach Rudolf Löns die straff anliegende Haut des KlM, der auch keine Kehlwamme, hängende Lefzen und lappigen Behang hat. Wiederholt wurden in den Gründerjahren Nasenkuppen mit hellen – fleischfarbenen – Flecken im Zuchtbuch vermerkt.

Der Wachtelhundausdruck entsteht nach Jungklaus durch einen „ausgesprochenen Stirnabsatz mit leicht gesenktem Nasenrücken und einem meist nur kurzen, konisch zugespitzten Fang und ziemlich weit abstehenden Jochbogen, die zu mäßiger Backenbildung führen. Hiermit korrespondiert ein volleres Auge, dessen

---

Linke Spalte: Elvis v. Kapellenschlag
ÖHZB 4958
Österreich

Rechte Spalte: Peggi v. Höllerer See
ÖHZB 4981 (8 Monate)

Corvin v. Kapellenschlag
ÖHZB 4391
Österreich

Unten: Mark v. Haus Angelmodde
190/74, 22776
Lohfarbene (Jungklaus'sche Abzeichen deutlich sichtbar am Fang)

Blick infolge jener Schädelfiguration ausgesprochen nach vorn gerichtet wird . . .". Diesen Ausdruck nennt Jungklaus auch „Mirzel Typ", denn die Dorstener Hündinnen zeigten ihn am ausdrucksvollsten, so auch Mirzel III Hervest 49. Löns lehnt einen starken Stirnabsatz ab. Nach ihm soll der Übergang allmählich sein. Jungklaus plädiert an anderer Stelle seines Buches für einen schmaleren Kopf und gestreckteren Fang.

Die von Jungklaus angestrebte Form verdeutlicht am besten der von Gerard ter Borch (1617 bis 1681) gemalte Hundekopf, den Wörz (1929) birnenförmig nennt. Auch Borch hat – wie so oft die holländischen Künstler des 17. Jahrhunderts – mit großer Genauigkeit und wirklichkeitsgetreu gemalt. Da es auch heute noch solche wunderschönen Köpfe bei den KlM gibt, hat dieses Bild eine besondere Bedeutung für unsere Rasse.

Das Ergebnis seiner Arbeit über den Wachtelhund und die Rassekennzeichen veröffentlichte Jungklaus im Jahre 1921 im Verlag Neumann-Neu-

Knabe flöht Hund. Gerard ter Borch (1617 bis 1681). Alte Pinakothek in München. Kopfform und Farbzeichnung der KlM vererbten sich über Jahrhunderte.

Dr. Dr. med. et phil. Friedrich Jungklaus

damm unter dem Titel: Der Kleine Münsterländer Vorstehhund, westfälischer Wachtelhund, Heidewachtel, Spion, Stöber, Vogelhund, Habichtshund) als Jagd- und Haushund unter Berücksichtigung der verwandten Schoßhundformen in historischer und zoologischer Beleuchtung. Er berichtet ferner in seinem Buch über den wiederentdeckten KlM und stützt sich im wesentlichen auf frühere Berichte von Löns und anderer Liebhaber unseres Hundes. Nach Jungklaus ist die jagdliche Hauptaufgabe des KlM die Stöberarbeit, erst dann die Feldsuche und das Buschieren. Als Hauptfehler gelten mangelnde Passion, ungenügendes Vorstehen, stummes Jagen, Brackieren und Versagen beim Bringen. Den KlM hält er nicht für den „Allerweltshund", der die großen Rassen ersetzen könnte.

Edmund Löns bezeichnet Jungklaus als den „größten Forscher auf dem kynologischen Gebiet" und schreibt (1922): „Die Jungklaus'sche Schrift ist keine eigentliche besondere Schrift über die Rasse des KlM, da dem Verfasser nur ein verschwindend kleiner Teil der Stämme bekannt ist, er auch über die Verbreitung der Hunde heute deshalb ungenügend unterrichtet sein konnte, weil er keine Gelegenheit benutzte, um die Sonderschauen des Vereins und die gut beschickten Suchen zu besuchen. So blieben ihm die besten Zuchtbestände leider unbekannt". Die Löns'schen Äußerungen zeigen das Verhalten von Jungklaus gegenüber dem Vereinsleben, treffen jedoch nicht den Kern. Ein „vollständiges Verzeichnis" aufzustellen war ihm nicht möglich, „weil wenigstens nach westfälischem Brauch jeder Besitzer einer Hündin – und die meisten Jäger führen mit Vorliebe eine solche – züchtet".

Löns spricht (1922) sogar vom „Ausschinden der Zuchthündinnen", wie es bei „gewissenlosen Züchtern heute Mode ist".

Im Zusammenhang mit dieser Behauptung sind folgende Zuchtbucheintragungen interessant: 1919 waren es 146, 1920 schon 418 und 1921 sogar 737, insgesamt also 1301. In der Zeit von 1912 bis 1918 wurden nur 594 KlM eingetragen. Hinzu kommen 120 Lord Schleithoff-Nachkommen, die in dem im Jahre 1916 geschlossenen Registerband erfaßt sind.

Jungklaus hat durch sein Werk unserer Rasse Form und Inhalt gegeben.

Jahrzehntelang züchtete und führte Edmund Löns als passionierter Suchjäger neben anderen Rassen hauptsächlich den stöbernden Spaniel, bis er sein Augenmerk auf den vorstehenden KlM richtete. Über seine Erfahrungen und die anderer Jäger in der jagdlichen Führung und Zucht des KlM über einen Zeitraum von 12 Jahren berichtet er (1922) in seinem Buch: Der Heidewachtel – Verlag Neumann-Neudamm. Einen Anspruch auf erschöpfende Darstellung erhebt Löns ausdrücklich nicht.

Auch Löns beschreibt seinen „Traumhund", den idealen KlM, und formuliert Rassekennzeichen, die sich von den Jungklaus'schen fast nur redaktionell unterscheiden. Er will KlM züchten, die „möglichst wenig Abrichtung benötigen, ...deren schlummernde Anlagen durch verständnisvolle Führung zur vollen Entwicklung gebracht werden können". Löns lehnt mit äußerst scharfen Worten die einheitlichen Prüfungsordnungen des JGHV ab, weil er befürchtet, daß alle wertvollen Eigenschaften einer Rasse verloren gehen. In Übereinstimmung mit Jungklaus bedauert Edmund Löns deshalb, daß sich die Vereinsführung immer enger dem JGHV anschließt. Sein Bestreben war es, den KlM als eine lokale Rasse zu erhalten, weil er nur in seinem Ursprungsland, den niedersächsischen Heide- und Moorrevieren, jagdlich das Beste leisten kann. So fordert Löns rassespezifische Zuchtprüfungen mit dem Schwerpunkt Vorstehen, Stöbern und Verlorenbringen.

„Eine weite Verbreitung wünscht man dem Buche ebenso wie dem Hunde wohl am besten nicht", schreibt Dr. Hilbrig (1922) in seiner Buchbesprechung und meint, daß der KlM ein „Gernegroß" wäre, wenn er nach „Weltgeltung" strebe und nicht als „eigenartige ländliche Arbeitszucht" erhalten bleibe. Oberländer lehnte den KlM als „Spielerei" ab.

Der KlM hatte sich aber inzwischen weit über seine Heimat hinaus ausgebreitet. Im Jahre 1921 wurde der „Nederlandsche Heidewachtel-Klub" gegründet. Die in der Tschechoslowakei gezüchteten Gero v. Maidenstein

2623, gew. 26. 2. 1922 (Z: Joh. Neuwirth, Nikolsburg/Mähren) und Schnüffel v. Boskovitz 2692, gew. 17. 3. 1923 (Z: Frida Krejec, Boskovitz/Mähren) wurden in unserem Zuchtbuch eingetragen.

Im Vorstand traten erhebliche Veränderungen ein. So wurde Bartscher wieder 1. Vorsitzender, Eiringhausen 2. Vorsitzender, Förster Geißler Schriftführer, Lehrer Pohlmann Schatzmeister und Zuchtbuchführer. In den Gründerjahren wurden überwiegend den zierlichen Heitmann-Hündinnen die kräftigeren Dorstener Rüden zugeführt. Das geschah so intensiv, daß es bald kaum noch reine Linien gab.

Von den Hündinnen der ersten Generation hat sich Flora v. d. Bokelwarth 26 in der stammbuchmäßigen Zucht am nachdrücklichsten vererbt. Mit mehreren Rüden brachte sie mindestens 9 Würfe. Diana v. Schlichteberge 7 und ihre Kinder Tell 77 und Flora v. Schlichteberge 78 bestimmten in hohem Maße die Zucht. Tell hat 157 und sein Enkel Prinz v. d. Marpe 720 124 eingetragene Nachkommen. Flora 78-Sohn Schnüffel v. d. Westerheide 164 hat mit seinen 235 Nachkommen die Zucht sehr nachhaltig beeinflußt. Schnüffel 164-Sohn Hans v. Westerberg 509 vererbte sich bei 130 Nachkommen. Flora 5 brachte mindestens 5 Würfe. Ihre Tochter Senta v. Westerberg 83 wurde Tell 77 mindestens 5mal zugeführt. Lord Tungerloh 242 ist mit 50 Nachkommen vertreten und sein Sohn Hasso v. Heidelugk 265, 1403 hat 122 Nachkommen.

Nachkommen des Boncoeur 2 – Heitmann – mit Mirzel II Hervest 40 – Dorsten

Baldur Hervest 46, 7 Monate alt

Mirzel III Hervest 49, typischer Wachtelhund-Gesichtsausdruck

Nachkomme des Boncoeur 2 – Heitmann – mit Flora Hervest 41 – Dorsten

Rex Hervest 107

Nachkommen der Diana v. Schlichteberge 7 – Heitmann – mit Mylord Hervest 38 – Dorsten

Links oben: Tell v. Schlichteberge 77. Formvollendet nach Jungklaus.

Rechts oben: Tell 77-Enkel Prinz v. d. Marpe 720 aus Anna v. Jägersberg 245 – Heitmann/Dorsten – nach Prinz v. d. alten Grafschaft 235 – Heitmann/Dorsten

Links unten: Sohn der Tell-Schwester Flora 78 Schnüffel v. d. Westerheide 164 aus Flora v. Schlichteberge 78 – Heitmann/Dorsten – nach Heiduck Hervest 43 – Heitmann/Dorsten. Vereinigt alle Vorzüge beider Stämme in vollendeter Form, das Ziel der Zusammenführung (Jungklaus).

Nachkommen der Flora v. Westerberg 5 – Heitmann – mit Schnüffel v. d. Westerheide 164 – Heitmann/Dorsten

Hans v. Westerberg 509

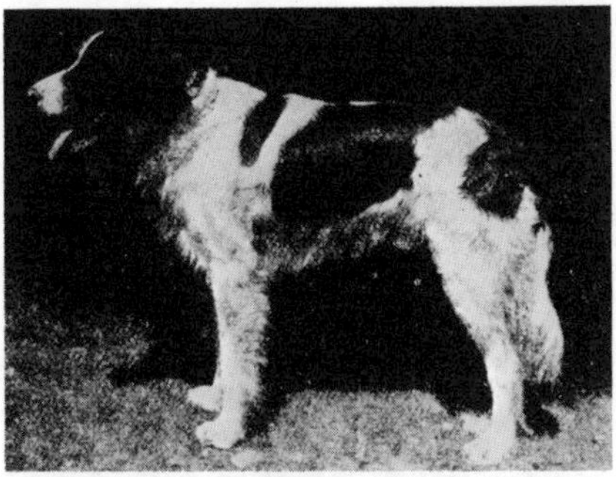

Waldo v. Westerberg 508

Jutta v. Westerberg 510

Weitere Schnüffel-Nachkommen

Links oben: Silva v. Domhof 385 aus Trine v. Domhof 219 – Heitmann/Dorsten.

Links unten: Sibillens Hexe 358 aus Liesel v. d. Grotenburg 199 (Schwester des Roland 204) – Heitmann/Dorsten.

Rechts unten: Quicksteert-Sohn Heido v. Gerdautal 347 nach Schnüffel v. d. Westerheide – Heitmann/Dorsten.

Nachkommen der Diana v. Nettethal 6 – Heitmann – mit Mylord Hervest 38 – Dorsten

Quicksteert v. Nettethal 34

Deren Tochter Senta v. Gerdautal 152 nach Tasso 3 – Heitmann

Nachkommen der Flora v. Westerberg 5 – Heitmann – mit Rino Hervest 36 – Dorsten

Senta v. Westerberg 83 mit Mutter Flora v. Westerberg 5 (links). Senta ist eine Schwester von Hertha und Greif v. Westerberg, aber aus einem anderen Wurf.

Senta-Sohn Roland v. der Grotenburg 204 nach Tell v. Schlichteberge 77 – Heitmann/Dorsten

Die Bilder beweisen, daß die Erwartungen bei der Zusammenführung beider Stämme eingetroffen sind. Größtenteils wurden die Hunde kompakter, größer und gedeckter.

Den Hundenamen wurde hinzugefügt, ob es sich um KlM aus der Heitmann- oder Dorstener-Linie oder aus einer Verbindung beider Linien oder mit Lord Schleithoff 28 handelt.
Diese Dokumentation wird ergänzt durch das Buch von Hans Eggerts: Zuchtgeschichtliches in Bild und Wort 1912 bis 1945 – 108 Seiten mit 150 Bildern – (Zu beziehen vom Autor; Anschrift: Steenbalken 20 a, 2000 Hamburg 63, Telefon 0 40 / 5 38 73 38 oder über den Verlag J. Neumann-Neudamm, Postfach 320, 3508 Melsungen.

Das zweite Jahrzehnt (1923 bis 1932)

„Der Kleine Münsterländer – eine Rasse, die Zukunft hat", schreibt (1924) von Otto und meint, daß, wenn der Setter „verschwindet", der KlM „dessen Erbe" antreten werde. Er stützte seine Aussage insbesondere auf den KlM-Rüden Schnüffel v. d. Westerheide 164, der seiner Meinung nach ein Setter im Kleinformat ist.
Die geringe Schulterhöhe hat auch dazu beigetragen, daß der KlM bei den Jägern immer beliebter wurde, und die Zuchtbucheintragungen stiegen im Jahre 1923 von 505 auf 686 KlM im Jahre 1924. Andererseits gab es wegen der geringen Schulterhöhe immer wieder negative Äußerungen. Spöttisch nannte man unseren Hund: durch bäuerliche Haltung heruntergekommener Vorstehhund, verkümmerter Deutsch Langhaar, Bettlerhunde und weiße Kälbchen. Als voll gebrauchsfähig wurde er nur von wenigen Jägern anerkannt. „An der hohen jagdlichen Qualität der kleinen Hündchen – wie ihre Gegner sie so gerne zu nennen beliebten – ist nicht zu zweifeln", meint jedoch Heidejäger.
Marga v. d. Hedwigsburg 935 (a: Heiderose v. Blomendahl 480 n: Schnüffel v. d. Westerheide 164) war hervorragend im Feld, Wald (Lautjager, Verbeller aus Naturanlage) und Wasser. Die 49 cm hohe Hündin würgte Fuchs und Katze (B: Paul Kraps, Arnstadt/Thüringen). Teut v. Baumberg 1342 (a: Milli v. d. Linden 361 n: Hans v. Westerberg 509) war stämmig und brachte mit seinen 52 cm Schulterhöhe den schwersten Hasen. Krankes Rehwild zog er nieder. Der Rüde war standruhig, jagte laut, stand fest vor und arbeitete stundenlang unermüdlich im Wasser. Im Hause war er ruhig, wachsam und scharf (Heidejäger). Butterbrodt, Aurich, schildert seine Lotte (n: Prinz v. d. alten Grafschaft) als sehr feinnasig, flott im Feld, spursicher, fest und weit vorstehend, nicht nachprellend, vorzüglicher Verlorenbringer, laut jagend, raubzeugscharf und absolut gehorsam am Hasen. Aron v. d. Range 1206 würgte jede Katze, war sicherer Verlorenbringer von Hase und Fuchs, im Wasser unübertrefflich und ein hervorragender Saufinder. Sein Sohn Piet v. Vogelherd 2547 (B: Förster Quednau, Rothehude Kr. Goldap) erbte alle Vorzüge seines Vaters. Die von Carl Suppli seit 1920 geführten KlM standen fest vor, brachten sicher verloren, zogen krankes Schalenwild nieder, waren raubzeug- und oft mannscharf.
Einer der bekanntesten Kynologen unserer Zeit, Dr. Carl Tabel, führte als ersten eigenen Hund den KlM-Rüden Baldur v. Glücksburg 1362. Tabel berichtete über ihn: „Er war ein sehr guter Feldhund, überragender Wasserhund und ein Verlorenbringer, wie ich ihn nie wieder besser gehabt oder auch nie gesehen habe. Er war trotz unbändiger Passion nicht zu bewegen, an ein Stück Raubwild oder Raubzeug, das noch irgendein Leben zeigte, heranzugehen. Baldur hatte eine alles in den Schatten stellende Apportierlust. Ob Wild oder

meine Hausschuhe, ob Schlüsselbund oder Pfennigstücke, ob Tabakpfeife oder ein Stück Wurst, er brachte alles." Tabel führte noch zwei weitere KlM (1919/1927) und lobte auch hier die überragende Spur- und Wasserarbeit. Im Vorstehen waren sie den anderen Rassen absolut gleichwertig. Der Wundspur folgten sie kilometerweit, ließen nicht locker und arbeiteten bis zum Umfallen. Auch Hasenclever bestätigte diese Eigenschaften und berichtete von „herrlichen Vorstehhundmanieren und passionierten Wasserarbeiten". Von Watzdorf schrieb über den Charakter des KlM: „Er ist fast nur auf seinen Herrn eingestellt und immer ablehnend gegen Fremde. Das macht ihn auch als Wächter im Hause außerordentlich wertvoll. Zwingerhaltung ist für ihn nicht angebracht". Wegen der hellen Farbe gab er als Waldjäger, der bedeckte Hunde bevorzugte, die KlM-Zucht auf.

Der Tierarzt Dr. Vogel berichtet, daß in seiner ostpreußischen Heimat eine in einem Forsthaus gehaltene Heidewachtelhündin in Abwesenheit ihres Herrn mit Halsband und Kette auf eigene Faust jagen ging und aus einem Dachsbau, in dem sie fest vorlag, ausgegraben werden mußte. Er schreibt weiter, daß dies doch ein Beweis dafür sein dürfte, daß fortgesetzte Arbeit diesem intelligentesten aller Jagdhunde zu ganz enormer Schärfe verhilft.

In der Schweiz förderte Dr. Räber, Küßnacht, und in Holland Hubert Smelt, Hilversum, den KlM. Mathias Wagner, Lichtenwörth bei Wiener Neustadt (Österreich), ließ 1927 seinen Zwinger Vostenhof und Karl Fortmann, Einigen bei Spietz (Schweiz), seinen Zwinger Einigen schützen. KlM wurden nach Lettland, Finnland, Argentinien und Amerika verkauft.

Truschel Löns II 6 (a: Frigg v. Westerloy 403 n: Waldo v. Westerberg 508), gew. 17. 4. 1921, wurde im Jahre 1922 nach China verkauft. Ihren Sohn Hektor v. Min 483 (Züchter: Wilhelm Pfeng, Fochow/China) erwarb A. Meiser, Schanghai/China, im Jahre 1928 von einem Jagdfreund aus Südchina. Auch Bartscher verkaufte KlM nach China. Hier wurden sie auf Beiz- und Suchjagd geführt. Treff Vicia RB 134 ging 1930 nach Port au Prince, Haiti/Westindien, zu Dr. Lemke.

Das Ausstellungswesen wurde sehr gefördert, weil der Verein auf diese Weise einen Teil der Hunde züchterisch beurteilen konnte. Von den etwa 50 im Jahre 1925 auf den Ausstellungen vorgestellten KlM berichtet von Otto: „... die vortreffliche Vorhand, die Brusttiefe, gut angesetzter kräftiger Nacken, der zusammen mit starkem Fang auch einen kleinen Hund zum Tragen von schweren Hasen und Fuchs befähigt". Übereinstimmend wird von den Besitzern der KlM die Dressurfähigkeit und der Anpassungswille gerühmt, die ihn in Verbindung mit Wachsamkeit und gefälliger Erscheinung zu einem beliebten Hausgenossen machen". Vogel meint: „Deshalb hat unser leichtführiger Hund auch keine ‚Oberländerei' und ‚Hegendorferei' nötig und

verträgt sie auch nicht."
Daß sich Schönheit und Leistung nicht ausschließen, wird am Beispiel der bereits genannten Marga v. d. Hedwigsburg deutlich, die 18mal mit vorzüglich bewertet wurde, und an Prinz v. d. Marpe 720, dessen 4 Töchter und 1 Sohn vorzüglich in der Form erhielten (D'dorf 1926). An den 4 Prüfungen der Ortsgruppen Bremen und Soest beteiligten sich in den Jahren 1923/24 12 KlM und beim JGV Gießen 2 weitere. In den folgenden Jahren wurden nur bis zu 4 KlM auf den Jugendprüfungen und keine auf HZP geführt. Aktiv waren die schlesischen Jäger, auf deren Prüfungen besonders in den Jahren 1929 bis 1931 KlM erschienen. Auf der vereinseigenen Prüfung am 17. 4. 1932 wurden 5 von 7 geführten Hunden prämiiert. Beklagt wurde oft der mangelnde Wildbesatz.
Wiederum war es der passionierte Ludwig Kattenbusch, der den weißbraunen Waldo v. Vosterhausen 4564, 2827 im 2. Felde am 28./29. 9. 1928 bei Bellerholz/Schlangen auf der VGP mit sehr guten Leistungen führte (3. Preis). Kattenbusch berichtete, daß man ihm höhnisch den Rat erteilte: „Mensch, bleiben Sie mit dem Hund weg, der Fuchs ist ja länger als der Hund, damit wird der arme Kerl gar nicht fertig." Der 48 cm hohe Waldo brachte den Fuchs über Hindernis sehr gut, die Fuchsschleppe war genügend. Die Katze würgte er nicht, obwohl er vorher mehr als 20 Katzen zur Strecke gebracht hatte. Den vierten auf VGP geführten KlM Elko v. Erlenbusch 5311, 3815, Braunschimmel, brachte der Züchter, Abrichter und Führer Philipp Betzer, Rheinzabern, am 10./11. 10. 1931 bei St. Arnual im ersten Feld heraus (1. Preis). Elko war im Wasser und Gehorsam hervorragend. In allen anderen Fächern war er gut bzw. sehr gut.
Die Ortsgruppe Soest (bis 1926 Vorsitzender Uhrmacher Horstmann, danach der bisherige Schriftführer Nymphius, dessen Nachfolger Hagedorn wurde) war besonders aktiv, wie auch die Gruppe Niederrhein (Vorsitzender Bartscher) und Bremen.
Zur Aktivierung der Vereinsarbeit wurden auf der HV des Verbandes am 28. 2. 1925 in den Vorstand gewählt: Fernando Corßen, St. Magnus bei Bremen (2. Vorsitzender), Edmund Löns (1. Schriftführer) und Otto Henke (2. Schriftführer). Jedoch der erhoffte Erfolg blieb aus. Die Zuchtbucheintragungen verringerten sich ab 1925 ständig. Hierfür gab es sicherlich mehrere Gründe.
Löns schrieb 1926: „Das Unglück unserer heutigen Jagdhundzucht ist es, daß es viel zu viel Züchter, viel zu viel Jagdhunde und viel zu viel Leute gibt, die über Jagd und Hunde sich ein Urteil erlauben, ohne sich anders als theoretisch mit der Jagd beschäftigt zu haben, daß sich heute allerlei Leute mit Jagd und Hunden abgeben zu müssen glauben, denen jede andere Beschäftigung besser liegen würde als das Jagen." Auch Kristoff spricht (1926) von geschäftstüchtigen Kynologen und fordert für diese Welpenfabrikanten den Ausschluß aus dem Verband. Hasenclever bedauert (1928), daß zu viele Nichtjäger KlM

züchten. Nach Willi Redlin, der 12 KlM von 1922 bis 1945 führte, wurden die Nasenleistungen und nach Kattenbusch die Vorstehleistungen immer schlechter.
Den Rückgang der jagdlichen Leistungen führt Kristoff (1926) auf das Fehlen einer straffen Zucht zurück. Er und Dens fordern (1926) deshalb, nur leistungsgeprüfte Hündinnen und Hasenclever sogar nur noch auf VGP geführte Hunde zur Zucht zuzulassen. Hasenclever machte den Vorschlag, für KlM eine Sonderbestimmung in die VGPO aufzunehmen, nämlich statt des Fuchses die Katze zuzulassen. Der Vorschlag Hasenclevers war schon deshalb illusorisch, weil von den 4821 bis Ende 1927 eingetragenen KlM nur 2 die VGP bestanden. Bis zum Jahre 1927 hatten etwa 4000 Vorstehhunde aller Rassen die VGP erfolgreich abgelegt. Diese Vorschläge bedeuteten eine immer größere Abkehr von dem ursprünglichen Wollen der Vereinsgründer, insbesondere aber von Jungklaus und Löns, für die Zuchtwahl nur die reinen Anlagenleistungen heranzuziehen.

Becass Löns 4765

Der überraschten Öffentlichkeit stellte Edmund Löns die braungeschimmelten Geschwister Bingo 4764 und Becass Löns 4765 vor. Gewölft wurden sie laut Zuchtbuch am 7. 8. 1927. Als Vater wurde Flott v. Nagelshof I 480 und als Mutter Mieze v. Doven Dirk I 281 angegeben. Später behauptete Lüttkemeier, daß er die Braunschimmelzucht mit der sogenannten Kesselflickers Flora, einer DL Hündin, aufgebaut habe und Löns geschimmelte Hunde verkauft hat, die der unter seinem Namen im KlM-Zuchtbuch eintragen ließ.
Wie die Braunschimmel in die Zucht kamen, darüber gibt es viele Vermutungen. Fest steht, daß es nach Löns schon vor der Vereinsgründung braungeschimmelte KlM gab. So war es auch durchaus möglich, durch Zuchtauswahl gedecktere Farben zu erzielen. Fimmen meint (1972): „Die Tatsache, daß sich die Braunschimmelfarbe in der weiteren KlM-Zucht so stark durchgesetzt hat, spricht für die einfache Dominanz des Gens, das die Schimmelung bewirkt. Auch nach Whitney (1948) verhält sich die Sprenkelung einfach dominant. Sie ist durch einen Mendelfaktor F bestimmt und muß mit Weiß verbunden sein." Die gedeckt farbigen Hunde haben dem KlM viele Anhänger zugeführt. Deshalb ist es unsinnig, hierüber zu streiten.
Im Jahre 1929 wurde beschlossen, die enge Zuchtbasis zu erweitern und schimmelfarbene Hunde zu züchten. Dieser Beschluß wurde von der 31 Mitglieder zählenden Gruppe Schlesien (bis 1931 Vorsitzender Major

Kutter, danach Polizeirat Augustin, Breslau) falsch ausgelegt. So kam es, daß nicht nur Braunschimmel, sondern auch braune DL eingekreuzt wurden.
Heinz Wicke, Lübberstedt, setzte in seinem Zwinger Vicia den DL Tell Jordan DHStB 595/27, August Hölscher, Osnabrück, in seinem Zwinger Osning DL Waldo Heise DHStB 566/27 und Oberinspektor Kothe, Brieg/Breslau, in seinem Zwinger Schneekoppe DL Baldur v. Wehrenteich 1683/26 ein. Der Baldur-Sohn Solo v. d. Schneekoppe RB 122 deckte im Zwinger vom hohen Ufer des Walter Schärff, Brieg, und Baldur-Sohn Wodan v. d. Schneekoppe RB 121 im Zwinger Schützengrund des Obersteuersekretärs Richard Fröde, Liegnitz, sowie im Zwinger Würchengrund der Anneliese Schmidthals, Rittergut Zobel, Liegnitz Land, und Zwinger Schnepfengrund des Rittmeisters von Watzdorf, Leobschütz/Oberschlesien. Allen Rüden wurden reingezogene KlM-Hündinnen zugeführt.
Alle Nachkommen wurden in dem wieder eröffneten Registerband – beginnend mit Nr. 121 – eingetragen, um das Fremdblut kontrollieren zu können. Die Nachzucht brachte nicht den gewünschten Erfolg. Die Köpfe waren zu schwer, die Behaarung zu stark, die Suche nur mäßig flott, und die erhoffte stärker ausgeprägte Raubzeugschärfe blieb aus. Die Experimente wurden 1931 eingestellt.
Ungenügende jagdliche Ausrichtung der Zucht, fehlende Nachzuchtkontrolle und Einkreuzen von Fremdblut waren Vorwürfe eines kleinen Kreises gegen die Vereinsführung. Mit Hilfe dieses Kreises gründete Löns am 28. 4. 1930 den Deutschen Heidewachtel-Club. In den Vorstand wurden gewählt: Nordhoff, Münster (1. Vorsitzender), Otto Henke, Bielefeld (2. Vorsitzender), Bibliotheksrat Dr. phil. orient. Hermann Kreyenborg, Münster (Schriftführer), Hans Vogt, Bielefeld (Schatzmeister), Edmund Löns, Mettingen (Zuchtbuchführer), und als Beisitzer Dr. Albath und Dr. Raming. In der Satzung wurden Leistungen gefordert, die für die Eintragung in das DGStB berechtigten (VGP). Das überraschte um so mehr, als Löns und seine Anhänger die VGP bislang ablehnten.
Löns übernahm aus dem Zuchtbuch des KlM-Vereins in den Band I des Deutschen Heidewachtel-Stammbuches 517 in den Jahren 1906 bis 1921 gewölfte und in den Band II 164 in den Jahren 1922 bis 1929 gewölfte KlM. Außerdem wurden in den Band II 94 von Clubmitgliedern gezüchtete Heidewachtel – wie die Hunde fortan nur noch genannt wurden – eingetragen. Der Band III enthält die in den Jahren 1932 bis 1933 gewölften Heidewachtel. Die Heidewachtelzucht baut sich hauptsächlich auf die von Löns gezogenen Hündinnen und Rüden auf. Als Deckrüde wurde überwiegend Becass Löns 4765 (II 40) eingesetzt und sein Sohn Falko Löns II 130. Becass-Bruder Bingo 4764 (II 39) hat sich selbst und im größeren Maße über seinen Sohn Eismann Löns II 65 und dessen Sohn Heiko Löns II 338 vererbt. Der Club wurde

von keiner kynologischen Vereinigung anerkannt.
Mit der Schriftführung des KlM-Vereins wurde anstelle des ausgeschiedenen Löns Heinz Wicke, Lübberstedt, beauftragt, und für Henke wurde Schieb, Osnabrück, 2. Schriftführer.
Die Jagdhundrassen Setter, Deutscher Wachtel, Deutsch Langhaar, Bretonen, Heidewachtel und Klein Langhaar (Vogtländer) wurden oft in den Zeitungsberichten mit den Hunden des KlM-Vereins verglichen oder sogar als Ursprungsrasse angegeben, und manche verwechselten ganz einfach die Rasse. Zudem nannte sich der Deutsche Heidewachtel-Club im Untertitel: Verein zur Reinzüchtung und Führung der Kleinen Münsterländer Vorstehhunde. Bartscher bot seine Welpen als Habichtshunde an. All das verwirrte in hohem Maße die Jäger.
Die wirtschaftlichen Verhältnisse verschlechterten sich von Jahr zu Jahr (hohe Kriegslasten, 7 Millionen Arbeitslose, Inflation), und oft erschütterten bürgerkriegsähnliche Zustände das Land. Von dieser chaotischen Entwicklung blieb das Vereinsleben nicht verschont. Die Zuchtbucheintragungen betrugen im Jahre 1930 nur noch 151 und erreichten im Jahre 1933 mit 144 den absolut tiefsten Stand in der KlM-Geschichte.
Diese Entwicklung konnten auch nicht die bereits im ersten Jahrzehnt als Deckrüden bewährten Hasso v. Heidelugk 265, 1403, Hans v. Westerberg 509 und Prinz v. d. Marpe 720 verhindern. Hassos Söhne Heino v. Bobertal 1494 und Anko v. Sande 1628 brachten 71 bzw. 60 Nachkommen. Hans v. Westerberg-Sohn Lump v. Bärenbrunnen 849 und dessen Sohn Falk v. Bobertal 4200 hatten 49 bzw. 77 und der Prinz v. d. Marpe-Enkel Flock Vicia 4818 58 Nachkommen. Baldur Schmidts 2589 brachte 46 Nachkommen.

Das dritte Jahrzehnt und der Zweite Weltkrieg (1933 bis 1945)

Unter veränderten politischen Verhältnissen vereinigten sich am 11. 10. 1934 der KlM-Verein und der Deutsche Heidewachtel-Club. Sie bildeten eine gemeinsame Fachschaft im Reichsverband für das Deutsche Hundewesen, dem alle Jagdhundverbände angehören mußten. Seit dieser Zeit gilt der KlM als anerkannte Rasse. Dem Vorstand der Fachschaft gehörten an: Otto Henke (Obmann), Friedrich Klatte (Schriftführer), Karl Vorher (Schatzmeister) und Dr. Kreyenborg (Zuchtbuchführer). Bis zu diesem Zeitpunkt wurden in beiden Zuchtbüchern etwa 6400 Hunde eingetragen.
Die Prüfungsbeteiligung war zunächst gering. Sehr aktiv waren die Münsterländer-Führer in der Bayerischen Ostmark und hier besonders im Raum Hof, in Westfalen-Lippe, bei Breslau, Moritzburg, Deutsch Krone, Erfurt, Dresden und Bremen. Kaum mehr als bis zu 6 KlM erschienen auf der VJP. Die VGP bestanden im Jahre 1935 3 KlM. Der 50

cm hohe Bonzo v. Fasanenland 5831, 4607 (ZB: Freiherr von Bischoffshausen, Giersdorf/Oberschlesien) wurde von Eduard Hirsch, Radeberg/Dresden, im ersten Feld abgerichtet und bei Moritzburg geführt (3. Preis). Bonzo zeigte im Feld, Wald und Wasser durchweg gute bis sehr gute Arbeiten. Er jagte stumm und war schußhitzig. Czara Löns IV 1140, 4925 (B: Franz Finder, Wien), weißbraun, 50 cm, geführt von Förster Friedrich, Münchendorf bei Wien, bestand ebenfalls im ersten Feld die VGP bei Deutsch Brodersdorf (2. Preis). Auch Czara zeigte Leistungen wie Bonzo, bis auf Stöbern ohne Ente genügend und Fuchs über Hindernis mangelhaft. Die österreichische Zucht wurde von diesem Hund beeinflußt. Bento II 258, 4849, weiß-braun mit Schimmelflecken, 45 cm, wurde von seinem Besitzer Julius Lips, Bielefeld, erfolgreich bei Bockhorst geführt (3. Preis). Die Eintragung des Zuchtbuchführers Löns (Heidewachtel-Club) lautet: „Abstammung unbekannt. Eingetragen aufgrund seiner Leistungen mit dem Versprechen, daß er nicht zur Zucht eingesetzt wird." Bento stöberte im Schilfwasser hervorragend. Im Walde war er sehr gut und stöberte laut. Im Felde war er vor Wild sehr unruhig und schußhitzig. Den Fuchs brachte er nicht über das Hindernis.

Der Fachschaftsvorsitz wurde im Jahre 1936 Fernando Corßen und die Kassengeschäfte Heinrich Harmening übertragen. Die Zuchtbuchführung übernahm Friedrich Klatte, Bremen. Klatte stand vor einer schwierigen Aufgabe. Er mußte die gegensätzlichen Auffassungen der beiden zusammengeschlossenen Verbände auf einen Nenner bringen. Mit großer Sachkenntnis und viel Feingefühl gelang es ihm.

In der neuen Satzung wird der jagdliche Leistungsgedanke stärker betont. Geprüft wurde nur noch nach den Prüfungsordnungen des JGHV. Gleichzeitig wurden die ersten offiziellen Rassekennzeichen beschlossen:

Rassemerkmale des Kleinen Münsterländer Vorstehhundes

Der Kleine Münsterländer Vorstehhund ist die einzige Vorstehhundrasse, die sich durch Kleinheit auszeichnet, doch soll die anzustrebende Größe bei Hündinnen nicht unter 46 cm liegen und bei Rüden nicht unter 52 cm heruntergehen. Größe der Rüden über 56 cm darf vorläufig bei der großen Anzahl kleiner Hündinnen nicht beanstandet werden.

Der Kleine Münsterländer Vorstehhund soll eine schnittige Figur und viel Adel zeigen. Stramme gerade Vorderläufe, tiefe Brust, gut gewölbte Nierenpartie, lange Kruppe mit gut angesetzter, nicht zu langer Rute. Hinterbeine gut bemuskelt und genügend gewinkelt. Kopf edel und trokken. Guter, langer Fang. Behang gut anliegend, nicht zu hoch angesetzt, in stumpfer Spitze auslaufend und über die Spitzen hinaus wellig behaart. Dunkles Auge. Behaarung soll gut anliegend, nicht kraus und wollig sein. Rute möglichst gerade getragen, mit guter Fahne, Läufe gut befedert.

Farbe: 1. Weiß mit braunen Platten oder dunkel gemantelt. Läufe weiß, ebenso halbe Rute oder wenigstens Rutenspitze. 2. Dunkel- oder Hellschimmel, Läufe und Rutenende bei der Geburt weiß, später getigert.

Jagdliche Eigenschaften (angeboren): Flotte geräumige Galoppsuche, festes Vorstehen. Im Walde laut jagend und möglichst spurlaut. Wasserfreudigkeit. Keine Scheu vor Dornen und Dickungen. Raubzeugschärfe.

Hauptfehler und Mängel, welche durch Zuchtwahl auszumerzen sind: Kurzer Fang, lockiges Haar auf dem Kopf und Rücken, zu lange Rute, Ringelschwanz. Kurze Kruppe, dadurch zu tief angesetzte Rute, starke Behaarung zwischen den Zehen.

Farbfehler sind: Gelbe Abzeichen am Fang. Gelbe Platten und vollständig braune Hunde.

Raubzeugschärfe und laut jagend muß durch Elternauslese erreicht werden.

Zuchtideal ist ein leichter Vorstehhund in Form und Behaarung wie der Irische Setter mit der jagdlichen Eigenschaft des Kleinen Münsterländer Vorstehhundes.

Die Rassemerkmale stimmen in etwa mit den von Jungklaus erarbeiteten überein. Erwähnenswert erscheint mir, daß zum Vergleich der Irische Setter herangezogen und der Versuch unternommen wird, eine in der Erscheinungsform ausgeglichene Rasse zu schaffen, das Ideal einer Reinzucht. Die Jungklaus'schen Abzeichen fehlen ganz. In der Standardbeschreibung ist ein Fehlerkatalog enthalten, der uns Aufschluß über die Zuchtmängel der damaligen Zeit gibt.

Linke Spalte: Blitz v. d. Moserhütte ÖHZB 4491 Österreich

Sissie NHSB 1098553 Niederlande

Sissie-Sohn Andor v. Beers Freunde NHSB 1270369 Niederlande

Carmen v. Vennekotten 16084

Rechte Spalte: Citta v. Moossee SHSB 299694 Schweiz

Ella v. Breisgau 422/82, 30132

Blanka v. d. Rohrteichwiese 166/68, 19511

Es bildeten sich ab 1936 immer neue Landesgruppen. Es wurden bekannt:

Provinz	**Obmann**
Niedersachsen	Hauptlehrer Heinz Wicke, Hambergen
Westfalen	Karl Vorher, Sägewerk, Heidenoldendorf
Schlesien	Freiherr v. Bischoffshausen, Forstmeister, Giersdorf/Grotkau
Berlin/Brandenburg	Major Weiß, Berlin
Sachsen	Karl Süring, Farbenfabrikant, Dresden
Bayerische Ostmark	Carl Winterling, Lederfabrikant, Rehau
Rheinland	Bornkessel, Baustoffhandel, Elberfeld
Ostpreußen	Heinz John, Bankangestellter, Schippenbeil
Baden-Württemberg	Otto Niebel, Pforzheim

Alle Jagdhundverbände wurden 1937 aus dem Reichsverband für das Deutsche Hundewesen herausgelöst und dem Reichsbund Deutscher Jäger zugeordnet. Damit wurde die enge Bindung zwischen Jagd und Hund wieder hergestellt. Seit dieser Zeit gilt der KlM-Verband als Mitglied des JGHV.
Eine VJP führte der Verband 1937 bei Schötmar mit 7 KlM durch, eine weitere am 24. 4. 1938 bei Lindhorst mit 5 KlM und am 15. 4. 1939 bei Wessum gemeinsam mit DL und GrM. Insgesamt wurden 1937 28 und 1939 35 KlM geführt.
Eine HZP, die 1938 für alle Vereine eingeführt wurde, fand am 12. 9. 1937 bei Beckedorf statt. Die weiß-braunen Colli und Conti v. Schaumburg waren unter ihrem Züchter, Besitzer, Abrichter und Führer Harmening erfolgreich. An der HZP 1939 bei Beckedorf nahmen erfolgreich teil: Cato v. Gallin 6908 (F: M. Krichel), Ebbe v. Schaumburg 6967 und Echo v. Schaumburg 6965 (F: Kaczorowsky). Heinrich Harmening bemühte sich um den Ausbau der Landesgruppen und organisierte fast alle Prüfungen. Im Jahre 1937 waren 4 KlM erfolgreich auf der VGP. Daus v. Fasanenland IV 1462, 5314 (Z: v. Bischoffshausen, B: Dr. Boening, Spremberg, AF: Förster Piesek, Liebenitz), weiß-braun, 56 cm, erhielt einen 2. Preis bei Pförten/Oberlausitz. Der Rüde arbeitete sehr gut im Walde (Lautstöberer) und im Wasser, bis auf Stöbern ohne Ente (mangelhaft). Das Vorstehen war sehr gut. Im Felde war er ungehorsam und schußhitzig. Axel v. Marienstein 6054, 5565 (Z: Alfred Schütze, Schreiersgrün/Vogt-

Linke Spalte: **Grok v. Burgstuhl 48/73, 21729**
Joker v. d. Auerhütte 661/79, 27815
Rechte Spalte: **Ecko v. Kronawetberg ÖHZB 3621 Österreich**
Lady v. Sandberg 267/81, 300095
Unten: **Flott v. d. Innleit'n 381/84, 338/9**

land, BAF: Rudolf Rohleder, Greiz/ Thüringen), weiß-braun, 53 cm, war bei Kauschwitz mit einem 3. Preis erfolgreich. Bis auf Schweiß und Fuchsschleppe genügend, arbeitete Axel im Walde sehr gut. Die Wasser- und Feldarbeit war durchweg sehr gut. Auch er war schußhitzig. Den Fuchs brachte er nur mit Mühe über das Hindernis (mangelhaft). Harro Vicia 5811, 5759 (Z: Heinz Wicke, BAF: Prof. Dr. Denker, Oberlahnstein), Hellschimmel, 57 cm, wurde bei Koblenz mit einem 3. Preis ausgezeichnet. Harros Leistungen im Walde waren sehr gut, bis auf Stöbern genügend und Fuchsschleppe ungenügend. Im Schilfwasser stöberte er gut und brachte hervorragend verloren. Im Felde zeigte er Schwächen, stand aber sehr gut vor. Das Bringen des Fuchses über Hindernis war genügend.

Bell v. Geiersberg CKU (CSSR) 15/ 35, 5355 RS (Z: Wilhelm Pracht, Hennersdorf am Roll/Österreich, BAF: Hans Utschig, Buckwa bei Falkenau/Sudetenland), weiß mit braunem Mantel und Kopf, 50 cm, erhielt bei Falkenau einen 1. Preis. Über diesen raubzeugscharfen Rüden heißt es im Richterbericht: „Als lauter Verweiser erledigt er seine Aufgabe sowohl am Riemen als auch als Verweiser vorzüglich. Der kleine Kerl bringt den starken Fuchs auf der Schleppe sehr gut. Dieser Kleine Münsterländer zeigt wieder deutlich, daß den tüchtigen Vollgebrauchshund nicht die Größe ausmacht. Im kleinen Athleten steckt meist mehr Kraft und vor allem Arbeitseifer als in manchem großen. Mit Riesenpassion fährt er in das Rohr und sucht, glänzend schwimmend, die ganze Dickung ab. Er ist stets in engster Verbindung mit seinem begeisterten Führer.

Im Rohr kommt er dann an eine geschickt tauchende Ente, an der er, seine feine Nase gebrauchend, unablässig jagt und sie auch öfter schußgerecht herausbringt. Seine flotte Wendigkeit, dank der langen befahnten Rute, die ein gutes Steuer darstellt, fällt besonders auf. Die ins tiefe Wasser geworfene Ente bringt er nach mächtigem Sprung ins nasse Element, hervorragend schwimmend, blitzschnell an Land und gibt, vorbildlich sitzend, ab. Der Kleine fliegt über das für ihn gewiß sehr hohe Hindernis in mächtigem Satz zum Fuchs, packt gleich gut in der Mitte und bringt den ihm sicher schweren Fuchs an das Hindernis, wo er „standing" mit dem Fuchs aufs Hindernis springt, dort das Übergewicht bekommt und mit dem Fuchs im Fang kopfüber herabstürzt. Ohne den Fuchs auszulassen, findet er sofort seine Läufe wieder und bringt den Fuchs seinem Herrn. Er setzt sich vorschriftsmäßig und gibt erst auf Befehl ab (Note 4h). Eine ein jedes Jäger- und Kynologenherz erfreuende Arbeit, die die Arbeitsfreude und den Arbeitswillen bei glänzender Führung und gewissenhafter Durcharbeitung dieser Kleinen von neuem bestätigt." Überzeugender kann wohl kaum öffentlich dargestellt werden, was in der Rasse drinsteckt.

Für die Nasenbeurteilung aller Hunde war ausschließlich die Feldarbeit maßgebend. Hunde, die nicht weit genug suchten, und das taten oft die KlM nicht, hatten nach damaliger Auffassung keine sehr gute Nase, sondern nur eine „kurze Nase", also konnte höchstens die Note gut vergeben werden. Axel, Bell und Harro erhielten in Suche und Nase gut. Auch bei Daus decken sich die Noten in Nase und Suche, die mit sehr gut beurteilt wurden.

Den meisten Besitzern genügte es, wenn ihre Hunde auf der Jagd allen Ansprüchen gerecht wurden. Aber auch darüber gibt es nur wenige Berichte. Gerdolle erwarb 1934 den zweijährigen Alex v. Moorhausen, der anfangs ein „wilder Geselle" war. Er verbellte tot und brachte sicher verloren. Sein Besitzer erhielt deshalb viele Jagdeinladungen. Von Caro v. d. Ohl 6844 wird berichtet, daß er mit 5 Monaten fest vorstand, einen losen Hals, einen ausgeprägten Spurwillen und Spursicherheit hatte. Ohne jegliche Dressur brachte er in diesem Alter bereits Federwild und Kanin. Später zeigte er sich äußerst temperamentvoll und war ein Draufgänger. Er war sehr intelligent, anhänglich und wachsam im Hause (B: Dr. v. Kail, Stockerau/Wien). Frigga v. Burgkopf 6443 stand mit 4½ Monaten vor, suchte und brachte ein geschossenes Huhn, welches sie nicht hatte fallen sehen. Mit 13 Monaten suchte sie einen angeschweißten Überläufer nach und stellte ihn nach längerer Hetze. Einige Tage später kam nach langer Hetze ein gekrellter Rehbock zur Strecke. Sie war äußerst zuverlässig im Verlorenbringen. Erwähnt wurde auch die Leichtführigkeit, der sehr gute Appell und die Schußruhe. Im Zwinger war sie schwierig zu halten, sie brach immer wieder aus (Capsius). Andreas Beermann führte von 1935 bis 1945 Resi v. d. Dornenriede, eine äußerst feinnasige Hündin, mit der er seine schönsten Jagdtage verlebte. Dr. Bruno Wolter, Berlin, führte von 1930 bis 1943 Ilse I Löns II 139, die jagdlich hervorragend war und tot verbellte. Von Cora v. Hasselbusch DHW 1252 berichtet Sasse (1938): „Planmäßige Suche, hervorragendes Vorstehen, absoluter Spurwille und eine gehörige Portion Schärfe ist das Beste an Cora". Ilus v. Schaumburg 7606 verbellte mit 6 Monaten aus Naturanlage tot, stand sehr gut vor, war wachsam und zeigte befahrene Kaninchenbaue an (Revf. Schnell, Hilden). Billa v. Schaumburg 5963 war zart und hatte Schwierigkeiten beim Bringen des Hasen, jedoch, was sie nicht tragen konnte, verbellte sie, so daß auf diese Weise nichts verlorenging (Dr. Ahrens, Hamburg). Grille v. Schaumburg 7139 stürzte sich mit 3 Monaten auf einen starken beschossenen Hasen, der heftig schlegelte und würgte ihn mit Drosselgriff (Theodor Wilken, Richtenberg-Pommern). In Sibirien jagte in den dreißiger Jahren Stracke mit KlM, die er von einem örtlichen Jagdklub erwarb. Die Hunde waren weiß-braun und hatten eine Schulterhöhe von 45 bis 50 cm. Über die Herkunft konnte er nichts in Erfahrung bringen. Hegendorf lobte (1935) die Klugheit unserer Hunde, die auch dann voll ein-

satzfähig bleiben, wenn sie nicht täglich geführt werden.
In Österreich gründeten am 23. 3. 1937 25 Mitglieder den Verein für Große und Kleine Münsterländer Vorstehhunde. Zu dieser Zeit standen 16 KlM und 10 GrM dort. Den Vorsitz übernahm der passionierte Carl Philip, Wien. Im Zuge der Angliederung an Deutschland wurde der Verein in Landesgruppe Ostmark umbenannt. Am 2. 10. 1938 führte diese Gruppe bei Wiener Neustadt eine HZP durch, die Blitz v. d. Grenzmark (BAF: Hilde Hejlik, Lichtenwörth) und Bessy v. d. Grenzmark (F: Förster Schmidegger) erfolgreich bestanden.
Angeboten wurden KlM selten, trotz gleichbleibend hoher Zuchtbucheintragungen (1936: 441; 1939: 487). Gesucht wurden ausgebildete KlM mit Raubzeugschärfe, die laut jagen, sicher vorstehen, zuverlässig auf Schweißarbeiten, absoluten Spurwillen haben und wasserfreudig sind.
Die Fachschaftsleitung hatte sehr schwere Arbeitsbedingungen, denn nicht nur die Anhänger von Löns opponierten immer noch, sondern es bestand auch ein gespanntes Verhältnis zur Fachschaft DL, die unserer Fachschaft übergeordnet war. Dr. Granderath, Berlin, schrieb am 9. 4. 1939 an Harmening: „Daß Sie eine Herbstzuchtsuche veranstalten, ist herrlich – endlich frei von der lächerlichen Bevormundung durch Deutsch Langhaar".
Viele Aktivitäten wurden noch nach Ausbruch des 2. Weltkrieges entwickelt, obwohl die meisten Mitglieder Wehrdienst leisten mußten. Die Verbandsgeschäfte führte Harmening als Soldat weiter.
Auf den Frühjahrsprüfungen wurden 1940 noch 9, 1941 10 und 1942 16 KlM prämiiert. Sehr selten wurden mehrere KlM aus einem Wurf geführt. Auf der VJP 1939 bei Lichtenwörth erhielten 3 KlM aus dem Zwinger v. d. Ohl je einen 1. Preis, und am 5. 5. 1940 wurden aus dem Zwinger Grenzmark 4 Junghunde prämiiert (2mal 1., 1mal 2., 1mal 3. Preis). Weitere 4 Junghunde aus dem Zwinger Schloßberg (Z: Franz Sager) waren am 3. 5. 1942 bei Feldkirchen/Österreich auf der VJP erfolgreich. Alle 4 Hundeführer waren – wie der Züchter – in Graz beheimatet. Soweit bekannt, wurde nur 1 KlM während des Krieges auf der HZP geführt, nämlich Alf v. Rauhen Lurch 8038 (F: G. Braune, Reichwalde/Oberlausitz) bei Halle im Jahre 1942.
Von den 1899 bis Kriegsende ins DGStB eingetragenen 7257 Vorstehhunden waren nur 20 KlM, davon entfielen 9 auf die Zeit von 1940 bis 1943. Das ist im Verhältnis zu den 11 417 Eintragungen im KlM-Zuchtbuch sehr wenig. Deshalb ist es nicht verwunderlich, wenn es im Handbuch der Deutschen Jagd (1941) schlichtweg nur heißt: „KlM sind ebenfalls vortreffliche Gebrauchshunde und gerecht in jeder Praxis", während andere Rassen ausführlich behandelt werden. Bei den folgenden auf VGP geführten Hunden machen sich deutlich die Bemühungen der Züchter um eine Leistungszucht bemerkbar, denn mehrere KlM aus

deren Zwinger waren erfolgreich: Conny v. d. Lößnitz 7270,6357, (Z: Herbert Bernhardt, Radebeul/Sachsen; AF: Eduard Hirsch, Radeberg) 2. Pr. 1940 bei Weißig; Bill v. d. Lößnitz 6971,6360, (ZBAF: Bernhardt) 2. Pr. 1940 bei Weißig; Bella v. d. Lößnitz 6979,6636, (ZB: Bernhardt; AF: Käthe Bernhardt) 3. Pr. 1941 bei Moritzburg; Allan v. Katzengiebl DJStH 224/37,6482 (Z: Josef Götzl, Katzengiebl bei Falkenau/CSSR; BAF: Hans Utschig, Katzengiebl) 2. Pr. 1940 bei Franzensbad; Heinz v. Katzengiebl DJStH 893,7175 (F: Leutenhammer, Freising) 2. Pr. bei Freising; Bessy v. d. Grenzmark 7294,6736 (Z: Carl Philip, Wien; F: Hilde Hejlik, Lichtenwörth) 3. Pr. 1942 bei Gunskirchen/Österreich und Ego v. d. Grenzmark 7398,7134 (ZAF: Philip) 2. Pr. 1943 bei Biedermannsdorf/ Wien. Ego ist der erste KlM, dessen Eltern ebenfalls die VGP bestanden. Außerdem wurden geführt: Caro v. d. Steinleite 6931,6935, (Z: Karl Winterling, Rehau/Bayer. Ostmark; BAF: Bruno Meinhard, Heuber bei Wiener Neustadt) 2. Pr. 1942 bei Lichtenwörth und Ado v. Vostenhof 7741,7034, (Z: Matthias Wagner, Hirm/Eisenstadt; AF: Hilde Hejlik, Lichtenwörth) 2. Pr. 1943. Je 2 Hunde haben somit bis 1945 ins DGStB gebracht: Hilde Hejlik, Ludwig Kattenbusch, Eduard Hirsch und Hans Utschig.

Die Schweißfährten arbeiteten alle Hunde, bis auf Bella v. d. Lößnitz, ruhig, konzentriert und zügig. Ado v. Vostenhof war sogar hervorragend auf der Rotfährte. Die Fuchsschleppe wurde von den meisten Hunden in nasenmäßiger Verbindung gearbeitet. Allan v. Katzengiebl tat es mangelhaft und Bessy v. d. Grenzmark brachte den Fuchs nicht. Auf der Kaninchenschleppe zeigten nur Bill v. d. Lößnitz und Heinz v. Katzengiebl geringe Schwächen. Im Walde stöberten alle gründlich, planmäßig und verständnisvoll. Bill v. d. Lößnitz war stumm, und seine Schwester Bella, Ego v. d. Grenzmark sowie Heinz v. Katzengiebl stöberten laut. Bei den übrigen Hunden wurde der Laut nicht ermittelt (Wildmangel). Am ausgeglichensten waren die Leistungen beim Buschieren. Alle suchten im Flintenbereich ohne laute Befehle planmäßig und hetzten aufstehendes Wild nicht. Beim Verhalten auf dem Stande verließ Allan v. Katzengiebl seinen Platz und beim Ablegen taten es Bill v. d. Lößnitz und Ego v. d. Grenzmark. Alle Hunde folgten willig angeleint dem Führer, ohne daß sich die Leine allzu oft an den Bäumen verfing.

Im Schilfwasser stöberten unsere Hunde, bis auf Allan v. Katzengiebl, sehr passioniert und ließen sich durch Wink und Zuruf willig lenken. Bella v. d. Lößnitz leistete eine hervorragende Stöberarbeit hinter der Ente. Beim Verlorenbringen aus tiefem Schilfwasser zeigten die Hunde großen Finderwillen und trugen ihrem Führer die Ente zu.

Im Felde waren die Leistungen am unterschiedlichsten. Auch bei diesen Prüfungsergebnissen standen die Noten für Nase und Suche bei unseren Hunden in Wechselbeziehung zueinander. In Nase und Suche erhielten 5 Hunde die Note gut und nur einer sehr gut. Für die Nasenleistungen wurden insgesamt 3mal sehr gut und 6mal gut vergeben. Die Suche wurde 2mal mit sehr gut, 6mal mit gut und 1mal mit genügend zensiert. Beim Vorstehen sieht es schon besser aus. 6 KlM standen sehr gut und je einer gut, genügend und mangelhaft vor. Bei den Federwildschleppen zeigten nur 2 Hunde geringe Schwächen. Beim Gehorsam im Felde, Schußruhe und Benehmen vor Federwild wird die große Passion und der Arbeitswille unseres Hundes sehr deutlich aufgezeigt; die Leistungen eines Drittels der geprüften Hunde genügten gerade noch den Anforderungen. Um so erstaunlicher ist, daß beim Nachziehen je 4 Arbeiten mit sehr gut und gut beurteilt wurden und nur 1mal die Note genügend vergeben wurde.

Fast alle Hunde waren im Bringen sehr sauber durchgearbeitet. Sie nahmen das Wild korrekt auf, richteten ihren Griff nach Art und Schwere des Wildes ein und gaben erst auf Befehl aus. Den Fuchs brachten sie ohne längeres Verweilen mit festem Griff über das Hindernis. Nur Bessy v. d. Grenzmark hatte in den Fuchsfächern größere Schwächen und Ado v. Vostenhof beim Bringen über das Hindernis. Die starken Seiten von Bella, Bill und Conny v. d. Lößnitz waren die Wald- und Wasserarbeit. Von allen 9 Hunden leistete Bella die beste Wasserarbeit, jedoch die schlechteste Feldarbeit und Conny die beste Waldarbeit. Allan und Heinz v. Katzengiebl waren im Feld gut bzw. sehr gut. Heinz zeigte sehr gute Wasserarbeiten. Bessy v. d. Grenzmark war von allen geprüften Hunden die Beste im Felde, und nur sie erhielt in Nase, Suchen und Vorstehen sehr gut. In der Wasserarbeit war Ego v. d. Grenzmark sehr gut. Beide hatten eine Antipathie gegen den Fuchs, den sie mangelhaft oder ungenügend auf der Schleppe brachten.

Mit dem totalen Krieg (1943) kam das gesamte Prüfungswesen zum Erliegen. Ganz anders entwickelten sich die Zuchtbucheintragungen. Im Jahre 1940 waren es 214, sie stiegen im Jahre 1941 auf 503, fielen 1942 auf 482, stiegen 1943 auf 539 und im Jahre 1944 sogar auf 683. Das war die drittgrößte Eintragung seit 1912. Diese Entwicklung ist schwer zu erklären, denn immer mehr Hunde wurden wegen des Futtermangels und der ständigen Bombenangriffe kostenlos abgegeben.

In diesem Jahrzehnt wurden oft zur Zucht eingesetzt: Bonzo v. Fasanenland 5831, sein Sohn Isko v. Fasanenland 7768, Lucki v. Rhaden 9415, Falk Strotmann 5901, Prinz v. d. Marpe-Enkel Flock Vicia 4818, Tasso v. d. Reuterstadt RB 85, Huppel v. d. Rethra Burg IV 1221 und Stropp v. Heisterholz III 377.

Das Kriegsende erlebten viele aktive Mitglieder nicht. Fernando Corßen verstarb im Jahre 1944. Der Verband verlor mit ihm einen begeisterten Anhänger, Führer und Züchter des KlM, der sich immer bedingungslos und einsatzfreudig zur Verfügung stellte. Er gehörte zu denen, die sich nie in den Vordergrund stellten und mehr still, aber zielstrebig für Zucht und Verband wirkten. Einsichtsvoll und geschickt lenkte er in verschiedenen Funktionen zwei Jahrzehnte Verband und Zucht.

Fernando Corßen

Die zweite Hälfte des vierten und das fünfte Jahrzehnt (1946 bis 1959)

Am Ende des Krieges und danach wälzte sich ein viele Millionen zählender Flüchtlingsstrom durch Europa. Karl Braunschweig, Danzig, war unter ihnen. Er rettete seine junge KlM-Hündin Oda mein kleiner Kerl im Rucksack aufs Schiff und wurde nach langer Internierung in Dänemark in Schleswig-Holstein ansässig. Die vier Besatzungsmächte verboten den Jagdwaffenbesitz und das Jagen. Alle Vereine wurden aufgelöst. Das Chaos war vollkommen. Es gehörte viel Idealismus dazu, sich nicht vom Hunde zu trennen, denn Futter- und Nahrungsmittel waren rationiert und wurden für Hunde nicht zugeteilt.

Heinrich Harmening, Beckedorf, war nach Kriegsende einziges lebendes Vorstandsmitglied und rettete die Zuchtbücher und Mitgliederlisten. Durch seine persönlichen Verbindungen zu dem in Hannover stationierten englischen Kommandanten wurde die Erlaubnis erteilt, den Verband neu zu gründen. Zur Gründungsversammlung am 20. 10. 1946 lud er eine große Zahl KlM-Besitzer ein, aber nur 12 Personen erschienen auf abenteuerlichen Wegen. In den Vorstand des neu gegründeten „Verband für Kleine Münsterländer-Heidewachtel" wurden gewählt: Erik Gablenz, Lütjensee/Hamburg (1. Vorsitzender), Hermann Brens, Braunschweig (2. Vorsitzender), Heinz Wicke, Lübberstedt/Bremen (Schriftführer), und Harmening (Geschäftsführer).

Erik Gablenz

Erik Gablenz erinnert sich: „Sehr positiv war der Zusammenhalt der Menschen und der Wille zum Wiederaufbau. Wir fuhren in überfüllten Zügen ohne Fenster und auf Trittbrettern. Übernachtet haben wir in verwahrlosten Zimmern, schliefen in Lodenmänteln und froren entsetzlich". Was Gablenz, Harmening und ihre Freunde leisteten, kann man wohl nicht nachempfinden; man muß es selbst erlebt haben.

Heinrich Harmening

Löns und Korn blieben ebenfalls nicht untätig, wiederholten die 1930 bei Gründung des Deutschen Heidewachtel-Clubs gegen den KlM-Verband erhobenen Vorwürfe in einem Schreiben vom 25. 10. 1946 und teilten die Gründung des Clubs mit. Dem Gründungsvorstand gehörten an: Löns (1. Vorsitzender), W. H. Korn (2. Vorsitzender) und der Schwiegersohn von Löns, Sigbot Winterhelt (Zuchtbuchführer).

Der Aufbau des KlM-Verbandes war äußerst schwierig. Viele Mitglieder waren aus ihrem früheren Wirkungskreis herausgerissen und hatten, wie auch andere, oft nicht das Allernotwendigste zum Leben. Trotz dieser Schwierigkeiten stiegen die Zuchtbucheintragungen im Jahre 1946 von 398 auf 616 im Jahre 1947 und auf 754 im Jahre 1948. Eine Entwicklung, wie sie auch nach dem 1. Weltkrieg einsetzte. Absatzschwierigkeiten gab es nicht, denn für unseren Hund interessierten sich viele Nichtjäger, die auf ihn durch das vom Vorstand sehr geförderte Ausstellungswesen aufmerksam geworden waren. Durch den Tausch eines Welpen auf dem „schwarzen Markt" verschafften sich einige Züchter zusätzliche Lebensmittel.

Durch die Kriegswirren wurden viele Unterlagen und Stammtafeln vernichtet. Es häuften sich immer mehr die Anträge auf Ausstellung einer Ersatzstammtafel. Ließ sich die Abstammung nicht einwandfrei nachweisen, wurde keine Ersatzstammtafel ausgestellt, sondern der Hund in dem im Jahre 1946 wieder eröffneten Registerband eingetragen. Die Eintragung erfolgte entweder nach Ablegung einer jagdlichen Prüfung oder durch Begutachtung. Hierbei wurde ein strenger Maßstab angelegt. Der Zuchtbuchführer Fleddermann (seit 1947) überprüfte laufend auch die bereits vorgenommenen Eintragungen gewissenhaft und sachkundig, denn es wurde immer wieder versucht, für gestohlene oder schwarz gezüchtete Tiere eine Stammtafel zu erhalten.

Solche Fälle ließen sich trotz aller Vorsicht nicht vermeiden. So tauschte Gustav Eggerts (1946) unwissend die angebliche Lining v. d. Senne 5991 gegen ein über den Krieg hinaus gerettetes Fernglas ein und erhielt sogar die Original-Stammtafel.

Mit Genehmigung des Zuchtbuchführers durfte mit den im Registerband eingetragenen Hunden gezüchtet werden. Erst die zweite Generation wurde im Zuchtbuch des KlM-Verbandes eingetragen.

Unter der Leitung von August Feddermann wurden mit Unterstützung von Dr. Heintze, Karby, am 6. 2. 1948 in Bremen 3 KlM-Typen herausgestellt, um den unterschiedlichsten Forderungen der Jäger in den einzelnen Landesteilen in bezug auf Größe und jagdlichen Einsatz gerecht zu werden. Es sind dies der robuste, schwere (bis zu 56 cm), mittelschwere und leichte (nicht unter 48 cm) Typ.

Die Entwicklung im Verband wurde von den Jägern genau beobachtet. Eiserhardt bedauerte (1948) den Streit beider Verbände und wünschte verständnisvolle Züchter, damit der KlM den Jägern in den Busch- und Heiderevieren erhalten bleibe. Bemängelt wird die zu freie Einkreuzung mit brackenartigen Hunden – ohne die Beweise hierfür zu erbringen –, demzufolge der KlM oft zu lang im Rücken, zu kurz auf den Läufen und deshalb im Felde nicht flott genug ist. Die Einheitlichkeit im Typ vermißt er ebenfalls.

Zur etwas einheitlicheren Ausrichtung des Typs wurde am 2. 7. 1949 die Schulterhöhe für Rüden auf 48 bis 56 cm und für Hündinnen auf 44 bis 52 cm festgesetzt. Leidenschaftlich setzt sich Kloer dafür ein, daß der KlM nicht der Jagd entfremdet wird. Keitel (Obmann der LG Hannover) verlangt den Stopp der unsystematischen Zucht, Frieß tritt für eine schärfere Leistungszucht ein, die LG Westfalen-Lippe steuert die Zucht durch die Herausgabe einer Deckrüdenliste, und Fleddermann fordert energisch die Führung des KlM auf den Prüfungen. Die geringe Prüfungsbeteiligung führt Steinbeck (Obmann LG Westfalen-Lippe) darauf zurück, daß dem Verband „viele kleine Leute" angehören, die das Fahr- und Nenngeld nicht aufbringen können.

Der Verband hatte bei Verabschiedung der Satzung (1948) sehr wohl erkannt und festgelegt, daß die Zucht jagdlich ausgerichtet sein muß, und bestimmte, daß ein Jahr nach Erlangung der Jagdhoheit nur noch Hunde mit bestandener VJP, HZP und VGP für die Zucht zugelassen werden.

Fleddermann leitet im Jahre 1948 die erste VJP des Verbandes nach dem Kriege und die erste VGP, die der Verband überhaupt durchführte. Sie fand am 9./10. 9. 1949 bei Hellern statt. Erfolgreich waren Lilo Löns V 59,7611 (F: Winterhelt) und Alux v. Eggetal 10963,7612 (F: Budde). Der erste nach dem Kriege auf einer VGP geführte KlM war Basko v. d. Waldesruh 10716,7518, der am 6./7. 10. 1948 beim JGHV Schleswig-Holstein unter seinem Führer Dr. Heintze, Karby, mit einem 3. Preis erfolgreich war. Von den 19 erschienenen Hunden al-

ler Rassen bestanden 10 die Prüfung, darunter Basko als einziger gemeldeter und geführter KlM.
Die Vereinigung beider Verbände gelang Fleddermann (KlM) und Korn (Heidewachtel) im Jahr 1949.
In dem jetzigen Gebiet der DDR wurde 1952 unter dem Vorsitz von Otto Capsius die Spezialzuchtgemeinschaft für KlM gegründet. Dort entwickelte sich im Laufe der Jahre ein Eigenleben. Capsius führte von 1949 bis 1954 5 KlM erfolgreich auf der VGP, davon 3 aus seinem Zwinger v. d. Müritzbucht.
In der Bundesrepublik übernahm Dr. Ewald Spital-Frenking, Dortmund, im Jahre 1952 den Vorsitz des Verbandes, und Förster Heinrich Bloedom, Haus Reck bei Hamm, wurde 2. Vorsitzender. Suppli wurde (1949) Nachfolger von Wicke als Schriftführer und übergab das Amt ein Jahr später an Fleddermann, der wiederum an Franz Augustin (1952), den Dr. Frerichs (1953) ablöste. In seiner Eigenschaft als Geschäftsführer (1949 bis 1952) verwaltete Fleddermann auch das Amt des Schatzmeisters. Dieses Amt übernahm ebenfalls Dr. Frerichs im Jahre 1952. Dr. Spital-Frenking erkannte bald, daß einige Probleme nur gemeinsam mit dem JGHV gelöst werden können und stellte den Antrag (1953), daß Vorträge von hervorragenden Wissenschaftlern und Praktikern über Zucht, Aufzucht, Vererbung, Bekämpfung von Hundekrankheiten und über die Tierpsychologie gehalten werden.

Dr. Johann Frerichs

Dr. Ewald Spital-Frenking

Satzung und Zuchtordnung wurden außer Kraft gesetzt, und es begann ein jahrelanges Ringen um neue Ziele. Zur Vermeidung eines unverhältnismäßig starken Einsatzes von Rüden wurde beschlossen (1952), daß vorher die Genehmigung des Zuchtbuchführers einzuholen ist. Gleichzeitig wurde die Wurfbesichtigung eingeführt, weil nicht in allen Fällen die Aufzucht ordnungsgemäß war. Mit viel Zeitaufwand wurden die Mitglieder von Dr. Spital-Frenking beraten, mit dem Ziel, die Zucht jagdlich auszurichten und nur bestes Zuchtmaterial zu verwenden. Immer wieder wurden die Züchter aufgefordert, über positive und negative Beobachtungen zu berichten. Unermüdlich kämpfte Dr. Spital-Frenking, oft ungeduldig in der Sache, für einen intelligenten und im Charakter ausgeglichenen KlM, der leichtführig ist und sicher verlorenbringt. Zur Aktivierung der Verbandsarbeit wurde eine Zuchtkommission gegründet (Fleddermann, Harms, Hubert Spital).

Dr. Kreyenborg teilte dem KlM-Verband am 15. 9. 1953 mit, daß die Vereinigung beider Verbände nicht rechtsgültig vollzogen wurde. Er beklagte insbesondere das Fehlen von Satzung und Zuchtordnung. Verschärft wurde der Gegensatz noch durch den Verbandsbeschluß (1953), den Zwinger des Löns zu löschen. In den Vorstand des neu gegründeten Clubs wurden gewählt: Dr. Kreyenborg (1. Vorsitzender), Dr. Dr. Alberty (2. Vorsitzender), Franz Stake (Schriftführer), Dr. Meyer-Nieberg (Schatzmeister) und Frau Böhmer (Zuchtbuchführer).

Im Band 48 des DGStB (1953) wurde als erster KlM Arko Siedenburg 11886,8194 (EAF: Bloedom) abgebildet. Das geschah 61 Jahre nach Einrichtung des DGStB.

In der bisherigen 42jährigen Verbandsgeschichte hatten bis zum Jahre 1954 nur 54 KlM die VGP bestanden, davon nach 1945 34 Hunde. Deshalb gelang es nur unter allergrößten Mühen, einen KlM für die VGP am 21./22. 10. 1954 – anläßlich der Internationalen Jagdausstellung in Düsseldorf – zu finden. Kleine-Hanebeck führte Bless v. Waterkotten 13484,7977 (B: Rosenbaum). 19 Vorstehhunde wurden gemeldet und 13 prämiiert, darunter Bless mit einem 3. Preis an letzter Stelle. Immerhin ein schöner Achtungserfolg.

Gegen den Zuchtbuchführer Fleddermann erhob Löns ehrenrührige Anschuldigungen, die jahrelang gerichtlich untersucht wurden. In vollem Umfang mußte Löns seine Behauptungen öffentlich zurücknehmen. Fleddermann erlebte seine Ehrenrettung nicht, denn am 30. 12. 1955 wechselte er (geboren 1896) in die ewigen Jagdgründe. Im Nachruf heißt es: „Fleddermann hat das große Verdienst, in den Jahren der Auflösung nach dem Kriege den ganzen Verband in seiner Person zusammenhalten und wertvolles Zuchtmaterial auf diese Weise erhalten zu haben", und der Vorstand sprach die Hoffnung aus, „daß eines Tages jeder Streit aus unseren Reihen verbannt sein möge, aus der tieferen menschlichen Gewißheit heraus, daß es sich im Grunde nicht lohnt um einer edlen Passion willen, die in August Fleddermann in ganz hervorragendem Maße verkörpert war, sich und anderen das Leben zu verbittern. Unsere KlM haben das nicht verdient". Leider wurde dieser Ausspruch nicht immer beachtet.

August Fleddermann kannte den KlM seit seiner Jugend und war mit der Verbandsgeschichte und der Zucht sehr vertraut. In seiner kämpferischen Art deckte er schonungslos die Fehler in der Zucht auf und sagte dies in burschikoser Weise klar und deutlich. Unter seinem Einfluß wurde die Zucht nachhaltig auf Leistung ausgerichtet.

Mit der Führung des Zuchtbuches wurde Tamme Harms, Leer, beauftragt.

Die wirtschaftlichen Verhältnisse begannen sich langsam zu bessern, und das Jagen wurde wieder erlaubt (1952). Trotzdem fielen die Zuchtbucheintragungen ständig (1956:418). Aber auch die Mitgliederzahlen und Prüfungsteilnahme wurden rückläufiger (VJP 1954: 101; VJP 1957: 67, HZP und VGP waren immer noch unbedeutend). Auch bei einigen anderen Zuchtverbänden ließ die Prüfungsbeteiligung nach. Ein Grund dürfte gewesen sein, daß die Jäger nach Freigabe der Jagd mit der Betreuung der Reviere voll ausgelastet waren. Ursächlich kann die Entwicklung in unserem Verband in Zusammenhang mit der immer stärkeren jagdlichen Ausrichtung der Zucht und den gegensätzlichen züchterischen Auffassungen beider Verbände stehen.

August Fleddermann

Elmar Hülsmann

Elmar Hülsmann, Bottrop, übernahm im Jahre 1957 den Vorsitz. Gleichzeitig legte Bloedom sein Amt als 2. Vorsitzender nieder, und an seine Stelle trat Dr. Krowallek, Berlin. Bloedom war ein erfolgreicher Gebrauchshundeführer aller Rassen und tatkräftiger Berater des Verbandes.

Zu Ehren des im Jahre 1953 verstorbenen Dr. Jungklaus wurde am 25./26. 10. 1957 bei Handorf eine VGP durchgeführt. Zusätzlich wurde eine der jagdlichen Praxis entsprechende Arbeit gefordert. Der Hund mußte einen Fluß durchrinnen, die Schleppspur des Fuchses am anderen Ufer aufnehmen und den Fuchs seinem Führer zutragen. Auf dieser VGP wurde die Leistungsfähigkeit durch 11 KlM hervorragend demonstriert. Sieger wurde der weiß-braune Enk Alterode 16179,10112 (ZE AF: Dr. Spital-Frenking).

Die Verbandsarbeit verlagerte sich allmählich auf die Landesgruppen, die Prüfungen in verstärktem Maße durchführten und dadurch engeren Kontakt zu den Mitgliedern erhielten. Die Zuchtbucheintragungen begannen wieder zu steigen (1957: 705), ebenso die Mitgliederzahlen (1959: 362) und die Prüfungsteilnahme (1959 VJP: 166, HZP: 76, VGP: 5). Aber immer noch hatte der Verband die seit Jahren in Aussicht gestellte Zuchtordnung nicht beschlossen. Erst 1959 wurde der bereits im Jahre 1957 von Hans Eggerts vorgelegte Entwurf abschließend beraten, durch Vorschläge von Dr. Frerichs und Harms ergänzt und erst auf energisches Eingreifen von Dr. Kowallek und Franz Augustin verabschiedet. Die aufgestellten Zuchtgrundsätze geben ein getreues Bild der damaligen Zuchtsituation.

Die Vorstehleistungen befriedigten nicht in dem gewünschten Maße, darum wurde diese Eigenschaft als förderungswürdig angesehen. Nach den Erfahrungen des Försters Bloedom ist es aber schwer, Spursicherheit und feine Vorstehmanieren miteinander zu vereinen. Nach seinen Beobachtungen gibt es Hunde, die schon in früher Jugend mehr für Federwild und andere dagegen mehr für Haarwild Interesse zeigen. Andere wiederum behaupten, daß das Interesse des Hundes sein Leben lang demjenigen Wild gilt, welches er zuerst kennengelernt hat. Nach Förster Baars leidet die Arbeit am Federwild unter dem negativen Einwirken der fortgesetzten Arbeit auf der gesunden Hasenspur, die meistens mit einer Hetze endet. Dies zeigt die ganze Problematik des Vorstehens und trifft auch auf die KlM zu. Die Vorstehanlage beim KlM muß nach Ansicht des Försters Frank im 7. bis 8. Monat voll durchgebrochen sein.

Mangels Prüfungsmöglichkeiten oder Nichtteilnahme an einer Prüfung wird der Laut von 70 bis 75% eines Jahrgangs nicht ermittelt. Das hat sich im Laufe der Jahrzehnte, trotz besonderer Förderung durch den Verband, nicht gebessert. Es läßt sich somit nicht mit Sicherheit feststellen, inwieweit der Laut in der Zucht verankert ist. Es gibt aber Blutlinien, wo der Spurlaut konstant vererbt wird.

Wohl um keine Eigenschaft hat es beim KlM so viele Diskussionen gegeben wie über die Raubzeugschärfe. Als Argument wurde vorgebracht, daß der KlM nur noch in diesem Punkt den anderen weit unterlegen ist und ein Vollgebrauchshund Schärfe haben muß. Dem wird entgegen gehalten, daß rabiatscharfe Hunde oft Wesensmängel, wie das Angstbeißen und Scheue aller Art, aufweisen. Der KlM ist in der Regel nie ein rabiater Würger gewesen (Löns, Jungklaus, Fleddermann, Harms). Vielen genügt es, wenn der Hund das Raubwild oder -zeug mit großem Mut stellt. In der Praxis haben genügend KlM bewiesen, daß sie Raubwild und -zeug schnell und schmerzlos töten. Eine besondere Leistung vollbrachte Bingo v. Frauenmeer 14927 im ersten Feld mit seinen 54 cm Schulterhöhe. Sein Besitzer schoß im Winter 1955 einen Fuchs im Schilf krank, Bingo nahm die Wundspur auf, brach im Randeis des Gewässers ein, griff den Fuchs, würgte ihn im Wasser ab und brachte ihn seinem Herrn an Land.

Wenn es so wenig offizielle Schärfenachweise gibt, so liegt es daran, daß Schärfeprüfungen seit 1934 verboten sind und der Nachweis bei der Jagdausübung selten erbracht werden kann, weil meistens keine Zeugen zugegen sind. Wiederholt stand die Schärfe im Vordergrund züchterischen Bemühens. Einigkeit herrscht seit jeher darüber, daß nicht auf die Leichtführigkeit zugunsten sturer Härte verzichtet werden darf.
Ein besonderes Problem wird die Haltung eines KlM von Nichtjägern für uns bleiben. Durch Flucht, Tod oder Krankheit kamen Nichtjäger in den Besitz eines KlM, aber auch Familientradition (Verwandte waren Jäger), die geringe Schulterhöhe, das ansprechende Äußere und das anpassungsfähige Wesen führten zum Erwerb. Diese Entwicklung wurde gefördert durch falsche Berichterstattung in vielen Schriften und Büchern, wo unser Hund als „Nur-Haushund" geschildert wird. Die Züchter werden immer wieder aufgefordert, ihre Welpen nur an Jäger abzugeben.

Biene v. d. Müritzbucht 16851

Carmen v. Vennekotten 16084

Oft seit 1946 zur Zucht eingesetzte Rüden

Wotax Vicia 14972, 11178

Wotax-Sohn Cent v. Linsberg 17267 aus Carmen v. Vennekotten

Flitz v. Siebenstern 9290

Flitz-Enkel Danny v. Uhlenbrink 14234, 9320

Flitz-Tochter Conti v. Siebenstern 11231

Danny-Sohn Ecko v. d. Großen Barlinge 18305, 12114

Ecko-Sohn Greif v. Barnbruch 21518

Danny-Sohn Don v. Mühlenstein 16772, 10476

Ecko-Sohn Blitz v. Hiddos Acker 425/69, 18119

Danny-Enkel Adler v. d. Rimbachquelle 22924, 14828

Ilko-Siebenstern-Söhne

Flott v. Gubertal 14850, 10067

Kuno Siebenstern 14685, 9345

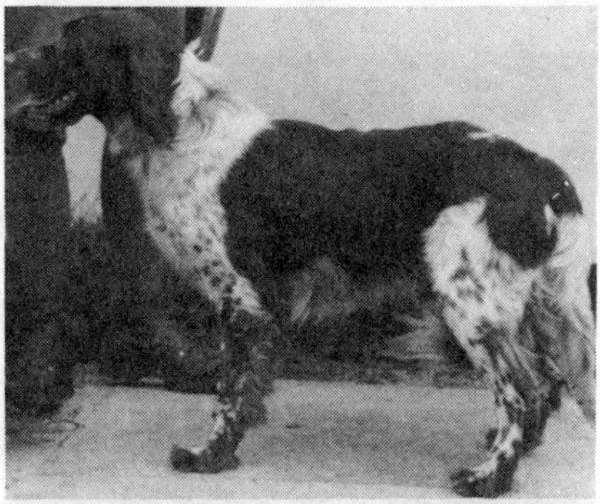

Linke Spalte von oben:
Arko Siedenburg 11886, 8194
Arko-Sohn Adler v. d. Beise 14201, 9588

Rechte Spalte von oben:
Arko-Sohn Cid v. Frauenmeer 15766, 9607
Arko-Sohn Dago v. Frauenmeer 16091
Alf v. Hoog 10930
Alf-Sohn Enk Alterode 16179, 10112

Enk-Sohn Addy v. Nieringstal 18264, 12130

Addy-Sohn Arrak v. d. Vogelweide 21816, 14773

Gift v. Waterkotten 16403, 9646

Cliff v. Vogelsang 24455, 15191

Das sechste Jahrzehnt (1960 bis 1969)

Unser Land entwickelte sich immer mehr vom Agrar- zum Industriestaat und jährlich gingen – auch heute noch – große landwirtschaftliche Flächen verloren. Damit verbunden war die Abkehr von herkömmlichen landwirtschaftlichen Wirtschaftsformen, die Trockenlegung von Mooren und Sümpfen, ein engmaschiges Straßennetz, Verpestung der Luft und Verschmutzung der Gewässer. Das wiederum hatte Veränderungen im Wildbesatz zur Folge. So nahm der Rebhuhnbesatz rapide ab, der des Fasans zu. Die klassische Feldsuche wurde abgelöst von der Suchjagd, der eigentlichen Domäne der KlM.

Das Interesse an dem KlM wuchs, und das Informationsbedürfnis konnte nur durch die im Jahre 1960 eingerichtete Pressestelle befriedigt werden. Die Mitgliederzahl betrug inzwischen 504. Im Zuchtbuch wurden im Jahre 1960 772 Welpen eingetragen, davon waren 337 weiß-braun und 395

geschimmelt. An der VJP nahmen 20% und an der HZP 5% der Jährlinge teil.
Die Zuchttätigkeit in den LG entwikkelte sich unterschiedlich. Um auf diesem Gebiete zu koordinieren, wurde auf Vorschlag von Dr. Boening eine Vermittlungsstelle (1963) eingerichtet, um so Angebot und Nachfrage besser regeln zu können.
Schon vor diesem Zeitpunkt kamen bodenständige Schläge in benachbarte und später in sehr weit entfernt liegende Gebiete, so daß beispielsweise ein leichter Schlag in einer Landschaft mit einem schweren Schlag geführt wurde, der aber nur hier zufriedenstellende Leistungen vollbringen konnte. In der Folgezeit wurden alle Schläge, ob schwer, mittel oder leicht, die inzwischen in jedem Zuchtgebiet anzutreffen waren, miteinander gepaart. Der Typ wurde sehr unausgeglichen. Hierzu trug auch das mehrfach geänderte Schultermaß bei. Auf der zentralen Zuchtschau im Jahre 1960 in Goslar stellte Förster Frank fest: „Es waren 52 KlM erschienen und bildeten einen repräsentativen Querschnitt der Zucht. Die verschiedenen Hunde waren im Typ sehr unterschiedlich. Manche waren leicht und hatten wenig Masse, dann wiederum waren plump wirkende Hunde dabei. Besonders unterschiedlich ausgeprägt war die Kopfform."
Das Gleichgewicht in den LG wieder herzustellen, ist eine vordringliche Aufgabe, nämlich wieder bodenständige Schläge zu schaffen.
Am 31. 3. 1961 vereinigten sich die 584 Mitglieder des KlM-Verbandes und die 54 Mitglieder des Heidewachtel-Clubs endgültig. Hierum haben sich insbesondere Hülsmann, Dr. Alberty und Dr. Frerichs bemüht. Neben Dr. Kowallek wird Dr. Alberty 2. Vorsitzender, und Frau Böhmer – beide vom Club – übernimmt (1962) das Zuchtbuch des KlM-Verbandes. Die Bezeichnung Heidewachtel wurde endgültig auf Beschluß der HV am 17. 3. 1962 aus dem Vereinsnamen gestrichen.
Infolge eines Unfalls verstarb (1963) Dr. Kowallek, ein begeisterter Jäger, Führer und auf den Prüfungen gern gesehener Mann, weil immer sachlich, unterhaltsam und fröhlich.
Ein Jahr später starb Edmund Löns. Er hat fast alle Rassen gezüchtet und geführt, weil er kein Rassefanatiker sein wollte. Er will auch kein Heidewachtelspezialist gewesen sein. In der Zucht ging er immer eigene Wege und verfolgte sein Ziel konsequent, als leidenschaftlicher Suchjäger einen kleinen vorstehenden, kurz suchenden Hund zu züchten, den er als Ausgangsform im KlM der Jahrhundertwende fand und stets nur Heidewachtel nannte. Seinem Ziel glaubte er über den Heidewachtel-Club nahe gekommen zu sein. Löns hat das Verdienst, den KlM aus seiner Verborgenheit herausgeholt und der Nachwelt erhalten zu haben.
Erstmals übersteigt im Jahre 1964 die Mitgliederzahl (972) die Zuchtbucheintragungen (932). Seit dem Jahre 1964 darf nur noch mit Hunden gezüchtet werden, die mindestens auf der VJP erfolgreich waren. Einge-

führt wurde auch die Leistungszucht, d. h. hatten die Elterntiere bestimmte Leistungen vollbracht, erhielten die Stammtafeln der Welpen diesen Aufdruck.

An der VJP nehmen seit 1965 mehr als 30% und an der HZP 14% der im vorausgegangenen Kalenderjahr gewölften Jährlinge teil.

Die Begeisterung für unseren Hund regte Norbert Blum, Berlin, zu einer KlM-Fanfare an (1966).

Der humorvolle Elmar Hülsmann löste die Aufgabe auf seine Art. Als Praktiker kannte er die Probleme der Jagd und Zucht aus eigener Erfahrung und versuchte, ausgleichend die oft auseinanderfallenden Interessen zu steuern.

Auf der HV im März 1967 übernahm Hans Eggerts den Vorsitz. Seiner Meinung nach werden die Zuchtbera-

Hans Eggerts

tung und Erbwertforschung ein zentrales Thema eines Zuchtvereins bleiben. Aus diesem Grunde führte er Leistungsblätter, die alle Abstammungsangaben, Leistungen, Schulterhöhe und Farbe eines jeden Hundes enthalten. Von allen Nachkommen wurde das Wurfdatum, die Mutter der Nachkommen sowie jede einzelne Prüfungszensur erfaßt. Da nun auch für den Vater, Großvater usw. des Rüden ein Blatt vorhanden ist, läßt sich bis zum Jahre 1945 zurückverfolgen, wie sich die jagdlichen Eigenschaften über Generationen vererbt haben. Alle bekannt gewordenen sonstigen Merkmale wurden ebenfalls erfaßt. Leider waren die Nachrichten der Züchter sehr spärlich. Um diese Arbeiten offiziell weiter vorantreiben und verfeinern zu können, wurde Eggerts im Jahre 1966 mit der Zuchtforschung beauftragt. Er versuchte (1967), das gesamte Material ab 1945 elektronisch von der Universität Hamburg erfassen und auswerten zu lassen, weil der Zeitpunkt vorauszusehen war, daß das stetig wachsende Material aus zeitlichen Gründen handschriftlich nicht mehr würde erfaßt werden können. Das Vorhaben scheiterte an den finanziellen Forderungen der Universität. Die Führung der Leistungsblätter mußte im Jahre 1971 aufgegeben werden, weil das Material zu umfangreich geworden war und sich handschriftlich nicht auswerten ließ.

Der für Dr. Alberty (1968) gewählte 2. Vorsitzende, Dr. Walter Kunert, forderte in seinem Artikel „Beitrag zur Zuchtforschung" die Wissenschaftler zur Mitarbeit auf. Werner Dersch und Oswald Krämer berichteten hierüber am Jägerstammtisch des Jagdvereins Hubertus Gießen, dem auch Prof. Dr. A. Herzog vom Institut für Erbpathologie und Zuchthygiene der Universität Gießen angehört. Er teilte uns nach dem Studium unserer KlM-Mitteilungen mit, daß

Dr. Walter Kunert

das Institut sich vorwiegend mit unseren Problemen befaßt und in seiner Art einmalig in Europa ist. Er bot uns (1968) die Mitarbeit an, und wir vereinbarten folgende, sich auf mehrere Jahre erstreckende Arbeiten:

a) Statistisch genetische Auswertung von Zuchtbuchunterlagen bei KlM mit Hilfe der EDV,

b) Studien zur Zuchtgeschichte,

c) Untersuchungen über Inzestzuchtversuche.

Erstmalig nahm ein KlM an einer Prüfung der Internationalen Jagdgebrauchshunde Commission teil. Der Rüde Cliff v. Vogelsang 24455, 15191 (F: Otto Koch) wurde wegen seiner sehr guten Leistungen am 14./15. 9. 1968 bei Turin mit der Goldmedaille des italienischen Jagdverbandes ausgezeichnet

Den Zusatz RS erhalten seit 1969 die Stammtafeln der Welpen, wenn für mindestens ein Elternteil die Schärfe nachgewiesen ist. Damit fand die Diskussion über die Schärfe ein Ende. Jetzt kann jeder, der will, sich einen Welpen dieser Abstammung aussuchen, denn immer mehr Züchter bemühen sich um diesen Vermerk.

Das siebente Jahrzehnt (1970 bis 1979)

Die Verlagerung der Verbandsarbeit auf die Landesgruppen erfordert andererseits eine Prüfung auf Bundesebene. Eine solche Prüfung ist geeignet, sich einen Überblick über die Entwicklung unseres KlM in seinem gesamten Verbreitungsgebiet zu verschaffen. Die auf dieser Prüfung gesammelten Erfahrungen müssen von den Teilnehmern weitergegeben werden. Auf diese Weise wird Breitenarbeit geleistet. Sinn einer solchen Prüfung muß es sein, sie möglichst jagdnah zu gestalten. Das setzt voraus, daß vor dem Hunde Wild erlegt wird. Bereits Löns schlug (1912) eine Prüfung während der Jagdausübung vor, auf der nur erfahrene Jäger richten dürfen. Diese Prüfung sollte dazu dienen, „die feinnasigsten und klügsten Zuchttiere herauszufinden, die typische Schönheit und höchste Arbeitsqualität miteinander verbinden."

Die Bundes-HZP, vorgeschlagen von Eggerts, wurde am 16./17 10. 1970 in Lahr von der LG Baden-Württemberg erstmalig ausgerichtet (Frank, Dr. Vorholt). Es durfte Wild vor dem Hunde erlegt werden. Ein hoffnungsvoller Anfang einer zentralen rassespezifischen Prüfung war gemacht worden.

Im Jahre 1970 wurde von Sacher die statistisch genetische Auswertung von Zuchtbuchunterlagen bei KlM mit Hilfe der EDV abgeschlossen. Die elektronische Datenverarbeitung (EDV) ist nach Sacher der einzige gangbare Weg einer Zuchtforschung, weil manuell das Datenmaterial nicht mehr zeitgerecht ausgewertet werden kann. Das ist wegen der kurzen Lebensdauer des Hundes aber notwendig. Mit Hilfe der EDV wertete Sacher die Prüfungsergebnisse der Jahre 1965 bis 1969 von 2605 KlM aus und führte folgende Unter-

suchungen durch: Genreservoir, Ahnenschwund, Korrelation zwischen Geburtenstreuung und Prüfungsteilnahme sowie Heritabilitätsschätzungen (= Schätzungen der Vererbbarkeit bestimmter Merkmale).
Vor Einführung der EDV hielt Sacher insbesondere die Änderung des Prüfungssystems für erforderlich, denn ein Notensystem von 1 bis 4 läßt wegen der Vielzahl der zu prüfenden Tiere nicht genügend Spielraum für die Differenzierung, um aus der Masse der gut veranlagten Hunde die wirklichen Spitzentiere herauszustellen. Er schlug außerdem vor, die Preisklassen abzuschaffen und ein 10-Punkte-System einzuführen.
Als eines der vorrangigsten Ziele der jagdkynologischen Forschung bezeichnete Sacher es, Möglichkeiten für eine frühzeitige und zugleich zuverlässige Selektion zu finden (Dissertation Gießen 1970).
Auch andere Verbände hatten Probleme. Deshalb erfordert nach Dr. Tabel die heutige Zeit vom JGHV die Erfüllung von mehr Aufgaben als in der Vergangenheit. Aus vielen Gründen biete sich der JGHV als Träger der Zuchtforschung an. Richtig eingeschätzt hatte auch vom Stein die Lage, wenn er sagt, daß die Zusammenarbeit des JGHV mit den Vereinen zukünftig noch inniger wird, wenn sich der JGHV bereit findet, planmäßige Forschungsarbeiten mit der für uns in Frage kommenden Wissenschaft zu betreiben. Der Präsident des JGHV, Alois Schott, griff diese Gedanken auf und unterstützte unsere Bemühungen in hohem Maße. Der Vizepräsident des JGHV, Brahms, bescheinigte uns, „ausgezeichnete Vorarbeiten von großer Bedeutung" geleistet zu haben, und der zuchtwissenschaftliche Ausschuß des JGHV wurde neu gegründet. Reetz meint, daß der KlM-Verband „dem ganzen Jagdgebrauchshundwesen neue Impulse" gegeben hat.

Hans Stange

Der Tod von Hans Stange (1970) hinterließ im Verband eine große Lücke. Von allen respektiert, still und unauffällig, war er zwei Jahrzehnte in verschiedenen Gremien des Verbandes führend tätig, im festen Glauben an eine gute Sache. Oft war er Motor und Klammer des Verbandes zugleich. Niemals verlor er die Geduld und glättete die Wogen bei den allzu oft unsachlichen Diskussionen. Seine Begeisterung und Einsatzfreude kannte keine Grenzen; in seinem Hause war ein ständiges Kommen und Gehen von Jägern und Münsterländer-Leuten.

An den Folgen eines Unfalls starb der Zuchtbuchführer (seit 1966 wieder im Amt) Tamme Harms, ein hervorragender Kenner der KlM-Zucht, selbst kein Züchter, aber passionierter Rüdemann. Das Amt übernahm Frau Küppersbusch.

Birke v. d. Rimbachquelle 23506, 15383

Einen großen internationalen Erfolg errang Birke v. d. Rimbachquelle 23506,15383 auf der Gebrauchsprüfung bei Gödölle anläßlich der Internationalen Jagdausstellung 1971 in Ungarn. Aus 7 Ländern waren 26 Vorstehhunde erschienen, davon 6 aus der Bundesrepublik. Birke war der beste deutsche Hund und lag in der Gesamtwertung an vierter Stelle (EAF: Vögele).

Die Untersuchungen Fimmens zur Zucht des KlM geben interessante Aufschlüsse auch über die Entstehungsgeschichte unseres Hundes. Fimmen hat außerdem an Rüden und Hündinnen Messungen vorgenommen und Anhaltspunkte für den Standard gegeben, da bloße Inaugenscheinnahme regelmäßig zu ungenügenden Feststellungen und damit zu falschen Schlüssen führt. So täuscht ein breiter Kopf einen zu kurzen Fang oder eine zu geringe Kopflänge vor. Die Untersuchungen ergaben, daß zwischen einigen Körpermaßen ein größenmäßiger Zusammenhang besteht. Es genügt daher, nur einige Körperteile zu messen, und man kann dann andere errechnen. Bei seinen Messungen stellte er fest, daß in weit größerem Maße bei den Rüden Übergrößen vorkommen als bei den Hündinnen Untergrößen (Dissertation Gießen 1972). Zur einheitlicheren und objektiveren Beurteilung von Gebäude und Haar entwickelten – auf eine Vorlage von Stange – Drs. Senger und Wiedeking von der Gießener Universität ein Beurteilungsschema für Jagdgebrauchshunde (Funktion, Typ, Haar).

Auf freiwilliger Basis wurden in Zusammenarbeit mit der Universität Gießen röntgenologische Reihenuntersuchungen auf Verdacht von Hüftgelenksdysplasie durchgeführt, die ergeben haben, daß der Befall bei KlM unbedeutend ist (1972 bis 1973).

Von 1970 bis 1972 stieg die Mitgliederzahl um 60%, nämlich um etwa 800 auf 2068. Aber auch die Prüfungsbeteiligung an der VJP erhöhte sich auf 40% und an der HZP auf 18% der Jährlinge.

Diese ständige Aufwärtsbewegung machte die Einführung einer Zuchtwartetagung notwendig, die von Eggerts vorgeschlagen wurde. Sinn dieser Tagung muß es sein, die Entwicklung der Zucht genau zu beobachten, einen Gedankenaustausch auf breiter Ebene – auch durch Hinzuziehung von Züchtern – zu pflegen und Vorschläge für die HV zu erarbeiten. Am 5. 10. 1972 fand die erste Zuchtwartetagung in Coburg statt, an der auch ausländische KlM-Vertreter teilnahmen.

Unter der wissenschaftlichen Leitung der Tierärztin Angela Kluge, Universität Gießen, wurden Inzestversuche durchgeführt, die ein weiterer Schritt auf dem Wege der Erbwertermittlung waren. Das hierfür von Werner Dersch und Prof. Herzog entworfene 90seitige Schema enthält Fragen über den Wurf, das Muttertier, Entwicklung der Welpen, jagdliche Anlagen, Prüfungen und jagdliche Leistungen in der Praxis.

Im Bericht der Universität werden 46 Inzestwürfe, 45 der Linien- und 48 der Fremdzucht miteinander verglichen. Die bei Inzesten oft nachlassende Fruchtbarkeit trat nicht ein. In Form- und Haarwert wichen bei den drei Verfahren lediglich zwei Inzestwürfe vom Standard ab. Die zu kleinen Tiere hatten außerdem zu breite Schädel und zu langes Haar. Nur zwei ingezüchtete Würfe wiesen Zahn- und Gebißfehler auf. Die aus ingezüchteten Würfen stammenden Welpen übertrafen in den meisten Fällen ihre Eltern in bezug auf jagdliche Leistungen. Das trifft insbesondere auf die 3. Generation zu. Bei der Linienzucht waren die waidlauten und stummen Hunde am stärksten vertreten, bei den ingezüchteten Hunden war keiner waidlaut. Obwohl alle ausgewählten Elterntiere nicht schußempfindlich waren, trat dies auf. Es besteht eine gewisse Vermutung, daß bei ingezüchteten Tieren die Anfälligkeit größer ist. Dies ließ sich nicht einwandfrei beweisen, weil nur alle Hunde aus den Versuchswürfen geprüft wurden und aus den anderen Würfen nur etwa die Hälfte (Gießen 1973).

Das Ergebnis beweist, daß die Einführung einer Genehmigungspflicht für Inzestzucht berechtigt ist und solche Paarungen, falls eine Notwendigkeit überhaupt besteht, nur von sehr erfahrenen Züchtern durchgeführt werden sollten.

Dieses finanziell aufwendige Verfahren konnte nur durchgeführt werden, weil die Welpen in den meisten Fällen kostenlos abgegeben wurden. An den Versuchen haben sich uneigennützig die Züchter Heerde, Hopf, Jannson, Plagge und im ganz besonderen Maße Hülsmann, Dr. Seuffert und Tietge beteiligt.

Im Jahre 1973 verstarb Rudolf Neddermeyer. Unter Einsatz all seiner Kräfte wirkte er für den KlM als Obmann einer LG und als Schriftleiter der KlM-Mitteilungen, die ein sehr hohes Niveau erreichten.

Im Herbst 1973 gab Hans Eggerts aus beruflichen Gründen den Vorsitz auf. Auch Dr. Kunert und Dr. Frerichs traten zurück. Unbeirrt verfolgte Dr. Kunert das Ziel, den KlM zu einem anerkannten Vollgebrauchshund zu machen und den Einheitstyp zu schaffen. Seine konstruktiven Vorschläge beeinflußten Zucht und Verband. Dr. Frerichs hat über 20 Jahre maßgeblich im Vorstand gearbeitet und war der ruhende Pol mit seinem sehr abwägenden Urteil. Aus der Feder Fre-

Dr. Adolf Heckel

richs stammen hervorragende Schriften über den Hund. Eine Aufbauphase ging zu Ende. Dr. Adolf Heckel, Nürnberg, wurde zum 1. Vorsitzenden gewählt.

Für die Zuchtzulassung wird seit 1975 mindestens die HZP und für die Leistungszucht die VGP gefordert. Alle Einwände gegen strengere Bestimmungen, wie Spaltung des Verbandes und vermehrte Schwarzzucht, trafen nicht ein. Im Gegenteil. Ab 1976 erscheinen mehr als 50% der Jährlinge auf der VJP und 30% auf der HZP. In einem Zeitraum von 35 Jahren (1912 bis 1947) wurden 20 KlM, in den folgenden 15 Jahren (1947 bis 1962) 110 und nach weiteren 15 Jahren in nur einem einzigen Jahr, nämlich 1976, 104 KlM erfolgreich auf der VGP geführt.

Die Untersuchungen Geigers über die Leistungsvererbung beim Deutsch Drahthaar bestätigen auch für diese Rasse die Feststellung Sachers. Der VDD-Hauptzuchtwart Greller schlug daraufhin ein 12-Punkte-System vor, welches der JGHV, nach anfänglichem Widerstand, im Jahre 1975 übernahm.

Der Deutsche Jagdterrier-Club erfaßte (1975) als erster Zuchtverein alle Prüfungsdaten elektronisch. Gegen die Einführung der EDV wird immer wieder vorgetragen, daß die Prüfungsergebnisse nicht genügend gegen Fehlerquellen abgesichert sind.

Der Streit über den Wert einer Prüfung ist so alt wie das Jagdgebrauchshundwesen. Schon Schmidt-Bisten beklagte 1913 das ungleichmäßige Richten. Hilbrich warnte (1950), nicht vor den Unzulänglichkeiten zu kapitulieren, da es sonst keinen Anfang gäbe. Alle Versuche, die natürlichen Anlagen im Sinne des Unverfälschten prüfen zu können, sind bisher fehlgeschlagen.

Der JGHV wird sich bei der Herausgabe des DGStB der EDV nicht verschließen können, denn schließlich werden dort die Daten festgehalten, die auch die Verbände für ihre Zuchtbücher benötigen.

Der jagdlich passionierte und gesellige Dr. Heckel ist ein eingeschworener KlM-Mann, der stets bestrebt war, den Leistungsstand unseres Hundes und dessen Ansehen zu heben.

Emmo Schröder, Warendorf, wurde im Jahre 1978 zum 1. Vorsitzenden gewählt. Dr. Heckel trat aus Altersgründen zurück.

Nach einem Beschluß des Verbandes im Jahre 1978 ist eine Größenabweichung nach unten und oben von 2 cm möglich (Meßtoleranz). Begründet

Emmo Schröder

wurde der Antrag mit Schwierigkeiten beim Messen der Schulterhöhe. Das ist einer der schlechtesten Beschlüsse, insbesondere deshalb, weil jetzt mit Hunden gezüchtet werden darf, wenn auch nur mit Zustimmung des Verbandes, die eine Schulterhöhe von 58 cm haben. Die Grenze des „Kleinen" ist hier überschritten. Nunmehr gibt es einen Unterschied in der Schulterhöhe von 10 cm. Das Erscheinungsbild unseres Hundes wird noch uneinheitlicher werden.
Im Jahre 1979 hatte der Verband 3159 Mitglieder. Es wurden 186 Würfe mit 1280 Welpen (656 Rüden, 624 Hündinnen) eingetragen, davon waren 700 weiß-braun und 580 geschimmelt. Aus normaler Zucht stammen 687, aus Leistungszucht 196 und aus Leistungszucht mit Raubzeugschärfe 397 Hunde. Bei 121 Würfen hatte ein Elternteil und bei 39 Würfen hatten beide Elternteile die VGP bestanden. Auf der VJP wurden etwa 50% und auf der HZP 30% der eingetragenen Hunde des Jahrgangs 1978 prämiiert.

Das achte Jahrzehnt

In diesem Jahrzehnt scheint alles in Bewegung geraten zu sein. Um das zu verdeutlichen und verständlicher zu machen, seien einige Zahlen gebracht. Im Jahre 1910 hatte der JGHV 5432 Mitglieder, 1950 waren es 15000 und 1985 287000. Im Frühjahr 1913 wurden 177 Vorstehhunde auf der VJP geführt, seit dem Jahre 1973 sind es durchschnittlich 4200. Im KlM-Verband sind ebenfalls seit vielen Jahren steigende Tendenzen erkennbar. Ende des Jahres 1985 hatte der Verband fast 4000 Mitglieder, und die Zuchtbucheintragungen beliefen sich auf 1121. Auf der VJP wurden im Jahre 1985 685 und auf der HZP 482 KlM geführt. Das sind 55% bzw. 40% der Jährlinge des Jahrgangs 1984.
Da es immer mehr Jäger, aber immer weniger Reviere gibt und der Niederwildbesatz zurückgeht, hat nur ein Bruchteil der Hunde die Möglichkeit, jagdlich eingesetzt zu werden. Für viele Jäger ist die Beteiligung an den Prüfungen die einzige Möglichkeit, ihre Hunde jagdlich zu führen. Aber auch auf anderen Gebieten sind sportliche Tendenzen erkennbar. Auf Volksfesten und anderen Veranstaltungen erschallt das Jagdhorn, geblasen oft von Nichtjägern, also ist es

nicht mehr jagdliches Brauchtum. Das jagdliche Schießen dient nicht mehr der Übung, ist zum Selbstzweck geworden, und ein Medaillenregen ergießt sich über die Schützen. Manche Jagden gleichen Modenschauen. Das Waldsterben, teilsweise auch durch zu hohe Schalenwildbestände bedingt, erregt die Gemüter, und die Jagdgegner nehmen zu.

Zur Eindämmung der Welpenflut wurde eine verringerte Zuchttätigkeit und eine verschärfte Zuchtordnung für alle Rassen gefordert. Das ist aber nicht durchführbar, weil viele Verbände auf dem Standpunkt stehen, daß sich Qualität durchsetzt und Konkurrenz ansporn.

Infolge des Rückganges des Niederwildbesatzes entstand eine rege Diskussionen über die Schaffung einer Prüfungsordnung nach dem Schuß. Bei der Diskussion wurde meist übersehen, daß es zu allen Zeiten schwankende Bestände gab. Verschärft wurde die Diskussion noch dadurch, daß es selbst in den Gegenden, die nie einen oder nennenswerten Besatz hatten, sehr viele Vorstehhunde gibt, für die Einsatzmöglichkeiten gesucht wurden. Gegen eine solche Prüfung wurde vorgebracht, daß die Prüfungsordnungen des JGHV schon aus jagdethischen Gründen die Arbeit nach dem Schuß in den Vordergrund stellen und entsprechende Bestimmungen enthalten. Das trifft insbesondere auf die Verlorenbringer-, Bringtreue- und Schweißprüfung zu, die viel höhere Anforderungen als eine gesonderte Prüfungsordnung nach dem Schuß an den Hund stellen. Eine solche Prüfung wird auch abgelehnt, weil im Feld nicht geprüft wird und somit eine wesentliche Anforderung an einen Vollgebrauchshund fehlt. Sie ist züchterisch wertlos und ein Weg zurück zum Stöberhund.

Der KlM-Verband hat im Jahr 1984 eine solche Prüfungsordnung beschlossen, die unter Federführung von Vögele entstand. Sie wird dem Wesen des KlM nicht gerecht. Diese Ordnung wurde auch beschlossen, weil es dem Verband jahrelang nicht gelang – wohl aber den anderen Zuchtverbänden –, für Bundeszuchtprüfungen Reviere zu beschaffen. Schon ein Jahr später setzte ein Wandel ein, denn seit dieser Zeit wird wieder regelmäßig eine Bundes-HZP durchgeführt.

Der JGHV hat sich von dem im Jahre 1973 erteilten Auftrag zur Zuchtforschung im Jahre 1981 entbinden lassen. Anlaß war das vorprogrammierte Mißlingen des Forschungsauftrages zur Früherkennung von Wesensmängeln mit KlM (Welpenteste).

Die Diskussion über das Wesen des Hundes und um eine Wesensprüfung hielten unvermindert an. Wesensmängel sind seit Bestehen des JGHV beklagt worden. Aber zu keiner Zeit hat es eine Übersicht über den Grad des Vorkommens in einer Rasse gegeben. Das wird nie möglich sein, weil nicht einmal ein Jahrgang auch nur bruchteilweise überprüft werden kann, denn zu einer Wesensprüfung kann niemand gezwungen werden.

Die Praktiker und Wissenschaftler sind sich über die einzelnen Wesensbegriffe und die Ursachen der Mängel nicht einig, jedoch darüber, daß das Wesen sowohl aus angeborenen als auch erworbenen Eigenschaften besteht und letzteren eine ganz erhebliche Bedeutung zukommt. Die Universität Gießen hatte in Zusammenarbeit mit dem KlM-Verband den Versuch unternommen (1971), ein Verfahren zu entwickeln, mit dem Erworbenes von Ererbtem getrennt werden kann. Die Fortführung der Versuche scheiterte am Widerstand der Praktiker. Es liegen deshalb noch keine systematischen Versuche über den Erbgang bestimmter Wesenseigenschaften vor.

Als Ursache von Wesensmängeln werden Überforderung in der Jugendentwicklung, unsachgemäße Abrichtung, zu frühe und zu harte Strafen genannt. Ein hochqualifizierter Jagdhund kann seine Passion nicht unterdrücken. Er muß gefordert werden. Nur der jagdlich regelmäßig geführte Hund ist im Wesen ausgeglichen. Auch der passionierte Jäger ohne Jagdmöglichkeit ist unausgeglichen, reagiert sich auf andere Weise ab. Bei dem Jagdhund führt das zu unerwünschten Reaktionen.

Ottohans Thiel

Das neunte Jahrzehnt

Der politische Druck in der DDR wurde so groß, daß die Regierung die Grenze am 9. 11. 1989 öffnete. Es folgte am 3. 10. 1990 die Vereinigung beider deutscher Staaten.

Am 24. 4. 1990 wurde der „Verein für Kleine Münsterländer und Große Münsterländer Vorstehhunde in der DDR“ gegründet. Gleichzeitig löste sich die Zuchtleitung der DDR auf.

Einige nach neuen Wegen suchende KlM-Begeisterte gründeten am 9. 12. 1990 in Naumburg/Saale die Landesgruppe für Kleine Münsterländer Vorstehhunde Anhalt-Sachsen-Thüringen, die sich dem Bundesverband und nicht dem DDR-Verein anschloß, der sich im Februar 1991 auflöste. Bald bildeten sich Bezirksgruppen in Brandenburg, Mecklenburg-Vorpommern und in der Altmark, die sich den LG Berlin, Hamburg und Hannover-Braunschweig anschlossen. Ottohans Thiel, seit dem 17. 3. 1990 amtierender Bundesvorsitzender, rief die KlM-Freunde in den neuen Bundesländern zur Mitarbeit auf und forderte sie auf, leistungsstarke Landesgruppen zu bilden.

Jagdgegner bekämpfen in diesem Jahrzehnt in noch viel stärkerem Maße als je zuvor die Jagdausübung mit dem Ziel, daß die Jagd gesetzlich verboten wird. Auch das Prüfungswesen des JGHV wird in ungewöhnlicher Schärfe und unnachgiebig angegriffen, so die Baujagd, die Arbeit auf der Spur des nichtsichtigen Hasen und die Arbeit an der lebenden Ente. In vielen Bundesländern wurde die Arbeit an der lebenden Ente bereits verboten. Nach Ansicht des DJV und des JGHV ist diese Arbeit für die Ausbildung des Jagdgebrauchshundes unverzichtbar und zudem tierschutz- sowie waidgerecht. Einige Gerichte haben in diesem Sinne entschieden, andere sind dagegen zu anderen Urteilen gelangt.

Satzung und Zuchtprüfungen von 1912

Satzung des Vereins für Kleine Münsterländer Vorstehhunde (Heidewachtelhunde) V. K. M. Gegründet 1912. Sitz Osnabrück.

§ 1
Name, Sitz und Zweck des Vereins

Der Verein führt den Namen „Verein für Kleine Münsterländer Vorstehhunde (Heidewachtelhunde) V. K. M." mit Sitz in Osnabrück. Er hat den Zweck, die Rein- und Hochzucht des langhaarigen kleinen Vorstehhundes (Wachtelhund oder Spion genannt), wie er in Westfalen und besonders im Münsterland seit vielen Jahrzehnten gezüchtet wird, zu fördern.

Deshalb strebt er den Zusammenschluß aller Züchter und Freunde seiner Rasse an, veranstaltet für sie Leistungs- und Schönheitsprüfungen und unterstützt alle den gleichen Zielen gewidmeten Bestrebungen. Er stellt die Rassekennzeichen auf, sammelt alle seine Rasse betreffende Literatur, die er der Öffentlichkeit zugänglich macht, fördert den Gedankenaustausch der Liebhaber und Kenner der Rasse, stellt Preisrichter auf und gibt das vollständige Zuchtbuch seiner Rasse heraus.

Der Verein soll mit allen Mitteln die Gründung leistungsfähiger Ortsgruppen anstreben (siehe § 5).

§ 2
Mitglieder
Jeder unbescholtene Großjährige kann dem Verein als Mitglied beitreten, der sich auf Anerkennung der Satzung schriftlich verpflichtet. Die Anmeldung wird in der Vereinszeitschrift veröffentlicht. Die Aufnahme erfolgt, wenn innerhalb 14 Tagen nach der Veröffentlichung kein begründeter Einspruch dagegen beim Vorsitzenden eingelaufen ist. Erhobene Einsprüche prüft der Vorstand und fällt die Entscheidung über Aufnahme oder Ablehnung des Angemeldeten.
Als Vereinszeitschrift gilt die „Deutsche Jäger-Zeitung".
Eine Veränderung in der Zeitschrift kann der Vorstand jederzeit treffen; sie ist bekanntzugeben.

Ehrenmitglieder
Zu Ehrenmitgliedern ernennt der Vorstand solche Personen, die sich um den Verein und die Rasse oder um den Hundesport ganz besondere Verdienste erworben haben.

Erlöschen der Mitgliedschaft
Die Mitgliedschaft erlischt durch Tod, Austritt oder Ausschluß.
Der Austritt erfolgt durch schriftliche Abmeldung bei dem Vorstande und hat von Beginn des neuen Jahres an Geltung. Der Ausschluß kann, nach sorgfältiger Untersuchung der Sachlage und Anhörung des Auszuschließenden, vom Vorstande über ein Mitglied verhängt werden, dessen Zugehörigkeit den Verein und seine Bestrebungen gefährdet.
Ausgetretene und Ausgeschlossene haben keinen Anspruch auf das Vermögen des Vereins.

§ 3
Vermögen
Die Einkünfte des Vereins werden vom Vorstand verwaltet. Sie bestehen aus den Mitgliederbeiträgen und freiwilligen Spenden. Der jährliche Beitrag beträgt 10 Mk., für Berufsjäger 5 Mk. Ob eine Person als Berufsjäger gilt, entscheidet in zweifelhaften Fällen der Vorstand.
Das Vereinsjahr ist das Kalenderjahr. Die Beiträge, welche bis zum 1. Februar nicht gezahlt sind, werden durch Nachnahme auf Kosten des mit der Zahlung Rückständigen erhoben.
Zahlungsverweigerer können aus der Mitgliederliste gestrichen werden. Der Schatzmeister quittiert die erhaltenen Beiträge durch Zusendung der Mitgliederkarte.

§ 4
Vereinsleitung
Die Organe des Vereins sind der Vorstand und die Hauptversammlung. Der Vorstand besteht aus:

dem ersten Vorsitzenden,
dem zweiten Vorsitzenden,
dem ersten Schriftführer,
dem zweiten Schriftführer,
dem Schatzmeister,
dem Zuchtbuchführer
und den Vorsitzenden der Ortsgruppen als Beisitzern.

Die Vorstandsämter sind Ehrenämter.

In der Jahreshauptversammlung 1913 werden von dem erstmalig gewählten Vorstand 6 Mitglieder neugewählt. Welche Vorstandsmitglieder ausscheiden, entscheidet das Los. – In jeder der darauffolgenden Jahreshauptversammlungen findet eine Neuwahl der in der vorhergehenden Hauptversammlung nicht ausgeschiedenen Vorstandsmitglieder statt. Die ausscheidenden Vorstandsmitglieder sind wieder wählbar.
Der Vorstand erledigt alle laufenden Geschäfte des Vereins und ist dafür der Hauptversammlung verantwortlich.
Die Hauptversammlung ist zuständig für:

die Wahl des Vorstandes,
die Abänderung der Satzungen,
die Prüfung der Vereinsgeschäfte.

Die Hauptversammlung findet in der ersten Hälfte eines jeden Jahres statt.
In der Hauptversammlung können nur solche Anträge zum Beschluß erhoben werden, die mindestens eine Woche vorher in der Vereinszeitschrift veröffentlicht waren. Ebenso ist Tag und Ort der Hauptversammlung wenigstens 3 Wochen vorher in der Vereinszeitschrift öffentlich bekanntzugeben.
Anträge sind mindestens 14 Tage vor der Hauptversammlung schriftlich einzureichen, damit sie vorher veröffentlicht werden können. Stimmenmehrheit entscheidet, bei Stimmengleichheit der Vorsitzende der Versammlung.
Stimmabgabe hat mündlich oder schriftlich zu erfolgen. Abwesende Mitglieder haben das Recht, zur Tagesordnung ihre Stimme schriftlich an den Vorsitzenden abzugeben.

§ 5
Ortsgruppen

An allen Orten, wo mehrere Mitglieder des V. K. M. wohnen, sollten sie eine Ortsgruppe bilden.
Eine Ortsgruppe kann nur aus Mitgliedern des Vereins bestehen.
Die Ortsgruppen haben den Zweck, in steter Fühlung mit dem Hauptverein dessen Ziele in ihrem örtlich begrenzten Gebiet nach Kräften zu fördern.
Für Ortsgruppen kommen hauptsächlich in Betracht: Gesellige Zusammenkünfte mit sportlicher Aussprache; Vorträge; jagdliche Zusammenkünfte zwecks Einarbeitung und Vorführung der Hunde in kleinen internen Wettbewerben; Veranstaltung von Dressurübungen und Prüfungen; Veranstaltung von öffentlichen Leistungsprüfungen und Spezialschauen; Unterstützung anderer am Ort stattfindender hundesportlicher Veranstaltungen; Werbung von Mitgliedern.
Zur Bestreitung ihrer Unkosten erheben die Ortsgruppen einen geringen

---

Linke Spalte: Cliff v. Strubeberg 736/78 DDR
Andy v. Breiten SHSB 338538 Schweiz

Rechte Spalte: Tibere de Wacourt LOF 448/091 Frankreich

Unten: Bella v. Huesebesch LOL 14400, 28712 Luxemburg

Ortsgruppenbeitrag. Der Ortsgruppenvorstand, dessen Zahl durch die Größe der Gruppe bestimmt wird, bedarf der Bestätigung des Hauptvorstandes.
Bei Abstimmungen im Hauptverein gelten nur die Stimmen der einzelnen Mitglieder.
Alle öffentlichen Veranstaltungen der Ortsgruppen müssen das Einverständnis des Hauptvorstandes finden; doch liegt es im Interesse der freien Entwicklung, daß die Ortsgruppen in ihrer örtlichen Tätigkeit möglichst wenig gebunden und lebhaft unterstützt werden.

§ 6
Auflösung
Die Auflösung des Vereins kann nur auf Antrag von einem Drittel aller Mitglieder auf einer zu diesem Zweck einberufenen Generalversammlung beschlossen werden, wenn drei Viertel sämtlicher Mitglieder dafür stimmen.

Über die Verwendung des etwa vorhandenen Vereinsvermögens entscheidet dieselbe Versammlung durch Stimmenmehrheit.

Osnabrück, im Juli 1912

Der Vorstand

Zuchtbuch (Z. K. M.) des Vereins für Kleine Münsterländer Vorstehhunde (Heidewachtelhunde) V. K. M.
Der Verein gibt ein „Zuchtbuch für Kleine Münsterländer Vorstehhunde" (Z. K. M.) heraus, das möglichst jährlich erscheinen soll.
Berechtigt zur Eintragung ist jeder reingezogene Hund dieser Rasse. Verpflichtet ist jeder reingezogene Hund der Rasse, der an einer Vereinsveranstaltung teilnehmen soll.
Verpflichtet zur Eintragung seiner sämtlichen Hunde und Würfe dieser Rasse ist jedes Vereinsmitglied.
Vereins-Preise und Ehren-Preise dürfen nur an solche Hunde vergeben werden, die im Z. K. M. eingetragen sind.
Jedes züchtende Mitglied muß einen Zwingernamen (Präfix oder Affix) führen, der auf Lebenszeit geschützt wird.
Die Hunde müssen mit dem Zwingernamen des Züchters eingetragen werden. Das Anhängen eines anderen Zwingernamens zu Eintragungszwecken ist nicht gestattet. Der Hund darf seinen eingetragenen Namen und die Zuchtbuch-Nummer nicht ablegen und darf nur unter diesem Namen an die Öffentlichkeit gebracht werden. Absichtliche Zuwiderhandlungen können mit Aus-

---

Linke Spalte: Bas v. d. Bossehoeve NHSB 1033451 Niederlande
Flörken v. d. Klosterpforte 15215 mit Düwken Alterode 14357, 9321
Rechte Spalte: Feuchte Deckung stellt höchste Anforderungen an die Hundenasen
Unten: Zuchtgruppe Irmüns: Edel-Weiß, Amsel, Orri-Darian, Olina, Elita Norwegen

schluß von sämtlichen Vereinsveranstaltungen auf bestimmte Zeit geahndet werden.
Eintragungs-Formulare versendet der Zuchtbuchführer auf Wunsch kostenlos. Den ausgefüllten Formularen ist die Originalstammtafel des einzutragenden Hundes, vom Züchter unterschrieben, beizufügen, die vom Zuchtbuchführer mit der Zuchtbuch-Nummer versehen und durch Abstempelung beglaubigt wird.
Wurfeintragungen sind zum vollendeten sechsten Lebensmonat der Welpen zulässig.
Bei Wurfeintragungen ist für jeden Welpen eine besondere Stammtafel auszufüllen und mit einzusenden, die alle vom Züchter unterschrieben sein müssen.
Der Züchter und Verkäufer ist verpflichtet, jedem abgegebenen Hunde die Stammtafel mitzugeben. Hund und Stammtafel gehören zusammen.
Die Kosten der Eintragung betragen:
a) für einen Hund: 1,50 Mk.,
b) für ganze Würfe: 2,00 Mk.,
c) für den Zwingernamen: 3,00 Mk. (einmalig).
Das Zuchtbuch wird an die Mitglieder, die darauf nicht schriftlich verzichten, nach vorheriger Avisierung, zu einem möglichst geringen Preise unter Nachnahme versandt.
Nichtmitglieder haben einen angemessenen Preis zu bezahlen.
Die Führung des Zuchtbuches soll nach Möglichkeit so geregelt werden, daß es keinen Zuschuß aus der Hauptkasse erfordert; doch soll sein jährliches Erscheinen Grundbedingung sein.
Die Zuchtbuchführung untersteht der jährlichen Kontrolle des Gesamtvorstandes.

Zucht-Suchen-Reglement des Vereins für Kleine Münsterländer Vorstehhunde (Heidewachtelhunde) V. K. M.

§ 1
Einteilung der Zuchtprüfungen
Sie zerfallen in 2 Gruppen:

1. Die Hauptprüfung, offen für Hunde jedes Alters, ohne Berücksichtigung der früher gewonnenen Preise.

2. Die Jährlingsprüfung, offen für Junghunde, die im vorhergehenden Jahrgange geboren sind.

§ 2
Die Prüfungsfächer
Als Hauptfächer gelten:

1. Die Suche. Gefordert wird eine zielbewußte, ungemein eifrige, sehr fördernde, regelmäßige Quersuche, bei der in übersichtlichem Gelände, wie beim Buschieren, der Hund nicht aus der Sehweite des Führers kommt, die aber im freien Felde geräumiger sein darf, doch so, daß die stete Fühlung zwischen Führer und Hund nicht verloren geht. Alle Hunde müssen sich kurz halten lassen und auf Befehl unter der Flinte suchen.
Soweit das möglich ist, werden bei der Suche die Nase, Ausdauer und Findigkeit mitbeurteilt und in Rechnung gestellt. Gefordert wird festes

Vorstehen. Einspringen ist nur auf Befehl gestattet; der Führer hat die Aufforderung des Richters dazu abzuwarten. Haltung des Hundes und eleganter Stil der Suche sind zu berücksichtigen. Vor dem Hunde aufstehendes Wild wird von dazu bestimmten Schützen geschossen. Dabei ergibt sich Gelegenheit, Apportieren, Verlorenapportieren, Wildreinheit zu prüfen.

2. Das Apportieren muß schnell, sauber, mit gutem Griff und regelrechter Ablieferung des Wildes geschehen. Noch lebendes Nutzwild ist lebend zu bringen, Raubwild darf abgewürgt werden. Der Hund darf nur auf Befehl apportieren, hat sich auf Schuß und nach dem Schusse ruhig bei dem Führer zu halten und darf unter keinen Umständen ohne Befehl einspringen und sonstige Zeichen von Schußhitze geben.

3. Verlorenapportieren angeschweißten Haarwildes oder geflügelten Federwildes hat hauptsächlich mit der Nase auf Spur und Geläuf zu erfolgen; die Augen sollen weniger gebraucht werden.

4. Wasserarbeit. Passion, Stöbern im Schilf in Schußweite, Absuchen bebuschter Ufer auf dem Lande und im Wasser, Windholen, Entlangsuchen an den Schilfrändern, Absuchen des anderen Ufers, mit und ohne Befehl, Aufmerksamkeit auf den Führer und seine Hilfen, geschicktes Schwimmen, Tauchen, Finden, Verfolgen, Apportieren sind die Punkte, die bei der Wasserarbeit hauptsächlich in Betracht kommen.

5. Stöbern in Dickungen. Der Hund hat auf Befehl in regelmäßiger Suche die ganze Dickung abzusuchen, das Wild mit lautem Hals zu sprengen, aber nicht, jedenfalls nicht über die Schützenlinie hinaus, zu verfolgen. Je weniger der Hund das gesprengte Wild hetzt, je schneller er weitersucht, desto besser ist seine Arbeit.
Als Nebenfächer gelten:

6. Die Dressur. Verlangt werden Gehorsam, Leinenführigkeit, Ablegen.

7. Die geistigen Eigenschaften. Berücksichtigt werden hierbei das allgemeine Benehmen, Klugheit, Aufmerksamkeit und Freudigkeit.

§ 3
Prämiierung
Die Prämiierung geschieht nach freiem Ermessen des oder der Richter, nicht nach Punktzahlen; das Richterbuch enthält bei jedem Fach für die grundlegenden Eigenschaften Rubriken, in denen der Richter seine Noten: vorzüglich (v), gut (g), befriedigend (b), ungenügend (u) einträgt, die am Schluß des Richterberichtes zu veröffentlichen sind. Als Prämien werden vergeben: I., II. und III. Preis. Die Preise dürfen auch bei gleichen Leistungen nicht geteilt werden.

§ 4
Fehler, die von den Preisen auszuschließen sind:

1. Anhaltendes Hetzen auf gesunder Spur oder Fährte.

2. Herausstoßen des Wildes bei der Suche und bei dem Buschieren, ohne es vorzustehen.

3. Ungenügende Arbeit in den Hauptfächern (Suchen, Apportieren, Verlorenapportieren, Wasserarbeit und Stöbern in Dickungen).

Osnabrück, im Juni 1912

Der Vorstand
A. Bartscher, 1. Vorsitzender

Der Verband für Kleine Münsterländer Vorstehhunde e. V.

Der Verband ist eine Vereinigung von Züchtern und Besitzern, die das Ziel hat, den KlM mit einem für den Jagdgebrauch formvollendeten Körper zu züchten, seine jagdlichen Eigenschaften zu pflegen und sein ursprüngliches Wesen zu erhalten.
Das Bundesgebiet ist in Landesgruppen aufgegliedert, deren Bereiche sich nicht immer mit den Grenzen der einzelnen Bundesländer decken. Die räumlich großen Landesgruppen wiederum sind in Bezirksgruppen unterteilt, die eine bessere Betreuung der Mitglieder gewährleisten sollen. Das Hauptgewicht der Verbandsarbeit liegt naturgemäß bei den Landesgruppen, deren Rechte und Pflichten sich aus der „Ordnung für die dem Verband für Kleine Münsterländer Vorstehhunde e. V. angeschlossenen Landesgruppen" ergeben. Diese Ordnung ist Bestandteil der Verbandssatzung.
Sowohl der Verband als auch die Landesgruppen sind Mitglieder des Jagdgebrauchshundverbandes (JGHV), der die Dachorganisation aller Jagdhundrassen- und Prüfungsvereine sowie des Verbandes für das Deutsche Hundewesen ist.
Der JGHV erarbeitet gemeinsame Prüfungsordnungen für alle Vorstehhundrassen, die Richtlinien für die Heranbildung der Leistungsrichter, die von ihm ernannt werden, und gibt das Deutsche Gebrauchshunde-Stammbuch heraus.

Kleine Münsterländer Vorstehhunde in den Nachbarländern

In allen europäischen Ländern werden KlM jagdlich geführt. Einige Clubs pflegen einen regen Gedankenaustausch. Internationale Prüfungswettbewerbe werden jährlich in Österreich, in der CSSR und der Bundesrepublik Deutschland durchgeführt und bieten die Möglichkeit, den Leistungsstand zu vergleichen.
Erschwert werden diese Prüfungen durch die abweichenden tierschützerischen Bestrebungen und veterinärpolizeilichen Bestimmungen. So wird in Dänemark und in der DDR nicht mit dem Fuchs gearbeitet; andere Länder wiederum erlauben nicht das

Stöbern im Wasser an der an den Schwingen gestutzten Ente.

Sowjetische Besatzungszone Deutsche Demokratische Republik (DDR)

Die am 8. 5. 1945 (Kriegsende) gebildete Sowjetische Besatzungszone umfaßte die Länder Brandenburg, Mecklenburg-Vorpommern, Sachsen, Sachsen-Anhalt und Thüringen. Mit der Gründung zweier deutscher Staaten im Jahre 1949 vollzog sich die politische Trennung.

Die Jagdgebrauchshundverbände in der DDR trennten sich am 30. 6. 1951 vom bisherigen westdeutschen Dachverband. Zu diesem Zeitpunkt wurden die gezüchteten Jagdhunde in ein neu eingerichtetes Zuchtbuch der am 1. 7. 1951 gebildeten Spezialzuchtgemeinschaften (SZG) der DDR eingetragen. Auch die SZG-KlM wurde zunächst der „Vereinigung der gegenseitigen Bauernhilfe", dann dem „Verband der Kleingärtner, Siedler und Kleintierzüchter" und danach der dem Verteidigungsministerium unterstellten „Gesellschaft für Sport und Technik" zugeordnet. Zum Leiter der SZG-KlM wurde der Jagdaufseher Capsius berufen, der bereits seit 1946 eine „Landesgruppe KlM der Sowjetischen Besatzungszone" geführt hatte.

Die erste Prüfung im Bereich der Sowjetischen Zone und der DDR wurde am 23. 9. 1951 von der SZG-KlM bei Langenbogen/Halle nach den noch viele Jahre weiter geltenden Prüfungsordnungen des westdeutschen JGHV durchgeführt. Von den vier erschienenen Hunden bestand nur ein DD. Im Jahre 1955 hatte die SZG 88 Mitglieder. Nachfolger des in den Westen geflohenen Capsius wurde am 22. 8. 1959 der Förster Heinrich Meyer.

Russische Jäger aus Odessa erwarben im Jahre 1960 aus der DDR die Hündin Biene v. Heidberg 634/60 und den KlM Rüden Arras v.d. Schwanenstadt 638/60, die die Zucht in Rußland begründeten. Die Hunde gewöhnten sich sehr schnell an die anderen klimatischen Verhältnisse und vollbrachten hervorragende jagdliche Leistungen.

Offiziell nahm erstmals am 20. 3. 1960 eine Delegation der DDR an der Hauptversammlung des JGHV in Goslar teil. Mit dem Bau der Mauer am 13. 8. 1961, den Sperranlagen entlang der deutsch/deutschen Grenze und dem Reiseverbot wurden auch die züchterischen Verbindungen unterbrochen.

Am 1. 3. 1962 wurde für die in Zuchtleitung (ZL) umbenannte SZG die bei der Obersten Jagdbehörde (OBJ) eingerichtete Zentralstelle für das Jagdgebrauchshundwesen zuständig. Im Auftrag der OJB erarbeitete die Bezirksjagdbehörde den Plan für alle Veranstaltungen des Hundewesens. Mit der Durchführung wurde zumeist die Kreisjagdbehörde beauftragt. Für die 14 Bezirke wurden Zuchtwarte von der zentralen Stelle berufen.

Die Zucht wurde nach von der ZL erstellten Verpaarungsprogrammen aufgebaut, weil es nach Ansicht der ZL „noch großer Anstrengungen bedurfte, um den KlM zum Weltniveau durch straff geführte Zucht zu führen." Heinz Schreiber übernahm am 12. 6. 1965 die Zuchtleitung KlM.

Anläßlich der Weltjagdausstellung im Jahre 1971 in Budapest wurde in Gödöllo eine VGP durchgeführt, an der kein KlM aus der DDR von der OBJ zugelassen wurde. Der einzige KlM kam aus der Bundesrepublik. Das Interesse an diesem Hund war seitens der ZL-KlM groß. An bundesdeutschen Prüfungen durften Führer aus der DDR, trotz mehrmaliger Einladungen, nicht teilnehmen. Auch den bundesdeutschen Führern wurde keine Erlaubnis seitens der OBJ für die Teilnahme an deren Veranstaltungen erteilt.

Nach dem geänderten Jagdgesetz vom 15. 6. 1984 konnte Mitglied einer Jagdgesellschaft nur werden, wer „die Interessen des sozialistischen Staates" vertrat und sich „aktiv für dessen Ziele und Schutz" einsetzte.

Alle Funktionäre, Züchter und Hundeführer mußten Mitglied einer Jagdgesellschaft sein. Der Vorstand der Jagdgesellschaft hatte die ordnungsmäßige Haltung, Ausbildung und Führung der Jagdhunde zu überwachen.

Am 1. 1. 1987 trat, trotz Widerstandes aus dem Jagdgebrauchshundlager, die „Prüfungsordnung für Jagdhunde mit Bewertungsrichtlinien" in Kraft. Die Prüfungsordnung unterschied sich nicht wesentlich von der der Bundesrepublik.

Wesentliche Punkte der Zuchtzulassung waren eine bestandene Prüfung bis zu einem Alter von 30 Monaten, der Formwert „gut" und kein HD-Befall. Züchterisch gefördert wurden insbesondere der Spurlaut, die Raub- und Schwarzwildschärfe. Hinsichtlich des Formwertes wurde die Zucht streng unter Wahrung des Größenmaßes ausgerichtet. Die Einfuhr von Hunden zur Blutauffrischung mußte von der OBJ genehmigt werden, was nur ganz selten geschah. So entstand eine sehr enge, bodenständige Zucht, die trotz politischer Bevormundung sich sehr leistungsfähig entwickelte. Der züchterische Schwerpunkt lag in Sachsen und Anhalt.

Sowohl die Anzahl der Würfe als auch die Prüfungsbeteiligung stiegen ständig. In den Jahren 1980 bis 1989 fielen insgesamt 230 Würfe mit 1188 Welpen. Durchweg wurden auf der VJP 55 bis 60% und auf der HZP 45 bis 50% der Jährlinge prämiiert.

Nach der Grenzöffnung am 9. 11. 1989 konnten die KlM Anhänger erstmals wieder an einer Mitgliederversammlung des westdeutschen Vereins (17. 3. 1990) in Fulda teilnehmen. Mit der Gründung des „Vereins für Kleine und Große Münsterländer in der DDR" in Belzig/Potsdam, unter Ausschluß westdeutscher Vertreter, wurde die Zuchtleitung aufgelöst. Nach der Vereinigung beider deutscher Staaten am 3. 10. 1990

VGP-Siegerprüfung 16./17. 10. 1965 in Colditz, DDR
v. l. n. r.:
Gerhard Kratzsch – Anette 641/60, 20188 und Betty v. d. Schwanenstadt 709/62, 20431; Gert Erler – Birko v. d. Schwanenstadt 705/62, 20496; Werner Deutscher – Bautz v. d. Schwanenstadt 707/62, 20498; Gretl Drechsler – Antje v. Lansenbach 20672, 20644; Arndt Mehnert – Cit Mlynany CSSR 1345, 20586; Heinz Schreiber – Bod v. Jägerhaus 618/60, 20396; Wolfgang Pförtzsch – Lissy v. Vogelherd 714/62, 20394; Armin Lehmann – Bärbel mein kleiner Waidgenosse 806/64, 20628; Hartmut Krönert – Blaff v. Sonnenberg 762/63, 20699.

löste sich die Nachfolgeorganisation der ZL im Februar 1991 auf.

Österreich

Der erste im deutschen Zuchtbuch erfaßte Wurf lag am 3. 7. 1929 im Zwinger vom Vöstenhof des Gutsverwalters Mathias Wagner, Lichtenwörth. Der nächste Wurf fiel erst wieder am 4. 6. 1936 im Zwinger von der Grenzmark des Direktors Carl Philip, Wien, mit aus der CSSR eingeführten Hunden.
Philip baute in Österreich, streng nach dem Leistungsprinzip, eine KlM-Zucht auf, die rasch an Größe und Bedeutung gewann. Es entwickelte sich ein reges Vereinsleben mit vielen jagdlichen Prüfungen. In den vierziger Jahren verlagerte sich fast das gesamte Prüfungsgeschehen der KlM Deutschlands nach Österreich. In der Zeit von 1938 (Jahr des Anschlusses an Deutschland) bis 1945 wurden die Würfe im deutschen Zuchtbuch erfaßt. Seit dem Jahre 1945 werden die Würfe im Zuchtbuch des Österreichischen Kynologenverbandes eingetragen. Im Jahre 1985 waren es 26 Würfe mit 187 Welpen.
Im Laufe der Jahre wurden die Zuchtbestimmungen immer mehr verschärft. Geprüft wird nach Bestimmungen, die den deutschen Prüfungsordnungen sehr nahe kommen. Ab 1. 1. 1987 ist die HD-Untersuchung Pflicht für Zuchthunde.

Zwischen beiden Verbänden findet ein reger Gedankenaustausch statt. Die Verbindung wurde nachhaltigst auf der ersten Bundes-HZP in Lahr im Jahre 1970 durch die Zuchtwarte Edith und Konrad Dzugan, Inspektor Hackl und Frau Dina v. Kail hergestellt, die bereits zur Zeit des Direktor Philip mit ihrem Mann zu den eifrigsten Förderern des KlM gehörte. Förster Kamprath, Dettelbacher und das Ehepaar Schwarz haben sich ebenfalls um die KlM-Zucht verdient gemacht. Die Prüfungs- und Ausbildungstätigkeit im Verein nimmt einen breiten Raum ein.

Tschechoslowakei

Der erste KlM kam ins Land, als es noch zum Österreichisch-Ungarischen Kaiserreich gehörte. Forstheger Schäfer, Georgswalde, züchtete bereits im Jahre 1914 im Zwinger vom Bärenloch mit Hella v. Hangstberg 98 und Blitz v. Loburg 16. Es folgten im Jahre 1922 Joh. Neuwirth, Nikolsburg/Mähren, und im Jahre 1923 Frida Krejec, Boskowitz.

In den zwanziger Jahren war der KlM wenig verbreitet. Nur einige KlM waren in den Händen von Berufsjägern im Sudetenland. Erst in den dreißiger Jahren begann sich die Zucht langsam zu entwickeln. Der heute existierende Landesverband wurde im Jahre 1935 gegründet.

Die KlM-Würfe wurden teils im Deutschen Zuchtbuch und teils in dem in der CSSR geführten Deutschen Jagdhundestammbuch (DJStB) Leitmeritz eingetragen. Letztere Unterlagen gingen verloren. Seit dem Jahre 1945 werden alle Jagdhundrassen in einem zentralen Zuchtbuch erfaßt. Zur Zeit werden jährlich 120 bis 140 Welpen eingetragen und fast alle an Jäger abgegeben. Vorherrschend ist die weiß-braune Farbe. Für die Zuchtzulassung ist für Rüden die VGP und für Hündinnen die HZP sowie nachgewiesene Raubzeugschärfe erforderlich. Die Prüfungsordnungen ähneln den deutschen Bestimmungen.

Mit der Teilnahme Ladislav Valentas mit seinem Hund an der Bundes-VGP im Jahre 1972 wurde die Verbindung zu der tschechoslowakischen KlM-Vereinigung hergestellt.

Eman z. Radkovských Strání Clp. 3283/78 Tschechoslowakei

Dänemark

Frau Anna-lis Fischer, Korsör, erwarb die am 14. 7. 1955 gewölfte Dania m. kl. Kerl 16358 als Welpe. Diese Hündin wurde den Rüden Wotax Vicia 14972, 11178, Blitz v. d. Wilstermarsch 16195 und Bonifatius m. kl. Kerl 15303 zugeführt. Die von Frau Fischer gekaufte Freya v. Birkenfeld 21461, gew. 4. 1. 63, bestand als erster KlM die dänische jagdliche Prüfung (1. Preis, Alborg). Aus dem Zwinger Storebelt der Frau Fischer gingen viele KlM nach Norwegen, Finnland und Schweden. Frau Fischer war oft bei Hans Eggerts in Hamburg zu einem Informationsbesuch.
Oberarzt Lenler-Eriksen, Karup, besaß Asco v. Falkenstein Dks 235521 und der Schmied H. Petersen mehrere KlM aus Holland. Ferner wurden nach Dänemark verkauft: Süffel m. kl. Kerl, Claude v. Goldmoor, Cäsar m. Trost, Antje v. Molfsee, Bingo v. d. Schlei, Sid v. d. Müritzbucht und Iross v. d. Amorika.
Am 4. 5. 1968 wurde der Dänische Münsterländer-Club gegründet, der heute 700 Mitglieder hat und sehr aktiv ist. Der Zuchtrat lenkt den Club, der von vielen aktiven Mitgliedern unterstützt wird. Ein eigenes Zuchtbuch gibt es nicht. Alle Hunde werden vom Dansk Kennel Club erfaßt. Seit 1981 werden jährlich 400 bis 500 KlM eingetragen. Im Jahre 1985 waren es 430 Welpen. Der Club versucht, möglichst viele KlM in Jägerhände abzugeben.
Der dänische Club führt in eigener Regie Zuchtschauen und jagdliche

Vigsbjergs Duff 079/68 – Dänemark

Prüfungen durch, die in einigen Teilen den deutschen Prüfungsordnungen entsprechen. Erstmalig richteten Hans Stange und Hans Eggerts im Gründungsjahr des Clubs auf der Zuchtschau am 24. 11. 1968 in Brenderup. Den Formwertrichtern stellten sich 57 KlM. Damals hatte der Club etwa 70 Mitglieder unter dem Vorsitz von Horsens Flensborg.
Die aus Anlaß des zehnjährigen Bestehens des dänischen Clubs ausgerichtete Prüfung und Zuchtschau am 10. 6. 1978 unter dem Vorsitz des Erik Danielsen war ein Höhepunkt des Clubs. Es nahmen 39 KlM teil, davon 15 aus Deutschland. Hier wurde der hohe Leistungsstand der dänischen Zucht sichtbar.
Zwischen Dänemark, Schweden, Norwegen und Finnland bestehen enge züchterische Verbindungen.

Schweden

Der Ausstellungsrichter Malte Göransson erwarb von der dänischen Züchterin Anna-lis Fischer, Korsör,

Storebelts Ami 1254/58 HSB 187794, gew. 3. 7. 1957, aus der deutschen Hündin Dania m. kl. Kerl 16358 nach dem deutschen Rüden Bonifatius m. kl. Kerl 15303.
Der erste Wurf fiel am 10. 9. 1965 im Zwinger Ringmurens auf der Insel Gotland bei Willy Ahlin aus den deutschen Hunden Anett v. d. Amorika 11856 nach Alex v. Wendlohe 11855. Der Rüde Alex wurde auf den Ausstellungen Internationaler und Nordischer Champion.
Allmählich bildete sich eine größere Zuchtbasis. Seit dem Jahre 1975 werden jährlich etwa 200 KlM gewölft. Viele KlM werden jagdlich geführt, aber nur wenige auf den Prüfungen, die nach den Bestimmungen des Schwedischen Vorstehhundverbandes ausgerichtet werden. Von 1976 bis 1985 bestanden diese Prüfung 36 KlM, davon 7 mit einem 1. Preis.
Die schwedische KlM-Organisation ist dem Schwedischen Vorstehhundverband angegliedert. Eine selbständige Zuchtbuchführung gibt es nicht.

Falkentorps Orri S 42250-84 – Schweden

Norwegen

Die Zucht in diesem Lande begann mit Biene Wehrs 19823 Dsk 23358 (17. 3. 1961) aus Ilona m. kl. Kerl 17758 nach Wotax Vicia 14972,11178. Biene kam über Dänemark nach Norwegen. Sie wurde von dem Ausstellungsrichter Arne Tjomsland erworben, der in seinem Zwinger Edda einen Wurf nach Storebelts Chapeau Dsk 222867 (a: Dania m. kl. Kerl 16358 n: Blitz v. d. Wilstermarsch 16195) zog. Aus diesem Wurf kam Eddas Rani zu Willy Ahlin auf Gotland (Schweden) und bildete u. a. mit Alex v. Wendlohe 11855 im Zwinger Ringmuren den Zuchtstamm. Njal Severaas in Bergen erwarb Eddas Mücke, die einen Wurf nach dem dänischen Rüden Storebelts Normann brachte. Am stärksten hat die norwegische Zucht Eddas Caprice beeinflußt. Sie stand im Zwinger á Lundi des Rolf Lønne in Sandefjord. Die Hündin wurde in Dänemark von Fels v. Birkenfeld gedeckt. Die Söhne Arko und Rapp sind in den meisten norwegischen Blutlinien vertreten.
Arko vererbte sich auch in dem Zwinger Irmuns der Frau Solveig Alstad, Gressvik, die eine begeisterte Anhängerin und Züchterin des KlM ist. Sie begann ihre Zucht im Jahre 1967 mit der aus Dänemark stammenden Bettina und zog bis jetzt 27 Würfe (173 Welpen). Es stehen zur Zeit 3 Hündinnen in ihrem Zwinger. Vererbt haben sich auch folgende deutsche Rüden: Don v. Eichenweg 173/71, Daro v. Taubenwald 832/71, Ego v. Römersee S 9412/73, Arco v. d. Wasserfur-

che S 33545/76, Samos v. Barnbruch S 15331/78, Bingo v. Teutoburger Land 763/81 und Arco v. d. Schönblickseiche 799/84, ferner der Schweizer Rüde Edda v. Jurablick – 1972 –.
Im Jahre 1966 wurden sehr viele KlM aus Dänemark eingeführt, davon aus dem Zwinger Vigjbergs 13 und weitere aus den Zwingern Aamosen und Flinteroejlen.
Die Quarantänebestimmungen wirken sich hemmend auf die Blutzufuhr aus anderen Ländern aus. So läßt man Hündinnen in Schweden, Finnland und Dänemark decken, um Inzuchtdepressionen zu vermeiden.
Im Jahre 1972 wurde der norwegische Club gegründet. Die Zuchtbucheintragungen erfolgen auch in diesem Lande zentral für alle Rassen. Von 1980 bis 1985 wurden 246 KlM eingetragen; im Jahre 1985 waren es 53. An den jährlichen Ausstellungen nehmen durchschnittlich 50 KlM teil. An den jagdlichen Prüfungen im Hochgebirge auf Federwild nahmen von 1983 bis 1985 27 KlM teil.

Finnland

Isadora 78348/85 – Finnland

Woodborne Mökö SF 2018/61 – Finnland

Oberdirektor Suomus vom finnischen Landwirtschaftsministerium – Jagd und Fische – erwarb in den Jahren 1959 bis 1965 Adda v. d. Bergstraße V 530, Cito 17223 und Conny v. d. Berne, Hasso v. Germany 18147, Kosim v. Waterkotten 18730 sowie Ivalo 23515 und Inaris v. Germany 23517, die fast alle Jungklaus'sche Abzeichen hatten.
Diese Hunde brachten einige Würfe in seinem Zwinger Woodborne.

Adam SF 22417 1 – Finnland

Im Jahre 1972 erwarb A. Saarilathi Don v. Eichenweg 173/71, der sich jagdlich und als Zuchtrüde bewährte. Saarilathi besaß 4 KlM.

Die finnische Zuchtbasis ist sehr eng. Vor Einführung der 4monatigen Quarantänezeit wurden mehrfach KlM von Schweden im- und exportiert.

Im zentralen finnischen Zuchtbuch wurden 1981 und 1982 je 13, 1983 28, 1984 7 und 1985 17 KlM eingetragen.

Niederlande

Zur Verbreiterung des KlM trugen die Veröffentlichungen von Edmund Löns in der Zeitschrift Nederlandsche Jager vom 23. 3. 1912 und 8. 12. 1914 bei. Die ersten KlM aus deutschen Zuchten waren Ilse v. Loburg 12 (12. 11. 1911), Immo 170 (1. 11. 1914) und Klaus v. d. Grotenburg 186 (21. 6. 1915), Hertha 122 (22. 5. 1913) und Guß v. d. Delme 133 (16. 12. 1915) sowie Rex v. Westerberg 160 (7. 8. 1914). Ins deutsche Zuchtbuch ließen P. Duynsten in Nymwegen, Tierarzt Dr. Nyssen in Eindhoven und H. Brunklaus in Breda Würfe eintragen. In der Folgezeit entstand in den Niederlanden eine eigene und bodenständige Zucht.

Am 3. 9. 1921 führte der Niederländische Heidewachtel-Club seine erste jagdliche Prüfung im Revier des belgischen Pächters Mignot, Brüssel, bei Middelbeers/Eindhoven durch. Prüfungsfächer waren Nase, Schnelligkeit und Stil der Suche, Stöbern, Buschieren, Gehorsam am Hasen, Verhalten auf dem Stande, Schußruhe, Schleppen, Wasserarbeit dagegen nicht. 9 KlM wurden geprüft. H. Smelt, Hilversum, führte Hindo und Pan mit einem 1. Preis. Erfolgreich waren auch Hertha v. d. Delme 122 (F.: Dr. Nyssen) und Treff v. d. alten Grafschaft 236 (F.: Bergstein).

Am 18. 5. 1947 wurde die Nederlandsche Verenigung van Heidewachtelliefhaabers auf Initiative von Dr. Langhout, van Reeuwijk und Vosselmann neu gegründet. Letzterer wurde zum Präsidenten gewählt. Grundlage ist der deutsche Standard. Streng wird auf die Höchstgrenze bei den Zuchttieren geachtet (keine Toleranz). Im Laufe der Zeit entwickelte sich ein reges Vereinsleben mit jagdlichen Prüfungen und Ausstellungen. Bereits im September 1948 wurde eine Feldjagdsuche auf dem Landgut des Präsidenten durchgeführt. Die Prüfungsordnungen ähneln in manchen Punkten den deutschen Bestimmungen. Auf Gehorsam wird besonderer Wert gelegt, wie auch auf Wasserarbeit, aber ohne Stöbern hinter der Ente.

Voraussetzung für die Zucht ist, daß die Zuchttiere im Zuchtbuch des zentralen Hundeverbandes eingetragen sind. Darüber hinaus kört der Club jährlich Hunde, die gewisse Voraussetzungen erfüllen, an. KlM aus diesen Verbindungen sollen den Erwerbern der Welpen eine gewisse Gewähr für einen jagdlich durchgezüchteten Hund geben. Nach diesen Grundsätzen fielen im Jahre 1983 13 Würfe. Der Club führt außerdem ein Register, worin alle wichtigen Informationen erfaßt werden, die die Arbeit der Zuchtkommission unter der Leitung des Wissenschaftlers Professor Hartmann, Utrecht, erleichtert. Besondere Verdienste erwarben sich Smelt, Wolters, Nordanus und der langjährige Vorsitzende Cozijnsen.

Luxemburg

Die Zucht begann im Zwinger Schloennerbierg des Aloyse Reiffers, Esch/Alzette, der seine Bella v. d. Habgier 26494, gew. 1. 6. 1968, mit dem Rüden Axel v. Neuland 23123, gew. 4. 1. 1964, des Raymond Stoffel, Luxemburg, paarte. Aus dieser Verbindung gingen Tella LOL 8693 (B.: Pierre Spoden) und Tina von Schloennerbierg LOL 8694 (B.: Max Melan) hervor. Beide Hunde wurden erfolgreich auf den Anlagenprüfungen und der Vielseitigkeitsprüfung des Luxemburgischen Vorstehhundverbandes geführt. Tina bestand außerdem die Schweißprüfung auf der ersten internationalen Prüfung als bester luxemburgischer Hund.
Ein weiterer Stamm Kleiner Münsterländer Vorstehhunde entstand im Zwinger Huesebesch des Leon Krack, Luxemburg, der Barbi v. d. Sauschwarte 116/75 mit Heido v. Hasenberg 1161/76 (B.: Jay Kuborn, Strassen) paarte. Die im Besitz Max Melans, Wiltz, stehende Bella v. Huesebesch LOL 14400,28712 bestand die Anlagenprüfungen und die VGP (Totverbeller) mit einem 1. Preis und 336 Punkten. Sie war auch die Siegerin der Bundes-Schweißprüfung im Jahre 1983 bei Bad Bramstedt (Schleswig-Holstein).
Bellas Kinder Fee LOL 16450,31168 und Falko v. d. Juegdpassion LOL 16446,32540 bestanden ebenfalls unter der Führung von Max Melan die VGP. Dies sind die ersten Hunde, die in das Deutsche Jagdgebrauchshundestammbuch eingetragen wurden. Erfolgreich auf jagdlichen Prüfungen war auch Fernand Kauffmann, Leudelange, mit Aga v. Haus Niep 105/71. Die KlM-Würfe werden, wie auch die anderen Vorstehhunde, von der Centrale du Chien de Chasse erfaßt. Von 1977 bis 1985 wurden 15 Würfe eingetragen. In Luxemburg stehen zur Zeit rund 100 KlM.

Frankreich

Die Mehrzahl der KlM werden in Elsaß-Lothringen und in der Umgebung von Paris gezüchtet und gehalten. Die französische Zucht baut sich hauptsächlich auf deutsche Hunde auf. Erfolgreich vererbt hat sich auch der luxemburgische Rüde Falco v. d. Juegdpassion LOL 16446,32540.
Frau Yvonne Boulanger, Crocq, paarte im Zwinger du Clos des Hortioux Timpes Gundi 811/74 mit Brix v. Oelenberg 706/71. Alf v. Breisgau 81/77 und Graf v. Rahenhof 818/84 stehen ebenfalls im Zwinger. Der bekannteste Hund aus der Zucht ist Milord du Clos des Hortioux LOF 131/00030, ein Sohn der Gundi und des Brix. Der Rüde wurde auf mehr als 30 internationalen Ausstellungen ausgezeichnet. In diesem Zwinger stand

auch Kitty v. Rehberg 426/75, die Falk v. d. Habgier 741/73 zugeführt wurde. Auf der Championat-Ausstellung in Lyon im Jahre 1984 wurde die Zuchtgruppe des Zwingers Sieger aller Hunderassen. Im Zwinger stehen jetzt 4 Zuchthündinnen.

Pierre André Neff, Straßburg, Schriftführer des französischen Verbandes, zog im Zwinger du Neuweyer mit Adda v. Flamersheimer Wald 380/77 LOF 113/00026 nach Benno v. Durholt und Axel v. Breisgau 83/77 je einen Wurf. Besonders hoch ausgezeichnet auf den Ausstellungen und jagdlichen Prüfungen wurden Percy LOF 248/85, Sepp 399/85 und Scotch du Neuweyer LOF 397/076. Die Zuchthündin Adda hat den Titel „Internationale Schönheitssiegerin".

Frau Lucienne Criqui, Dettwiller, baute mit der von ihr gezogenen Olympe du Clos de Rosen LOF 219/00077 die Mutterlinie ihres Zwingers auf, deren Tochter Sola LOF 417/000106 besonders erfolgreich war. Ihr Besitzer, Robert Gruget, 2. Vorsitzender des Verbandes, führte die Hündin erfolgreich in Frankreich und Deutschland auf den jagdlichen Prüfungen und Ausstellungen. Robert Gruget führte auch Panda du Clos de Rosen in Deutschland auf den Prüfungen. In diesem Zwinger steht auch Gero v. Kreuzbühl 42/79.

Frau la Vicomtesse Eliane de France, Crecy en Pontieu, züchtete mit Perle v. d. Vogelweide 685/76. Der erste Wurf mit Fürst v. Holzbach 667/72 brachte Patzi de Wacourt LOF 289/00051, welche ebenfalls von Gruget in Frankreich und Deutschland auf Prüfungen erfolgreich geführt wurde. Tibere de Wacourt LOF 448/091, geführt von seinem Besitzer Alain Ehrminger, bestand die jagdlichen Prüfungen sehr gut und erhielt hohe Formwertnoten.

Dies sind die zur Zeit bekanntesten Zwinger. Im Jahre 1975 wurden im Liore d'origen francaise (LOF), dem gemeinsamen Stammbuch aller Rassen, 13 und im Jahre 1985 schon über 200 KlM eingetragen. Zunächst wird ein Geburtsattest ausgestellt, und ein Tierarzt tätowiert die Hunde. Nach 12 Monaten werden die Hunde von einem Formwertrichter beurteilt. Erst dann wird die Stammtafel ausgestellt.

Im Jahre 1975 wurde der Verband Francaise de L'Epagneul de Munster et du Langhaar gegründet, dessen Vorsitzender seit dieser Zeit Raymond Ohl, Straßburg, ist. Im Jahre 1985 hatte der Club 160 Mitglieder. Es werden regelmäßig Ausstellungen und jagdliche Prüfungen abgehalten. Geprüft wird seit dem Jahre 1985 nach einer von Ohl entworfenen Prüfungsordnung, die den deutschen Bestimmungen ähnelt. Nach Ohls Meinung sind die französischen Fieldtrial für die KlM nicht sehr geeignet, weil sie ausgesprochene Feldprüfungen für die Berufsabrichter sind, die kein Interesse an den KlM zeigen.

Fast alle KlM werden jagdlich geführt.

Schweiz

In den früher sehr gut besetzten Feldrevieren des bernischen Seelandes wurden Jagdhunde mit überragenden Vorsteheigenschaften geführt und gezüchtet, von denen viele das Blut des Epagneul und des KlM führten. Eine dieser Hündinnen wird wie folgt beschrieben: „Weiß mit braunen Platten, edler Kopfform und wunderschöner weißer Blesse, dunklem Auge, schlichter Behaarung, aufgewecktem Wesen, jedoch nicht nervös. Wegen ihrer Schönheit und ihres Adels erregte sie überall Aufsehen".
Auf Veranlassung des Herrn Russi, Bätterkinden, begutachtete H. Grossenbacher diese Hündin und bezeichnete sie als Idealtyp des KlM. Die Hündin wurde als Dolly (Gehri) in das Schweizerische Hunde-Stammbuch (SHSB) eingetragen. Dolly wurde zunächst dem Rüden Arno von der Buch und dann dem im Jahre 1937 aus Deutschland importierten Rüden Wasser v. d. Ravensburg 1276 IV, gew. 3. 12. 1934 (a: Juno v. Rahden 553 a, n: Waldmann Rahden 312 III) zugeführt. Alle Nachkommen waren weiß mit braunen Platten. Dolly und ihre Nachkommen bilden gemeinsam mit den aus Deutschland importierten KlM den Grundstock des Gebrauchshundtyps in der Schweiz. Seit dem Jahre 1938 werden die KlM als Rasse anerkannt.
Im SHSB wurden von 1937 bis 1974 209 Würfe eingetragen (1028 Welpen, davon 572 Rüden und 456 Hündinnen). Etwa ein Viertel der Elterntiere – auf den Gesamtzeitraum gesehen – wurden importiert, jedoch ist das Verhältnis innerhalb der einzelnen Jahre sehr unterschiedlich. Bereits im Zuchtjahr 1974 wurden zur Zucht 7 importierte Rüden und 3 Hündinnen herangezogen und aus schweizerischer Zucht 3 Rüden und 7 Hündinnen. Anmerkung des Verfassers: Mit Sicherheit geht bei dieser Entwicklung der bodenständige Schlag des KlM, wie in den einzelnen Bundesländern der Bundesrepublik Deutschland, bedauerlicherweise bald verloren.
Am stärksten beteiligt sind die Wotax Vicia 14972-Tochter Ina v. Eidertal 18046, gew. 17. 6. 1958, (a: Asta v. Eidertal RB 469) und Addy v. Nieringstal 19274-Sohn Aro v. Altensee 19852, gew. 23. 2. 1961, (a: Bless v. Arenberger Hof 17840) sowie Sir v. Barnbruch 25193-Sohn Vico v. Barnbruch 76/79, gew. 24. 1. 1969 (a: Rike v. Barnbruch 25201). Der Club für Kleine Münsterländer Vorstehhunde ist der Schweizerischen Kynologischen Gesellschaft (SKG) angegliedert, der auch das SHSB führt. Eingetragen werden nur reingezüchtete KlM, die den Kör- und Zuchtbestimmungen des KlM-Clubs entsprechen müssen. Zucht- und Gebrauchsprüfungen – PO etwa wie in der Bundesrepublik Deutschland – werden gemeinsam mit dem Schweizerischen Vorstehhund-Club durchgeführt. Das Reviersystem – Pacht und Lizenz – erschwert die Ausbildung des Hundes und die Durchführung von Prüfungen. In ununterbrochener Folge werden seit Jahrzehnten Ausstellungen nach den Bestimmungen der SKG durchgeführt.

Erwerb eines Jagdhundes

Allgemeines

Bevor Sie sich einen Jagdhund kaufen, müssen Sie sich einige Fragen vorlegen und gewissenhaft beantworten. Schließlich lebt ein Hund bis zu 15 Jahren und länger. Ein mehrmaliger Besitzerwechsel ist verantwortungslos. Die Hundehaltung kostet Geld, nämlich Futterkosten, Versicherung, Steuern, Honorare für den Tierarzt, Leinen, Zwingeranlage, um nur einiges zu nennen. Erkundigen Sie sich beim Hauseigentümer vor dem Kauf, ob Sie einen Hund halten dürfen, und lassen Sie es sich schriftlich geben. Haben Sie oder die Familienmitglieder Zeit genug, um sich nicht nur am Wochenende mit dem Hund zu beschäftigen?
Der KlM-Verband ist bereit, geeignete Hunde aller Altersklassen nachzuweisen. Kaufen Sie keine Hunde über den gewerbsmäßigen Handel. In den meisten Fällen haben diese Tiere keine Abstammungspapiere. Fragen Sie immer, ob die Stammtafel vom KlM-Verband ausgestellt worden ist. Alle anderen Papiere werden weder von den Jagdbehörden noch von den Ausstellungsleitungen des In- und Auslandes anerkannt.
Bei der Entrichtung des Kaufpreises sollten Sie sich sofort die Stammtafel aushändigen lassen oder Rückfrage beim Verband halten, ob die Tiere eingetragen werden.
Versäumen Sie nicht, den Verkäufer zu fragen, ob der Hund geimpft (Impfpaß aushändigen lassen), entwurmt und wann dies zuletzt geschehen ist. Fragen Sie auch, wie der Hund ernährt wurde. Erst allmählich dürfen in der Ernährungsweise Veränderungen eintreten, anderenfalls sind gesundheitliche Störungen die Folge.

Rüde oder Hündin?

Leistungsmäßig besteht kein Unterschied. Es trifft auch nicht zu, daß eine Hündin immer anhänglicher und ruhiger ist.
Die Blutungen der Hündin in der Hitze (2mal im Jahr) verursachen naturgemäß ein wenig Schmutz. Für Gesellschaftsjagden fällt die Hündin während der Hitze aus, falls Rüden dabei sind. Im Handel gibt es Mittel, die die Hitze überdecken.

Weiß-braun oder schimmel?

Das ist Geschmacksache. In der Leistung gibt es keinen Unterschied.

Linke Spalte: Mark v. Haus Angelmodde 190/74, 22776
Anuk v. d. Appelbecke 1121/80
Rechte Spalte: Enk Alterode 16179, 10112
Unten: Butz v. Moossee SHSB 251816 Schweiz

Seit Mitte der zwanziger Jahre werden konstant etwa die Hälfte aller KlM als Braunschimmel gewölft. Das liegt daran, daß sich die Waldjäger mehr und mehr für den KlM interessiert haben, weil ihrer Meinung nach die braune Farbe vom Wild nicht so schnell wahrgenommen wird. Wie oft ist jedoch das Wild auf wenige Meter an mir vorübergezogen ohne meine weiß-braunen Hunde wahrzunehmen.

Wer will aber bezweifeln, daß der KlM ein Hund der Suchjagd und die weiß-braune Farbe hierbei vortrefflich ist? Er ist besser als ein gänzlich brauner Hund zu erkennen.

Kauf eines Welpen

Wer nicht die Geduld und die Zeit hat, einen Hund selbst auszubilden, sollte sich keinen Welpen kaufen. Bei einem Welpen kann man allerdings noch nicht erkennen, ob er unseren jagdlichen Erwartungen entsprechen wird.

Es gibt aber nichts Schöneres, als einen Welpen aufzuziehen und seine Entwicklung mitzuerleben. Außerdem entsteht sehr frühzeitig ein Zusammengehörigkeitsgefühl zwischen Herrn und Hund. Das ist später beim Jagen von unschätzbarem Vorteil.

Nehmen Sie sich Zeit, und schauen Sie sich die Aufzucht beim Züchter an. Kriechen oder taumeln die kleinen Kerle im Zwinger, ist etwas nicht in Ordnung (Ernährungsfehler, Würmer).

Da es sich um eine kleine Vorstehhundrasse handelt, suchen Sie sich das kräftigste Tier aus, denn den jagdlichen Anforderungen werden zierliche, wenig körperliche Substanz aufweisende Hunde nicht gerecht. Einen Aufschluß hierüber geben auch die Elterntiere, die Sie sich auch anschauen sollten. Beim Aussuchen des zukünftigen Jagdgefährten werden oft kleine Tricks angewendet. Manche klirren mit dem Schlüsselbund, um den nervenfesten Hund herauszufinden, andere wiederum lassen den Welpen nach einer alten Socke schnappen oder schauen sich die Kampfspiele an, wenn den Welpen eine Taube oder ein Pansen vorgeworfen wird. Soll man den Hund mit dem seelenvollen Blick oder den mit dem giftigen Laut nehmen? Lassen Sie auch die Familie mit entscheiden. Tagsüber ist der Hund doch meistens mit der Frau des Hauses zusammen, die ihn füttert und ausführen muß. Auch das gewisse „Etwas" spielt bei der Auswahl eine Rolle. Sitzt man am

---

Linke Spalte: **Chico v. d. Seenplatte 453/84, 32601**
Lining v.d. Innleit'n 90-0306
Heike v. Hendlberg ÖHZB 4627 Österreich

Rechte Spalte: **Banja v. d. Moserhütte ÖHZB 4496 Österreich**
Bianca NHSB 1098558 Niederlande
Banja Baloe van Beers Freunde NHSB 1287315 Niederlande
Kaline v. Niederrhein 842/84

Zwinger, fühlt man sich plötzlich zu einem bestimmten Welpen hingezogen. Letztlich wird der Hund dort geprägt, wo er lebt, durch das, was er erlebt, und das nicht nur in den ersten Lebenswochen.

Kauf eines ausgebildeten Hundes

Zuverlässige ältere Jagdgebrauchshunde werden nur wenig angeboten und sind nicht billig. Lassen Sie sich nicht von den Anpreisungen täuschen. Prüfen Sie die Stammtafel darauf hin, ob die Eltern leistungsgeprüft sind. Ziehen Sie einen erfahrenen Rüdemann zu Rate. Die Vorführung im Revier und der Kauf auf Probe ist zu empfehlen. Auch die Untersuchung durch einen Tierarzt kann ratsam sein.
Ein schriftlicher Kaufvertrag erspart viel Ärger auf beiden Seiten. Geregelt werden sollte die Rückgabe des Hundes ohne Angabe von Gründen nach einer nicht bestandenen Probezeit, deren Länge und wer die Kosten und Schäden während dieser Zeit trägt. Ebenso gehört dazu die Festlegung, zu wessen Lasten des Risiko während des Transportes und der Porbezeit (Verletzungen, Tod, Krankheiten) geht. Oft läßt sich nicht klären, wann Krankheiten ihren Ursprung hatten, deshalb müssen Sie sich den Hund genau ansehen, auch wenn der Verkäufer versichert hat, daß ihm keinerlei Mängel bekannt sind. Ein Mangel ist auch, daß der Hund das Autofahren über längere Strecken nicht verträgt.
Unruhige Hunde und solche, die anhaltend und oft ohne ersichtlichen Grund jaulen, bei jeder Gelegenheit aus der Fassung geraten, sind nicht geeignet, das notwendige gegenseitige Vertrauen herzustellen und die Verbindung zur Familie zu schaffen. Bedenken Sie aber, daß der Hund eine gewisse Zeit zur Eingewöhnung braucht.
Zu beachten ist auch, daß der Hund im Rücken mittellang sein und eine kräftige Nierenpartie haben muß. Ein langer, kräftiger Fang, ein vollständiges Gebiß und ein muskulöser Nacken gehören zum Tragen, Greifen und Würgen des Wildes. Eine zu lange Behaarung, besonders zwischen den Zehen, ist bei der Jagd hinderlich.
Außer den in Abschnitt „Allgemeines" zu stellenden Fragen sollten Sie klären, ob der Hund im Zwinger oder in der Wohnung gehalten wird und zu Kindern freundlich ist.
Wechselt der Hund seinen Besitzer, so müssen beide sich erst aneinander gewöhnen. Das trifft auch auf die Anpassung an die neue Umgebung zu. Füttern und betreuen Sie ihn zumindest anfangs selbst. Seien Sie nicht enttäuscht, wenn der Hund zunächst nicht nach Ihren Vorstellungen reagiert. Suchen Sie nicht nur beim Hund den Fehler. Er hat sich vielleicht noch nicht an den Tonfall Ihrer Stimme gewöhnt. Der Verkäufer des Hundes muß Ihnen auch die von ihm verwendeten Sicht- und Rufzeichen mitteilen. Nur diese Zeichen dürfen

von Ihnen angewendet werden, weil der Hund andere nicht verstehen und die von ihm geforderten Arbeiten deshalb gar nicht leisten kann.
In der Regel werden die Hunde die ersten Tage angeleint im Revier geführt. Hunde, die sich noch nicht genügend an die neue Umgebung und den neuen Herrn gewöhnt haben, nutzen jede Gelegenheit, den heimatlichen Zwinger zu erreichen, denn sie haben einen guten Orientierungssinn. Oft finden sie dabei den Straßentod. Wie gut das Orientierungsvermögen des Hundes ist, erlebte mein Vater kurz nach Ende des Zweiten Weltkrieges (1945). Ihm wurde von Schwarzmarkthändlern eine junge KIM-Hündin gestohlen. Bekannte wunderten sich auf dem Lüneburger Bahnhof, die Hündin am Strick von fremden Personen zu sehen, die den Zug nach Hamburg bestiegen. In einem günstigen Moment riß sich die Hündin los, sprang aus der noch offenstehenden Abteiltür des Zuges und lief Richtung Heimat. Einige Stunden später war sie wieder in dem kleinen Dorf in der Lüneburger Heide, 15 km vom Bahnhof entfernt, gelandet.

Die Stammtafel des Hundes

Die vom Verband für Kleine Münsterländer Vorstehhunde e. V. ausgefertigte grüne Stammtafel enthält alle Abstammungsangaben und Leistungen der Eltern und deren Vorfahren. Im unteren Teil des Deckblattes steht der Zusatz:
Mitglied des Jagdgebrauchshundverbandes im VDH und in der FCI.
Die Embleme dieser Verbände stehen oberhalb dieses Zusatzes.
Nur diese Stammtafel wird von den nationalen Verbänden JGHV (Jagdgebrauchshundverband) und VDH (Verband für das Deutsche Hundewesen) sowie vom Weltverband, FCI (Fédération cynologique internationale) anerkannt und berechtigt zur Teilnahme an allen Veranstaltungen im In- und Ausland.
Deshalb ist beim Kauf und der Übergabe des Hundes besonders auf die Stammtafel zu achten.

Die Unterbringung, Gesunderhaltung, Fütterung

Im Zwinger

Die Zwingerhaltung hat gegenüber der Haltung im Hause größere Vorteile. So sind Sie tagsüber und im Urlaub unabhängiger. Der Zwinger bietet dem Hund viel mehr frische Luft und Sonne; er wird unempfindlicher gegen Witterungseinflüsse aller Art. Nachts wird der Hund oft ins Haus genommen. Dies geschieht bei großer Kälte und auch, um Hab und Gut vor Eindringlingen zu schützen.
Der Zwinger muß an einem wind- und lärmgeschützten Platz stehen. Es empfiehlt sich, daß der Hund wenigstens nach zwei Seiten freie Sicht hat, damit er seine Umgebung beobachten kann; um so weniger wird er ohne Grund bellen. Wichtig ist auch, daß der Hund bei großer Hitze außerhalb der Hütte einen Schattenplatz aufsuchen kann.
Die mit nichtrostendem Draht eingezäunte Zwingerfläche sollte mindestens 12 bis 15 m^2 groß sein, und die Lage muß so gewählt werden, daß der Hund von der Wohnung aus beobachtet werden kann. Der Draht muß tief in das Erdreich eingegraben werden (ca. 30 cm), damit sich der Hund nicht unten durchwühlen kann. Geraten wird auch, den oberen Teil einzudrahten. Rüden überwinden nämlich einen hohen Zaun, wenn eine heiße Hündin in der Nähe ist, aber auch Hündinnen überspringen ihn.
Der halb betonierte oder mit Platten ausgelegte Zwinger muß ein leichtes Gefälle haben (Wasseransammlungen). Gern legt sich der Hund auf einen Lattenrost, der ihn gegen Nässe und Kälte schützt. Die einzelnen Latten dürfen nur einen kleinen Zwischenraum haben, damit er sich die Pfoten nicht verklemmen kann.

Bewährt hat sich eine aus einem Vor- und Hauptraum bestehende doppelwandige, gut isolierte Hütte mit aufklappbarem Dach, damit eine schnelle und gründliche Reinigung möglich ist. Die Hütte darf nicht zu groß sein, weil sonst die Eigenwärme des Hundes nicht ausreicht, den Raum zu erwärmen. Für den Welpen kann die Hütte schon die Größe haben, die er als ausgewachsener Hund benötigt. Dann sollte jedoch der Raum in der kälteren Jahreszeit entsprechend mit Schaumstoff o. ä. ausgepolstert werden. Hundehütten werden im Handel angeboten.
Die Hütte sollte nicht unmittelbar auf dem Boden stehen, sondern an den Seiten auf Steine oder Balken gestellt werden (Bodenkälte). Zweckmäßigerweise steht der Hütteneingang entgegengesetzt der Wetterseite. Dadurch wird ein Eindringen von Wind und Regen auf ein Minimum beschränkt. Bei Kälte muß vor den Eingang ein alter Sack oder eine Decke gehängt werden.
Als Lager sind eine abwaschbare Hundematratze oder ein nicht zu prall mit Stroh gefüllter Jutesack sehr geeignet, weil sich beim Hinlegen ei-

ne Mulde bildet, die der Wärmebildung und -erhaltung dient. Wegen der Staubbildung dürfen weder Heu noch Torf verwendet werden, denn Ohren, Augen und andere empfindliche Stellen entzünden sich sehr schnell, und es entwickeln sich chronische Leiden.
Die Streu muß alle 4 bis 6 Wochen erneuert werden, sonst besteht die Gefahr des Parasitenbefalls. Von Zeit zu Zeit muß die Hütte außerdem desinfiziert werden.

Werden Hunde in Stallungen, Hallen oder Schuppen gehalten, so muß darauf geachtet werden, daß genügend Tageslicht und Frischluft vorhanden ist. Das Lager des Hundes muß wie in einer Hütte beschaffen sein.
Kehrt der Hund von seinem täglichen Auslauf in den Zwinger zurück, so muß ihm die Halsung abgenommen werden. Schon mancher Hund hat sich im Zwinger erhängt.

In der Wohnung

Ohne Bedenken kann der Hund in der Wohnung gehalten werden, da er von Natur aus sauber ist. Er muß einen festen Platz zugewiesen bekommen, aber fern von der Heizung und in einer Ecke, die zugfrei ist. Als Lager eignet sich ein Korb, der so groß sein muß, daß sich der Hund darin ausstrecken kann, oder eine Hundematratze aus Seegras, eine Sauschwarte usw.
Soll der Welpe sich an einen bestimmten Platz gewöhnen und bereitet das anfangs Schwierigkeiten, so kann er zeitweilig an einer kleinen Kette festgelegt werden.
Tagsüber liegen meine Hunde nur im Korb. Erst am späten Nachmittag, wenn ich im Hause bin und am Schreibtisch sitze, legen sie sich auf die darunter liegende Sauschwarte. Am Abend liegen sie am liebsten im Wohnzimmer in Berührung mit meinen Füßen; sie erheben sich gegen 22.00 Uhr und suchen von allein den Korb im Flur auf.

Weitere Hinweise

Versäumen Sie nicht, am Halsband des Hundes ein Schildchen mit Ihrem Namen sowie Anschrift und Telefonnummer zu befestigen. Nur so kann der entlaufende Hund schnell seinem Besitzer wieder zugeführt werden.
Mindestens eine Stunde täglich muß der Hund – ganz gleich, ob er im Zwinger oder in der Wohnung gehalten wird – nach dem Tierschutzgesetz Auslauf haben. Geschieht das beim Welpen nicht, können sich seine Sinne und Muskeln nicht entwickeln. Der ältere Hund verliert an Leistungsfähigkeit und kann bei Aufgang der Herbstjagd einen tödlichen Kreislaufkollaps erleiden, weil er den Anstrengungen nicht mehr gewachsen ist.
Es genügt schon, wenn der Hund öfter im Hof oder Garten frei laufen kann. Haustiere müssen sich aneinander gewöhnen. Der Hund weiß sehr bald, daß das Geflügel und die Katze in diesem Bereich für ihn tabu

sind. Er unterscheidet sehr schnell zwischen Haustieren und Wild. So berichtet Hans Probst, daß ihm seine Biene v. Rössener Jagen 864/65 sogar beim Einfangen eines entlaufenen Hauskaninchens behilflich war. Biene griff es und brachte sauber, wie sie es gelernt hatte, ohne dem Kaninchen ein Haar zu krümmen. Die Kaninchenboxen standen 4 m vom Zwinger entfernt.

Lassen Sie keine Nadeln, Plastikstükke, Bindfäden usw. in der Nähe des Hundes liegen. Besonders der junge Hund könnte sie aus Spieltrieb und der ältere Hund aus Langeweile abschlucken. Niemand, weder die Erbtante noch sonstwer, darf den Hund bei Tisch füttern. Es ist lästig und sehr schwer, ihm dieses Übel wieder abzugewöhnen. Sehr schnell gewöhnen sich die Hunde das Stehlen an. Deshalb dürfen keine Nahrungsmittel in erreichbarer Nähe stehen. Besonders scheinträchtige Hündinnen sind unberechenbar. Meine Cens fraß mal die halbe Sahnetorte meiner Schwiegermutter auf, ohne hinterher Beschwerden zu haben! Auch ein abgebalgtes Wildkaninchen hat sie in der Küche halb aufgefressen. Auf der Jagd schnitt sie Wild jedoch nie an.

Sind Kinder im Hause, so ist besonders bei Kleinkindern Vorsicht geboten. Zwar verderben die Kinder den Hund nicht für den Jagdgebrauch, jedoch vergessen Hunde nicht so schnell, wenn sie von den Kindern gezwackt, geschlagen oder geärgert werden. Sind die Hunde ausgewachsen und sich ihrer Kraft und Stärke bewußt, so schnappen sie nach fremden Kindern und fassen nicht nur zaghaft zu. Dann heißt es oft, der Hund ist bissig. Aber auch aus anderen Gründen dürfen Kind und Hund nicht ohne Aufsicht gelassen werden. Beleckt der Hund das Kind, kommt es oft zur Übertragung von Krankheiten und Würmern.

Der Prozentsatz der im Straßenverkehr tödlich verletzten Hunde ist groß. Wird der Hund leicht oder schwer am Kopf verletzt, sind meistens epilepsieähnliche Anfälle in unregelmäßigen Abständen die Folge.

Der Hund darf den Gehsteig nur verlassen und eine Straße überqueren, wenn er vorher „Sitz" gemacht hat. Bei starkem Verkehr muß der Hund grundsätzlich angeleint sein.

Pflege

Ein gesunder Hund pflegt seinen Körper und die Haut aus angeborener Sauberkeit selbst. Baden darf man ihn nur in den seltensten Fällen und dann mit speziellem Hundeshampoo, da sonst der Haut die schützende Fettsäure entzogen wird. Er sollte so oft wie möglich schwimmen.

Das Haar, die Haut, die Behänge (Ohrgang), Augen und Pfoten müssen regelmäßig kontrolliert werden. Es läßt sich nicht vermeiden, daß Schmutz, Wasser, Insekten, Grannen und andere Fremdkörper in den Gehörgang eindringen. Es gibt im Handel entsprechende Mittel zur Pflege und Reinigung. Niemals darf Wasser verwendet werden.

Aber auch von außen nach innen gewachsene, in den Gehörgang reichende Haare können die Ursache von Entzündungen sein, denn das Ohrenschmalz kann nicht abfließen. Schneiden Sie diese Haare ab.
Der Schmutz aus den Augenwinkeln läßt sich mit einem nicht fusselnden Tuch und Borwasser entfernen.
Zecken saugen sich an allen Stellen des Körpers fest, sogar an der Innenseite des Behanges. Zunächst sind sie winzig klein. Erst wenn sie sich mit Blut vollgesogen haben, sieht man sie, oder sie fallen ab.
Stellen Sie Zecken fest, so beträufeln Sie sie mit Öl, Alkohol, Glyzerin, Benzin oder Butter. Drehen Sie die Zecken nach 10 Minuten links herum heraus.
Ist der Hund nervös, kratzt, beißt sich ins eigene Fell und hat er gerötete Haut, wird er von Ungeziefer geplagt.
Zur Abwehr von Zecken, Flöhen, Läusen und Haarlingen gibt es in den Apotheken und beim Tierarzt Mittel in Form von Puder, Spray, Shampoo sowie mit bestimmten Stoffen präparierte Halsbänder und, seit kurzem, ein flüssiges Präparat, das zwischen den Schulterblättern auf die Haut geträufelt wird und dessen Wirkung 4 bis 5 Wochen anhält.
Eine Bekämpfung des Ungeziefers muß auch in der Umgebung des Hundes vorgenommen werden (Lager, Decke, Teppich usw.).
Im Frühjahr und Herbst wechselt der Hund das Haar. Bei in der Wohnung gehaltenen Hunden kommt es vor, daß der Haarwechsel während des ganzen Jahres stattfindet. Besonders stark ist der Haarausfall in den ersten 2 bis 3 Wochen des Haarwechsels. Die Haarpflege muß dann sehr intensiv betrieben werden. Das tägliche Bürsten und Kämmen bei in der Wohnung gehaltenen Hunden ist immer notwendig, denn herumliegendes Haar kann uns den Hund schnell verleiden. Vorsicht ist bei Verwendung von Drahtbürsten geboten, die die Haut verletzen können. Werden Hunde auf Ausstellungen vorgestellt, sieht man oft, daß die Besitzer sie mit einem feuchten Ledertuch oder Handschuh polieren, damit das Fell glänzend wird.
Auch die Krallen müssen oft geschnitten werden. Das sollte der Tierarzt während des jährlich notwendig werdenden Impfens machen und ebenso den Zahnbelag entfernen.
Bei zu üppigem Haarwuchs zwischen den Zehen bilden sich bei Schnee und Matsch Klumpen, die bei der Jagd sehr hinderlich sind. Die Haare müssen deshalb herausgeschnitten werden.

Entwurmen

Auch äußerlich gesund aussehende Hunde haben Würmer, die dem Hunde lebenswichtige Bestandteile aus der Nahrung entziehen und oft lebensbedrohende Auswirkungen haben. Die Larven durchwandern den Hundekörper, schädigen die Organe und verursachen erhebliche Entzündungen.

Die Hunde nehmen die Wurmeier vom Erdboden, vom Fell und den Pfoten auf. Der Wurmbefall kann durch Kotproben frühzeitig erkannt werden. Bei Kindern ist die Ansteckungsgefahr besonders groß und gefährlich.
In den ersten 3 Lebensjahren ist der Wurmbefall beim Hund sehr groß und häufig. Bandwürmer haben die Hunde oft bis ins hohe Alter. Die Glieder dieses Wurmes werden laufend abgestoßen und mit dem Kot ausgeschieden. Die Ansteckungsgefahr ist für den Hund besonders groß auf den Viehweiden. Bei Hakenwürmern treten beim Hund Blutarmut und Durchfall auf. Der Peitschenwurm ist ebenfalls Blutsauger, der Abmagerung und Blutarmut verursacht.
Erstmals wird der Hund mit 18 bis 20 Tagen entwurmt. Weitere Wurmkuren müssen sich, je nach Befall, im Alter von 5, 7 oder 10 Wochen anschließen. Die geeigneten Wurmmittel gibt es in der Apotheke oder beim Tierarzt zu kaufen.
Nicht immer hat der Hund Würmer, wenn er „Schlitten fährt". Junge Hunde leiden oft an einer Verstopfung der Analdrüsen. Das Sekret sondert sich beim Lösen nicht ab und verursacht schwere Entzündungen. Durch Rutschen versucht der Hund, sich Linderung zu verschaffen. In hartnäckigen Fällen ist der Tierarzt zu Rate zu ziehen.

Impfungen

Allgemeines

Infektionskrankheiten des Hundes werden durch Kontakte von Hund zu Hund, anderen Tieren oder durch menschliche Kleidung übertragen. Überwiegend sind junge Hunde gefährdet.
Der Hund muß zum Zeitpunkt der Impfung gesund, frei von Parasiten und entwurmt sein. Die Schutzwirkung ist zeitlich begrenzt und unterschiedlich lang. Über den Impfplan und die zu verwendenden Impfstoffe muß der Tierarzt entscheiden. Irgendwelchen Belastungen darf der Hund in den folgenden 14 Tagen nicht ausgesetzt sein. Auch ein Besitzerwechsel sollte in dieser Zeit nicht vorgenommen werden.
Ein säugender Welpe erhält durch die Muttermilch einen Infektionsschutz, der aber ab der 6. Woche zu erlöschen beginnt. Jetzt müssen regelmäßig Impfungen erfolgen.
Lassen Sie sich vom Tierarzt einen Internationalen Impfpaß ausstellen, der alle notwendigen Angaben über den Hund und seine Impfungen enthält. Der Paß dient bei Auslandsreisen auch bei der Wiedereinreise als Nachweis, daß der Hund im Inland und nicht im Ausland erworben wurde.

Staupe

Die Zeit zwischen Ansteckung und ersten Krankheitserscheinungen dauert etwa 3 bis 7 Tage. Der Hund hat keinen Appetit, Fieber sowie Augen- und Nasenausfluß. Die Darmstaupe führt zu einer Entzündung mit

Durchfall und die Lungenstaupe ebenfalls zu einer Entzündung dieses Organs.

Ansteckende Leberentzündung
(Hepatitis)
Die Erscheinungsformen sind der Staupe ähnlich. Schmerzempfindlichkeit in der Bauchhöhle, Entzündungen im Rachenraum und nervöse Störungen sind Anzeichen dafür, daß der Hund erkrankt ist.

Parvovirose
Diese Krankheit kommt erst seit einigen Jahren bei uns vor, verursacht besonders bei sehr jungen Hunden Herzmuskelschwäche und in allen Altersstufen eine Darmentzündung mit blutigem Durchfall und Erbrechen; sie verläuft häufig tödlich.

Stuttgarter Hundeseuche
(Leptospirose)
Die Ansteckung erfolgt durch Mäuse und andere Tierarten sowie verunreinigte Teiche und Gräben. Es stellt sich eine Müdigkeit und ein Schwächezustand in den Läufen ein. Nierenentzündungen und Störungen im Bereich des Magen-Darm-Traktes mit Erbrechen und Durchfall deuten auf diese Infektion hin.

Tollwut
Die Tollwut wird vom Fuchs auf Mensch und Tier übertragen. Diese Krankheit verläuft immer tödlich. Die Ansteckung geschieht über den Speichel, der in die Biß- oder Kratzwunden gelangt. Nach 20 bis 60 Tagen treten erste Anzeichen, wie Unruhe, Scheue, Speichelfluß, Beißwut und zunehmende Lähmung, auf. Häufig verläuft die Krankheit auch als stille Wut. Es fehlt dann der Angriffstrieb.
An Tollwut erkrankte Tiere müssen gemäß der Verordnung zum Schutz gegen die Tollwut getötet werden, aber auch schon dann, wenn sie mit seuchenverdächtigen Tieren in Berührung gekommen sind. Bei Ansteckungsverdacht müssen Sie sofort einen Arzt aufsuchen. Eine vorbeugende Impfung gegen Tollwut ist sowohl beim Hund als auch beim Menschen möglich. Diese Schutzimpfung empfiehlt sich für alle Jagdhunde.

Unfälle

Bei einem Unfall muß der Hund sofort in ärztliche Behandlung. Ist dies nicht möglich, so bringen Sie ihn schnell in seine gewohnte Umgebung. Dort kommt er schneller zur Ruhe.
Dem ohnmächtigen Hund muß die Zunge herausgezogen werden (Erstickungsgefahr). Die Wunden müssen von Schmutz und Fremdkörpern gesäubert und die Haare um die Wundränder entfernt werden. Große Wunden werden mit einem Leinentuch oder Verbandsmaterial notdürftig verbunden und abgedeckt. Lange Schnittwunden werden zusammengepreßt und mit einer Binde umwickelt. Geringe Blutungen kommen von allein zum Stillstand. Legen Sie wieder-

holt einen mit kaltem Wasser getränkten Lappen auf die Wunde. Starke Blutungen müssen mit einem Druckverband an den Läufen durch Abbinden zum Stillstand gebracht werden. Blutstillendes Material haben Sie in Ihrem Verbandskasten, und eine Leine oder ein Gürtel ist sicherlich auch immer zur Hand. Der Druckverband darf höchstens 1 bis 2 Stunden angelegt werden. Damit sich der Hund nicht beleckt, muß er einen Maulkorb oder einen Plastikeimer tragen, dem der Boden herausgeschnitten wurde und der wie eine Manschette um den Hals gelegt wird. Angeklebtes Verbandsmaterial läßt sich mit lauwarmem Wasser von der Wunde lösen.

Knochenbrüche sind sehr schmerzhaft. Der Hund kann sich kaum bewegen und muß weich liegen. Kopfverletzungen haben bei jungen Hunden später oft Krämpfe zur Folge. Bei Verbrennungen helfen Kaltwassergüsse.

Krankheitserscheinungen

Diese Ausführungen können und sollen den Tierarzt nicht ersetzen. In erster Linie sollen sie dazu dienen, dem Tierarzt wichtige Hinweise für die Art der Erkrankung zu geben. *Vor allem interessiert den Tierarzt, wann die ersten Krankheitserscheinungen aufgetreten sind, wie sie sich äußern und der weitere Verlauf.*

Verabreichung von Arzneien.
Da der Hund die Nahrung schlingt, wickeln Sie die Medikamente in festes Futter. Flüssige Arzneien werden bei angehobenem Kopf seitlich in den Fang gegeben. Durch Anheben der Lefze bildet sich eine Tasche im hinteren Teil des Fanges, und hier hinein wird die Flüssigkeit gegeben. Nach Eingabe der Medikamente wird der Fang zugehalten und dem Hund die Kehle gestreichelt, damit er abschluckt.

Messen Sie bei Anzeichen von Krankheiten die *Temperatur* des Hundes zu Hause, denn durch verständliche Erregung in der Tierarztpraxis kann die Temperatur beeinflußt werden. Bei Temperaturen unter 37 °C oder über 39 °C muß immer der Tierarzt aufgesucht werden. Gemessen wird die Temperatur, indem das Thermometer etwa zur Hälfte in das Waidloch eingeführt und für mindestens 5 Minuten dort belassen wird.

Der Puls des Hundes ist auch im gesunden Zustand oft unregelmäßig, braucht also nicht ein Zeichen von Krankheit zu sein. Auch das Hecheln ist nicht immer ein Anzeichen für eine Krankheit. Der Hund hechelt nicht nur im Erregungszustand, sondern auch bei großer Anstrengung und Hitze. Bei Kreislaufschwäche atmet er schneller und schwerer. Bei Hitzschlag bekommt der Hund Krämpfe, zittert und hechelt stark. Er muß sofort in den Schatten, zu starke Abkühlung kann jedoch den Kreislauf gefährden.

Mattes, glanzloses Fell, Freßunlust, trübe Augen, unruhiges oder apathisches Verhalten und häufiges Trinken sind Anzeichen für Erkrankungen. Die meisten Erkrankungen sind auf falsche Ernährung zurückzuführen.

Häufig kommen *Augenentzündungen* durch Zugluft vor. Fremdkörper, Verletzungen und ein eingestülptes oder nach unten gezogenes Augenlid sind ebenfalls die Ursache. In leichten Fällen lassen sich die Entzündungen durch Augensalbe, Tropfen oder Kamillenspülungen beseitigen.

Ebenso oft kommt es zu *Entzündungen durch Eindringen von Schmutz, Wasser und Fremdkörpern in den Gehörgang* (Ohrenzwang). Vermehrtes Schütteln des Kopfes, vorsichtiges Kratzen am Behang und eine schiefe Kopfhaltung sind typische Zeichen hierfür. Außerdem ist die Haut stark gerötet, und aus dem Ohr kommt starker unangenehmer Geruch. Die Entzündung muß sofort behandelt werden, damit kein kaum zu heilendes, chronisches Leiden entsteht. Die Reinigung muß sehr vorsichtig mit lauwarmem Öl oder Borsäureglyzerin vorgenommen werden. Zur Reinigung dürfen keine scharfen oder spitzen Gegenstände verwendet werden, sondern die gebräuchlichen Wattestäbchen.

Der *Nasenspiegel* ist bei gesunden Hunden feucht und kalt. Bei fieberhaften Erkrankungen ist er trocken, rissig und warm. *Niesen, Husten und Nasenausfluß* entstehen durch Erkältungen, die die Ursache einer ganzen Reihe von Krankheiten sind (Blase, Nieren, Lungen usw.). Die Hunde trinken dann viel, magern schnell ab, erbrechen, fressen kaum und nässen oft. Die normale *Farbe des Urins* ist hellgelblich bis ins Rötliche gehend, klar und dünnflüssig.

Bei *Entzündungen der Mundhöhle* ist der Fang immer geöffnet. Aber auch Fremdkörper zwischen den Zähnen und im Rachenraum sind oft die Ursache, sie können auch einen Reizhusten auslösen. So hatte sich z. B. im Rachenraum eines Rüden ein Knochen hinter den Zähnen verklemmt. Der Rachenraum war leicht geschwollen. Dies wurde erst bei der Gebißkontrolle auf einer Zuchtschau entdeckt. In einem anderen Fall hatte sich ein nicht längs aufgeschnittenes Schlundstück festgesetzt. Deshalb muß der Mundraum öfter kontrolliert werden (Zähne, Zunge).

Verletzungen der Ballen kommen bei Jagdhunden recht häufig vor. Steiniger und gefrorener Boden, Schotter und Eis sind die Ursachen. Hier helfen nur Ruhe, Einpudern oder Einsalben und Verbinden. Mit sogenannten Schuhen habe ich keine guten Erfahrungen gemacht. Entzündungen zwischen den Zehen werden durch Schmutz und Eisballen hervorgerufen. Hierfür gibt es ebenfalls Puder und Salbe. Ein Schutzverband ist zur Verhinderung des Leckens unbedingt notwendig.

Geschwüre an der Rutenspitze sind bei langhaarigen Hunden häufig. Sie entstehen durch Anschlagen an scharfes Gras und Sträucher bei der Feld- und Wasserarbeit sowie beim Buschieren und Stöbern. Die Hunde belecken die Stelle intensiv, weil ein Juckreiz entsteht. Kleine Verletzungen heilen von allein ab. Der Schorf kann vorsichtig gelöst und die Rutenspitze eingepudert werden. In hartnäckigen Fällen amputiert der Arzt die kranke Spitze. Beim Buschieren und Stöbern sind manchmal eitrige Entzündungen am Körper die Folge, die sich nach einigen Tagen öffnen und eintrocknen.

Verstauchungen und Verrenkungen gibt es oft bei den Jagdhunden. Meist sind sie ungefährlich und bessern sich bereits nach kurzer Zeit.

Hüftgelenksdysplasie, die Abflachung der Gelenkpfanne des Hüftgelenks, kommt bei unseren Hunden sehr selten vor. Lahmes Laufen, verbunden mit Schmerzen, weist hierauf hin.

Bei einer größeren Anzahl von Insektenstichen oder Schlangenbissen muß der Arzt unverzüglich aufgesucht werden. Auf jeden Fall muß der Hund im Schatten liegen. Kaltwasserumschläge helfen bei Insektenstichen.

Rattengift, Schädlingsbekämpfungsmittel, verdorbenes Futter und faules Wasser bewirken *Vergiftungen.* Sie äußern sich in unsicherem Gehen, Krampfanfällen, Freßunlust, Fieber und plötzlichem Haarausfall sowie blutigem Durchfall. Helfen kann nur der Tierarzt.

Bei Knochen- und Trockenfütterung kommt *Verstopfung* vor. Viel Bewegung, Nahrungsumstellung, Schleimfütterung und Rizinusöl verschaffen Abhilfe.

Durchfall und Erbrechen lassen auf eine schwere Magenverstimmung schließen. Auch hastiges Fressen und die Aufnahme von unverdaulichen Substanzen lösen Erbrechen aus. Frißt der Hund Gras, so wird er bald darauf die unverdaulichen Teile erbrechen. Schwarzer Tee, Kamillentee und Tierkohle helfen insbesondere bei Durchfall, aber auch 1 bis 2 Tage Fasten. Der Hund bekommt lediglich Wasser und leicht verdauliche Nahrung in kleinen Portionen.

Hunde, die sehr viel im Wasser arbeiten, haben meist *Rheuma.* Sie scheuen jede Bewegung vor Schmerz, wollen sich nicht einmal lösen oder nässen. Der Hund braucht Wärme. Einreibungen mit Kampferspiritus oder Rotlichtbestrahlungen verschaffen Linderung.

Die *Scheinträchtigkeit* ist im eigentlichen Sinne keine Krankheit, kann es aber werden, wenn sich Knoten am Gesäuge bilden. Einige Wochen nach der Hitze stellt sich eine eingebildete Schwangerschaft ein. Das Gesäuge schwillt an, und aus den Zitzen tritt Milch aus. Die Hündin ist unruhig, jammert, verkriecht sich und baut ein Nest, was Sie verhindern müssen.

Der Hund darf in dieser Zeit nicht übermäßig abgeliebelt werden. Die Hündin muß viel bewegt, das Futter reduziert und das übermäßige Trinken verhindert werden. Reiben Sie die Milchleiste mit Essigwasser oder verdünnter essigsaurer Tonerde ab und lassen Sie die Lappen einige Zeit darauf liegen. Die Hündin darf die Milch auch nicht absaugen.

Fütterung

Bis zur 4. Lebenswoche lebt der Welpe ausschließlich von der Muttermilch. Bis zur 8. Woche wird er 4mal, bis zum 6. Monat 3mal, bis zu einem Jahr 2mal und dann nur noch 1mal täglich gefüttert. Die Fütterung muß immer zur selben Zeit erfolgen. Nach dem Füttern braucht der Hund Ruhe. Ein Grundübel ist die einseitige Ernährung. Das Futter sollte aus sehnenarmen, nicht zu fetthaltigem Fleisch und Nährmitteln (Reis, rohe Haferflocken, Sojaschrot usw.) bestehen. Das Fleisch kann vom Rind, Pferd oder Geflügel sein. Geeignet sind Kopffleisch, Herz, Pansen, Schlund, Lunge, Leber und Milz, Niere, Fisch (große Gräten und Flossen entfernen) und Wildbret. Werden Schlund und Kehlkopf verfüttert, müssen sie immer längs aufgeschnitten werden. Knochen haben einen geringen Nährwert und führen leicht zu Verstopfungen. Scharfkantige oder gesplitterte Knochen dürfen auf keinen Fall gereicht werden. Als Zusatz müssen gegeben werden: geriebene Mohrrüben, gehacktes Gemüse, Obst und Quark je nach Jahreszeit und Vorhandensein. Der junge Hund muß hin und wieder ein rohes Ei, Kalbsknochen oder Kalktabletten erhalten.

Rohes Fleisch und ungekochte Schlachtabfälle sind die Hauptursache für Infektionen des Hundes, weil hier die Gefahr besteht, daß Parasiten und Salmonellen aufgenommen werden. Schweinefleisch sollte niemals verfüttert werden. In Zusammenhang hiermit tritt immer häufiger ein Virus auf, das zu der für den Hund stets tödlichen Aujeszkyschen Krankheit führt. Abgekocht werden sollten alle Innereien, Maulfleisch und Wildbretteile, wie Bauchlappen usw.

Fertigfutter ist oft leichter zu beschaffen und enthält in der Regel alle Nährstoffe. Es kann Frischfleisch jedoch nicht ersetzen. Fertigfutter gibt es auch als Vollkost (Hauptmahlzeit). Außerdem gibt es im Handel Trokkenfleisch und -fisch; beides ist lange haltbar. An Fertigfutter muß der Hund sich erst gewöhnen. Oft stellt sich anfangs Durchfall ein. Büchsennahrung verträgt nicht jeder Hund, sie sollte nur in Ausnahmefällen gegeben werden.

Ausgewachsene Hunde bekommen morgens einige Hundekuchen und die Hauptmahlzeit in den Mittagsstunden.

Achten Sie darauf, daß das Futter handwarm und nicht sauer ist. Frisches Wasser muß immer bereit stehen.

Immer wieder wird die Frage nach der Menge gestellt. Es kommt nicht auf die Menge, sondern auf die Quali-

tät an. Als Faustregel möge gelten, daß der KlM pro Tag etwa 500 g Fleisch benötigt, dazu eine Handvoll Nährmittel. Läßt der Hund in seiner Schüssel Reste zurück, so war es in der Regel zuviel Futter. Nehmen Sie die Reste sofort weg.
Die Hunde schlingen oft mehr in sich hinein, als sie vertragen können. Sie brechen es wieder aus; in diesem Fall ist das Erbrechen also nicht als krankhaft anzusehen.
Bei wenig Bewegung muß die Nahrungsmenge reduziert und bei größerer Beanspruchung erhöht werden. Wird der Hund zu feist, so geben Sie eine zeitlang nur die Hälfte der bisherigen Futtermenge und lassen die Nährmittel weg. Am besten ist es, nur mageres Fleisch zu verabreichen. Vor allen Dingen dürfen zwischen den Mahlzeiten keine Leckerbissen gegeben werden.
Das Futter kann, in Portionen geschnitten, im Kühlschrank oder in der Tiefkühltruhe aufbewahrt werden. Halbverdorbenes Fleisch darf nicht eingefroren werden. Bevor das gefrorene Fleisch verfüttert wird, muß es durch und durch erwärmt sein.
Wenn keine andere Aufbewahrungsmöglichkeit besteht, können Sie im Sommer das Fleisch auch ohne Konservierungsmittel in einem mit Wasser gefüllten Eimer aufbewahren. Nach 2 bis 3 Tagen muß das Wasser erneuert und zuvor das Fleisch gründlich abgespült werden. Der Eimer wird mit Drahtgeflecht oder einem Tuch abgedeckt und so vor Fliegen geschützt.
Die Futter- und Trinkschüssel müssen aus nichtrostendem Material bestehen. Sie müssen täglich gereinigt werden, damit sich keine Bakterien bilden können.

Auf Reisen

Bei Bahn- und Luftreisen müssen Sie sich nach den Reisebestimmungen erkundigen, da die Beförderungsrichtlinien unterschiedlich sind.
Nehmen Sie den Hundekorb, eine Decke oder den Jagdmantel mit auf die Reise. Während der Fahrt kann der Hund hierauf liegen. Er wird sich viel ruhiger verhalten. Ferner sollten Sie einen Vorrat an Fertigfutter, eine Futterschüssel, einen Kanister oder eine Thermosflasche mit Frischwasser für die Fahrt sowie eventuell erforderliche Medikamente mitnehmen, die er auch im Hause benötigt. Dazu gehören auch vom Tierarzt verschriebene Beruhigungsmittel für solche Hunde, die sich immer noch nicht an das Autofahren gewöhnt haben. Bedenken Sie aber, daß die Mittel sehr lange wirken, also auch noch nach der Fahrt.
Geht die Reise ins Ausland, müssen Sie sich beim Konsulat, Reisebüro oder Autoclub über die dort geltenden Bestimmungen für die Ein- und Ausfuhr informieren. Das gilt insbesondere für die mitgeführten Lebens- und Futtermittel. Einige Länder verbieten strengstens die Einfuhr. Fast alle Länder verlangen die Tollwutschutzimpfung und eine amtstierärztliche Bescheinigung. Bei der Wiedereinreise verlangen die deutschen Zollbehörden oft den Identitätsnachweis zur Verhinderung unerlaubter Einfuhren. Als Nachweis gilt der Internationale Impfpaß. Sie sollten ihn deshalb immer dabei haben.
Unterschiedliche Reaktionen zeigen die Hotels. Über hundefreundliche Unterkünfte gibt es ein Spezialverzeichnis, oder aber Sie sprechen vorher mit der Hotelleitung.
Bei allen Reisen sollten Sie den Hund längere Zeit vor Reiseantritt auf die Fütterungsmöglichkeiten am neuen Aufenthaltsort einstellen. Dies betrifft insbesondere die oft notwendige Umstellung der Fütterung auf Trockenfutter.
Obwohl das Autofahren für den Hund Gewohnheitssache ist, treten doch hin und wieder Übelkeit und Erbrechen auf. Dem können Sie vorbeugen. Am Vorabend und vor Fahrtantritt muß der Hund ausgiebig bewegt werden. Vor und während der Fahrt bekommt der Hund allenfalls leichte Kost, sonst nichts. Ein paar Hundekuchen und Frischwasser genügen vollkommen. Wegen des Brechreizes darf der Hund keine Milch trinken.
Ideal ist es, wenn der Hund auf der mit einem Drahtgitter abgeteilten Ladefläche liegen kann. Er darf nicht angeleint sein, damit er sich nicht selbst erwürgt.
Einen ruhigen und gehorsamen Hund können Sie im Fußraum des Beifahrers auf einer Decke, nicht Gummimatte, liegen lassen oder auf dem Rücksitz, aber niemals auf der Kleiderablage unter der Heckscheibe. Beim plötzlichen Bremsen wird er vom Sitz geschleudert und gefährdet sich und den Fahrer erheblich.

Das Liegen auf dem Rücksitz hat den Vorteil, daß der Hund sich ausstrekken und ruhen kann. Er darf aber nicht auf einem glatten Plastikbezug (Schonbezug) liegen, weil er beim Aufstehen oder Aufspringen bei plötzlichem Bremsen keinen festen Halt findet.
Halten Sie alle 2 bis 3 Stunden an einem schattigen Platz und gehen Sie mit dem angeleinten Hund längere Zeit spazieren. Das tut allen gut. Bieten Sie ihm zu trinken an, vergessen Sie aber nicht, die Schüssel wieder mitzunehmen. Wird der Hund unangeleint ausgeführt, so darf dies nur geschehen, wenn er den Wagen nur auf Befehl verläßt. Sonst passiert es, daß er ungestüm nach der langen Fahrt aus dem Wagen springt und überfahren wird.
Vor dem Aufsuchen einer Raststätte stellen Sie den Wagen so in den Schatten, daß die weiter wandernde Sonne das Auto nicht voll erreicht. Drehen Sie die Scheiben beider Seiten so weit herunter, daß der Hund sich nicht durchzwängen oder den Kopf herausstecken kann. Er muß jedoch genügend Frischluft bekommen.
Können Sie den Hund nicht mitnehmen, so gibt der Tierschutzverein oder der Tierarzt Auskunft über zuverlässige Hundepensionen. Am besten ist es, wenn ein Jagdfreund oder eine andere Vertrauensperson während Ihrer Abwesenheit den Hund im Hause betreut.

Haftpflichtversicherung

Der Jäger ist gesetzlich verpflichtet, eine Jagdhaftpflichtversicherung abzuschließen. Die Versicherungsunternehmen haben sehr unterschiedliche „Besondere Bedingungen und Risikobeschreibungen", die Sie sich sehr genau durchlesen müssen.
In der Regel ist der Jäger mitversichert als Halter, Abrichter und Ausbilder von höchstens 2 brauchbaren oder sich nachweislich in jagdlicher Abrichtung befindlichen Jagdhunden. Die Brauchbarkeit ist nachzuweisen durch eine bestandene Brauchbarkeitsprüfung oder durch die Bescheinigung einer Jagdbehörde oder jagdlichen Organisation, daß es sich um einen zur Jagd brauchbaren Hund handelt. Die Abrichtung sollte normalerweise im Alter von 2 bis 3 Jahren abgeschlossen sein.
Der Versicherungsschutz gilt nicht nur für die Verwendung der Hunde bei der Jagdausübung, sondern auch für Schäden außerhalb der Jagd und somit auch für die Teilnahme an Prüfungen.
Eine besondere Versicherung ist für Hundezwinger und für nicht jagdlich geführte Hunde zur Abwendung von finanziellen Belastungen durch Schäden unbedingt notwendig.

Erziehung des Junghundes

Eingewöhnen

Jeder Hund, ob jung oder alt, benötigt eine Zeitspanne, bis er sich mit seiner neuen Umgebung vertraut gemacht hat. In der ersten Woche sollten Sie sich mit dem Welpen viel beschäftigen. Bedenken Sie aber, daß Hunde ein großes Ruhebedürfnis haben und die meiste Zeit des Tages im Halbschlaf verdösen. Fängt der Hund – allein gelassen – an zu jammern oder gar zu kläffen, kann das für die Familie und für die Nachbarn zur Belastung werden.
Laufen Sie nicht sofort zu ihm. Bald hat er gemerkt, daß jemand kommt, wenn er laut wird. Vermitteln Sie ihm das Gefühl, daß Sie immer bei ihm sind, auch wenn er Sie nicht sieht. Liegt der Hund auf dem Flur und jammert, so schließen Sie die Zimmertür und schelten ihn aus. Jault er trotzdem weiter, so müssen strengere Maßnahmen ergriffen werden. Ein Schlag mit der zusammengefalteten Zeitung oder ein scharfes Wort genügen oft beim Welpen. Verlassen Sie die Wohnung und stellen Sie sich für einige Minuten hinter die geschlossene Tür. Schlägt er an, so rufen Sie ihn zur Ordnung. Bei der Zwingerhaltung können Sie es ähnlich machen. Stellen Sie sich an die abgedeckte Seite.
Viele seelische Störungen mit den damit verbundenen Lautäußerungen sind auf Unruhe innerhalb der Familie zurückzuführen. Wird dauernd geschimpft und gebrüllt, wird auch der nervenfeste Hund allmählich unruhig und unausgeglichen.
Wird der Welpe in der Wohnung gehalten, so will er anfangs all das tun, was er in der Geschwistermeute auch getan hat: zerren, beißen und raufen. Ist das Tischbein erst angenagt oder der Teppich zerrissen, hängt der Haussegen schief. Unterbinden Sie diese Unarten von vornherein. Die Gefahr besteht besonders während des Zahnwechsels. Geben Sie ihm einen Knochen aus Büffelhaut (nicht aus Gummi).

Stubenrein

Grundsätzlich sollte der Hund frühmorgens nach dem Aufstehen und nach dem Füttern ausgeführt werden. Wird der Hund unruhig oder will er die Hockstellung einnehmen, so führen oder tragen Sie ihn sofort ins Freie und immer an dieselbe Stelle. Hochgehoben wird der Welpe, indem er mit der einen Hand unter das Hinterteil und mit der anderen Hand unter die Brust gefaßt wird. Hat er sich gelöst, loben Sie ihn tüchtig. Passiert es mal in der Wohnung, so stoßen Sie ihn nicht mit der Nase hinein, sondern führen ihn sofort hinaus. Die gesäuberte Stelle kann mit Essig oder Sagrotan gereinigt werden, denn sonst setzt er sich wieder dorthin. Ertappen Sie ihn auf frischer Tat, gibt es einen Klaps auf das Hinterteil.
Auch der im Zwinger gehaltene

Hund sollte stubenrein erzogen werden, denn es kommt sicherlich vor, daß er auf Reisen oder Jagden mit in das Gastzimmer genommen wird. Sonst ergeht es Ihnen wie mir mit dem Rüden meines Vaters, Wotax Vicia 14972. Vater war einige Tage verreist, und ich nahm Wotax zu mir in die Wohnung. Tante Frieda kam vom Lande zu Besuch. Sie hatte ihr bestes Schwarzseidenes an. Wotax erhob sich gemächlich von seinem Platz, nahm Witterung von der auf dem Sessel sitzenden alten Dame und hob blitzschnell den Hinterlauf.
Ist der Hund nach einigen Wochen noch nicht stubenrein, so liegt es an der falschen Erziehung und einer seelischen Störung. Dies traf auch auf einen 9 Monate alten Rüden zu, der im Auto sogar den abgesetzten Kot unter die Gummimatte im Beifahrersitz scharrte. Er wechselte dann den Besitzer und innerhalb 2 (!) Tagen war der Hund stubenrein.

Leinenführigkeit

Stets ist der Hund an der linken Seite an der leicht durchhängenden Leine zu führen.
Der Hund orientiert sich vorzugsweise an Wänden, Zäunen oder Feld- und Straßenrändern. Beim Hinauf- und Herabgehen einer Treppe orientiert er sich nur an der Wand und läßt sich auch nicht von entgegenkommenden Personen davon abhalten. Ähnlich verhält er sich im Revier. Machen Sie sich dies beim Üben zunutze.
Der KlM umkreist aus Naturanlage seinen Herrn und geht deshalb oft nicht gern an der Leine, ohne zu zerren.
Beginnen Sie die Übung erst dann, wenn sich der Hund vorher frei bewegt hat. Dann geht er bereitwilliger an der Leine und leistet nicht soviel Widerstand.
Zu Beginn der Übung wird er zerren und in die Leine beißen. Sprechen Sie ihn an. Für einen Moment wird er Sie erstaunt anäugen und das Zerren vergessen. Loben Sie ihn sogleich.
Ein leichter Schlag mit der Gerte auf die Vorderläufe und der Leinenruck machen ihm nachdrücklich klar, daß er nicht vorprellen darf. Das erzwingt die Aufmerksamkeit des Hundes. Er wird bald mit einem „Auge" zum Herren schielen und auf ihn achten.
Machen Sie auch bei wechselndem Tempo plötzlich eine Drehung nach rechts oder links, bleiben Sie wiederholt stehen und gehen Sie auch im Wald an Bäumen oder ähnlichen Hindernissen vorbei.

Die ersten Monate im Leben eines Welpen

In der freien Natur übernehmen die Elterntiere die Aufgabe, die Jungen auf das zukünftige Leben vorzubereiten. Für den Welpen übernehmen Sie es. Dessen sollten Sie sich bewußt sein und entsprechend handeln.
Der Welpe muß und will seine Umwelt erkunden; dabei müssen wir ihm helfen. Nehmen Sie ihn – wenn irgend möglich – auf jeden Gang mit.

Der Hund, der von Anbeginn seine Umgebung kennenlernt, wird es leichter haben als derjenige, der sich allein überlassen bleibt. Die Seele des Welpen ist wie ein weißes Blatt Papier, das durch Ihre Erziehung beschriftet wird. Seine Auffassungsgabe und Merkfähigkeit müssen geschult werden. Nutzen Sie deshalb seinen Spieltrieb! Durch häufiges Wiederholen entwickelt sich unmerklich ein Muß! Durch Lob und Tadel kann dies beeinflußt werden.

Der Tätigkeitsdrang wächst von Tag zu Tag. Dies kann dazu genutzt werden, seine jagdlichen Anlagen zu wecken und zu fördern.

Zu dieser Zeit sind jedoch weder Sinne noch Organe voll ausgebildet, und der Spieldrang ist viel stärker als sein Arbeitsdrang. Deshalb wird mit dem Spiel viel mehr als mit Zwang erreicht. Es wäre auch falsch, die Abrichtung in die ersten Monate des Welpen vorzuverlegen und dem Hund durch Muß und Zwang die Jugendzeit zu rauben. Kommt er dann in die Flegeljahre, werden Sie es doppelt schwer mit ihm haben, denn was sich in ihm aufgestaut hat, wird dann voll ausbrechen.

Der Hund braucht viel Bewegung zur Stärkung der Sinne und Organe. Er braucht aber auch die Begegnung mit seinen Artgenossen und den Menschen, damit er nicht scheu, ablehnend, bissig und nicht zu sehr auf seinen Herrn geprägt wird. Die Folge kann sein, daß er später im Feld, Wald und Wasser nicht außer Sichtweite des Herrn arbeitet.

Junge Hunde reagieren unterschiedlich auf Geräusche. Sie müssen ihn allmählich an alle Zivilisationsgeräusche heranführen (Kraftwagen, Radio, Kinderlärm, Staubsauger usw.). Mit dem Zerschlagen von Papiertüten und dem Schießen mit Kinderpistolen können Sie ihn ebenfalls an Geräusche gewöhnen (siehe auch den Abschnitt „Gewöhnen an das Schießen").

Angeborene Ängstlichkeit ist nur sehr schwer, wenn überhaupt, zu beheben. Jedoch kann die Angst abgebaut werden. Die modernsten Mittel sind Tonbandgeräte, mit denen alle möglichen Situationen durchgespielt werden können. Das trifft insbesondere auf die Gewitter- und Schußscheue zu.

In der ersten Zeit müssen die Kampfspiele der Geschwister durch Sie ersetzt werden. Mit wahrer Leidenschaft streitet sich der kleine Kerl mit Ihnen um alte Tücher, Socken, Bälle oder Handschuhe. Zur Stärkung des Selbstbewußtseins sollten Sie ihm nach kurzem Spiel den Gegenstand überlassen. Er soll der Sieger sein. Das vergißt er nie und will noch im hohen Alter mit Ihnen dieses Spiel fortsetzen.

Alle Hunde setzen, legen sich, kommen zu uns und geben Laut aus den verschiedensten Gründen. Nutzen Sie es und wenden Sie die jeweiligen Befehle an („Sitz, Halt, Hierher, Gib Laut"). Seien Sie in der Gestaltung der Übungen erfinderisch. Beobachten Sie den Hund während des Spiels, und Sie erhalten wertvolle Aufschlüsse.

Verwenden Sie nie einen Kosenamen, immer nur den Rufnamen,

denn sonst verwirren Sie den Hund, und er weiß nicht, ob er oder ein anderer gemeint ist. Einige weitere Erläuterungen finden Sie im Abschnitt „Gehorsam”.

Alle nachstehenden Übungen dürfen nicht gleichzeitig gemacht werden, sondern in der geschilderten Reihenfolge.

Ein gutes Mittel für die Vorstufe der Abrichtung ist das Futter. Locken Sie ihn mit dem Ruf „Hierher” und einem Fleischbrocken. Er wird kommen, weil er hungrig ist. Legen oder hocken Sie sich auf den Boden. Jetzt sind Sie nicht mehr der „große Mann”, sondern ein Wesen auf seiner Ebene. Das reizt ihn besonders stark. Oder laufen Sie weg von ihm und rufen ihn zu sich. Sein Spieltrieb und seine Anhänglichkeit sind so ausgeprägt, daß er kommt.

Halten Sie ihm ein Stück Fleisch solange vor den Fang, bis er danach springt. Bald wird er sich setzen, und in diesem Moment sagen Sie „Sitz”.

Legt sich der Hund einmal zufällig hin, so heißt es „Halt”. Also keine Gewalt anwenden.

Die Freude kommt beim Welpen oft dadurch zum Ausdruck, daß er alle möglichen Gegenstände, wie Schuhe, Hut, Stock, Handschuhe usw. bringt. Es wäre falsch, ihn zu veranlassen, sehr harte Gegenstände, wie Steine, zu bringen, da das Gebiß darunter leidet, denn erst mit 5½ Monaten ist es voll entwickelt.

Auf einfache Weise kann er überlistet werden, den Gegenstand auszugeben. Halten Sie dem hungrigen Hund ein Stück Fleisch vor den Fang. Er wird den Gegenstand fallen lassen und schon kommt der Befehl „Aus”. Oder warten Sie, bis er den Gegenstand fallen läßt, weil es ihm zu langweilig wird. Auch bei Ablenkungen durch andere Menschen und Hunde läßt er den Gegenstand fallen.

Durch die Futterschleppe und Führerfährte lernt er, seine Nase zu gebrauchen und einer Leitlinie zu folgen. Auf kurzbewachsenem Boden wird mit einem Bindfaden eine Schleppe von zunächst 10 bis 20 Schritt gelegt. Die ersten Schleppen sollten frei gearbeitet werden, denn durch die Leine fühlt der Hund sich in seiner Bewegung behindert. Interessiert wird er der Duftspur mit dem Ruf „Such” folgen und am Ende der Schleppe das Fleisch gierig fressen. Länge und Stehzeit müssen allmählich gesteigert und ein Bogen oder Haken eingelegt werden. Die Schleppe kann auch an der Futterschüssel enden, die so abgedeckt wird, daß er nicht gleich fressen kann. Wütend wird er kratzen und zerren, knurren und bellen. Dann heißt es „Gib Laut”, und Sie ziehen die Decke von der Schüssel. Oder halten Sie ihm einen Fleischbrocken oder die Futterschüssel so vor den Fang, daß er danach springen muß. Bald wird er lautgeben.

Eine andere Möglichkeit ist die Arbeit auf der Führerfährte. Läuft der Hund voraus, verstecken Sie sich. Der Hund wird Sie bald vermissen und suchen. Entweder er läuft aufgeregt hin und her, oder er nimmt schon mal die Nase herunter und sucht auf dem Boden. Oder Sie übergeben einem Helfer den Hund und verstekken sich. Jetzt weist der Helfer mit der Hand auf den Boden und sagt lediglich „Such". Loben Sie ihn stets, wenn er Sie gefunden hat.

Unseren Hunden fehlt es meist nicht an der Hetzpassion. Vermeiden Sie deshalb zügelloses Hetzen von Vögeln und Geflügel nach der Devise: Der Hund muß sich auslaufen. Auch darf er sich nicht intensiv mit den Mäuselöchern beschäftigen. Sie können es ihm später nur sehr schwer wieder abgewöhnen.

Sollte die Hetzpassion, das Greifen und Fassen, nicht stark ausgeprägt sein, so können Sie diese sehr gut mit der Übungsangel fördern. Sie besteht aus einer Stange, einem Bindfaden, und daran wird ein Gegenstand befestigt (Balg, Deckenstück oder Wild). Durch ruckweises Ziehen versuchen Sie, die Aufmerksamkeit des Hundes zu wecken. Das Tempo wird gesteigert, sobald er fassen will oder folgt.

Ich halte es aber für falsch, nur aus Bequemlichkeit dem Hund durch die Angel Bewegung verschaffen zu wollen. Es besteht die Gefahr, daß er zu einem übermäßig starken Hetzer heranwächst.

Mit der Angel wollen einige Rüdemänner dem jungen Hund auch das Halt, Vorstehen und vieles andere mehr beibringen. Hierdurch kann der Spieldrang völlig unterdrückt werden und sich in den Flegeljahren negativ auswirken. Er ist dann kaum noch zu bändigen, höchstens mit Starkzwang.

Das Greifen und Fassen können Sie ebensogut mit einem am Bindfaden befestigten Gegenstand erreichen, den Sie in schnellem Schritt oder Galopp vor dem folgenden Hunde herziehen.

Der Hund muß sich auch an Haustiere gewöhnen, die dem jungen Hund schon den nötigen Respekt beibringen, wenn er versucht, zu hetzen und zu reißen.

Gewöhnen an das Schießen

Mit 5 oder 6 Monaten, je nach körperlicher und seelischer Verfassung, muß der Hund an das Schießen gewöhnt werden. Für solche Übungen eignen sich keine Hallen, Höfe oder sonstige einengende Stellen, die den Schußknall verdoppeln und ein starkes Echo hervorrufen.

Wer über die Möglichkeit verfügt, kann mit der Pistole beginnen, die ebenso wie das Kleinkalibergewehr aber einen harten Knall verursacht, der anfangs für manchen Hund sehr unangenehm ist.

Im Regelfall wird mit dem Flintenschuß begonnen. Geschossen wird im Feld in einem Abstand von 100 Schritt vom Hund. Allmählich wird die Distanz auf 20 bis 30 Schritt verringert.

Sie brauchen anfangs nicht selbst zu schießen. Das empfiehlt sich besonders dann, wenn der Hund geräuschempfindlich ist. Während der Schußabgabe wird der Hund gestreichelt und beruhigend auf ihn eingeredet. Allmählich wird er mit den Geräuschen immer vertrauter.

Schußscheue

Die Vorstufe der Schußscheue ist die Schußempfindlichkeit. Sucht der Hund nach dem Schußknall ängstlich Schutz beim Führer, nimmt aber innerhalb einer Minute die Arbeit wieder auf, so ist er nach allgemeiner Auffassung „schußempfindlich". Sie ist als „leicht" einzustufen, wenn nur eine allgemeine Einschüchterung erkennbar ist und die Arbeit nicht unterbrochen wird. „Stark schußempfindlich" ist er, wenn die Arbeitsverweigerung bis zu fünf Minuten dauert. Darüber hinaus ist es „Schußscheue", denn der Hund entzieht sich der Einwirkung seines Führers.

Ist wirklich jeder Hund, der nach dem Schuß zusammenzuckt mit Erbmängeln belastet? Spricht nicht dagegen, daß der größte Teil der im Frühjahr als „leicht schußempfindlich" eingestuften Hunde im Herbst nicht mehr auf den Schußknall reagiert?

Geräuschempfindlichkeiten können auch mit akuten Ohrenerkrankungen zusammenhängen.

Probleme vermag es auch bei Gewässern mit hohen Ufern (Kiesgruben), stark bewachsenen Böschungen und Schonungen zu geben.

Hunde aller Rassen zuckten nach dem Schußknall und dem rollenden Echo zusammen, andere machten eine Drehung oder standen senkrecht im Wasser. Geschossen wurde auch, als der Hund noch im „Anflung" war und die Schrote auf nahe Entfernung im Überschallbereich an ihm vorbeiflitzten.

Aber auch Verletzungen durch abgeprallte Schrote lösen unerwünschte Reaktionen aus. Der Winkel, unter den abgeprallte Schrote weiterfliegen, ist schwerberechenbar. Selbst ein Winkel von 45 Grad ist nicht selten. Bei Verwendung des neuartigen Stahlschrotes ist besondere Vorsicht geboten. Diese Schrote haben ein völlig anderes Ablenkverhalten als Bleischrote.

Hund und Wild dürfen deshalb bei Schußabgabe nie zu nah bei einander sein.

Ohne Ausbildungsfehlern verlieren sich Empfindlichkeit und Scheue schnell von allein.

In schweren Fällen erfordert die Korrektur viel Geduld und Einfühlungsvermögen. Der Hund muß systematisch wieder an das Schießen gewöhnt werden. Lassen Sie ihn Wild hetzen und schießen Sie in die Luft, wenn er etwa 100 Schritt entfernt ist. Oder lassen Sie einen Helfer ein Stück Wild in die Luft oder Dickung werfen und schießen Sie in die Luft und zwar in Richtung des Wildes.

Gehorsam

Grundsätzliches

Je nach körperlicher Verfassung des Hundes wird mit 6 bis 7 Monaten damit begonnen, den Gehorsam systematisch zu üben. Nun wird aus dem spielerischen Üben ein unbedingtes Muß.
Vor Beginn der Übungen muß sich der Hund ausgelaufen, gelöst und genäßt haben. Gefüttert wird erst nach der Arbeit. Wegen der großen Ablenkungsgefahr wird an abgelegenen Stellen begonnen. Treten Ermüdungserscheinungen auf, wird eine größere Pause eingelegt oder die Übung für kurze Zeit unterbrochen. Eine neue Übung wird erst begonnen, wenn die vorangegangene richtig verstanden und ausgeführt ist.
Es ist für Sie eine große Hilfe, wenn Sie das Wesen Ihres Hundes genau erkannt haben. Manche Hunde brauchen viel Zuspruch (Lob), andere wieder weniger. Messen Sie den Hund nicht mit menschlichen Maßstäben. Er wird immer in seiner hundlichen Welt bleiben. Der eine Hund ist empfindlich, der andere ein Draufgänger, der Dritte sehr vorsichtig, gründlich oder abwartend.
Der Hund spürt sehr wohl die Stimmung seines Herrn und seiner Familie. Der Erfolg der Ausbildung hängt auch davon ab, ob Sie sich beherrschen können, sich selbst in der Gewalt haben und nicht dem Hund anlasten, was Sie selbst verschuldet haben. Werden Sie deshalb nie ungeduldig.
Der langjährige Schriftführer des Verbandes, Dr. Frerichs, sagt zutreffend: „Bei vorkommenden Fehlern, vor allem, wenn wir geneigt sind, unseren Hund für dämlich und absolut dumm zu halten, sollten wir immer und unter allen Umständen den Fehler bei uns selbst suchen. Wir sind dann eben zu dumm und haben nicht begriffen, was wir falsch gemacht haben."
Angst und Einschüchterung bewirken Unsicherheit beim Hund. Aus diesem Grund versagt mancher Hund in den Fächern, die besonders lustbetonte Arbeit erfordern. Die Hunde sind verstört, machen aus Angst alles falsch und kommen den Befehlen nur zögernd nach. So wird dann verkannt, daß der Hund gar keinen Widerstand leistet, sondern aus Furcht, etwas falsch zu machen, unerwünscht reagiert.
Zwischen Herr und Hund muß die Zusammenarbeit vertrauensvoll sein. Treten Sie ihm deshalb gelockert und gelöst gegenüber, nicht verkrampft und nicht mit starrem Blick, was er als Bedrohung und ein Zeichen des Angriffs gegen sich werten könnte. Dies wiederum löst ein aggressives Verhalten seinerseits aus.
Seien Sie bei der Ausbildung konsequent, sonst wird das Zusammenleben für Herrn und Hund zur Quälerei. Konsequenz ist nicht mit Gewaltdressur zu verwechseln. Beherzigen Sie die Worte des Försters Blödom: „Aber fort mit Hundepeitsche und Dressurhalsband. Unsere KlM sind

ja so klug und willig. Ist es denn so schlimm, wenn ihr überschäumendes Temperament mit ihnen einmal durchgeht?" Und weiter: „Es scheint mir die Kunst der ganzen Abrichterei die zu sein, durch Zwang den Hund so zu behandeln, daß er nie die Lust an der Arbeit verliert."

Die Befehle müssen klar, deutlich und unmißverständlich sein. Lassen wir an dieser Stelle Abendroth mit seiner Erfahrung auf der VGP zu Worte kommen: „Die Note 1 für Verhalten auf dem Stande habe ich mir zuzuschreiben. Beim Standtreiben hatte ich meine Bella v. Speckengraben 18142 unangeleint abgelegt, da sie unbedingt gehorsam ist. Als die Knallerei dann losging und ich bemerkte, daß Bella doch unruhig wurde, gab ich ihr leise das Kommando „Platz", Bella muß aber „Katz" verstanden haben und ist wie der Blitz in das Treiben hinein. Pech."

Wichtig ist es auch, daß der Hund unterscheiden kann, ob er gelobt oder getadelt wird. Die Befehle müssen deshalb im normalen Tonfall gegeben werden, so daß der Hund aus einem energischen und lauten Wort bereits die Drohung spürt. Brüllen und Schreien machen ihn nur harthörig. Die Befehle ignoriert er bald ganz.

Hat der Hund die Übung gut gemacht, loben wir ihn. Ein Lob ist auch das Kraulen seitlich am Behang oder Streicheln über den Kopf.

Der Hund muß gründlich gelernt haben, wie er sich zu verhalten hat, bevor er bestraft wird. Nach meiner Beobachtung sind einige Hundeführer der Auffassung, daß der Hund eigensinnig ist, wenn er einmal einen Befehl nicht schnell genug ausführt oder ungehorsam ist. Die Devise muß vielmehr sein: Mehr üben, weniger strafen, und je sparsamer die Strafen, desto wirksamer.

Gegen übermäßig harte Strafen ist jeder Hund außerordentlich empfindlich. Fühlt er sich ungerecht behandelt, wird er allerdings zunehmend widersetzlich und störrisch. Die Hand des Jägers ist im übrigen nur zum Loben und nicht zum Strafen da. Leider zerren und drehen manche Führer den Behang des Hundes zur Bestrafung. Das erzeugt oft einen Bluterguß. Auch mit der Führleine sollte niemals gestraft werden.

Die Strafe muß unmittelbar dem Ungehorsam folgen, sie verfehlt sonst ihren Zweck. Ein Griff ins Genick, kräftiges Schütteln und Schimpfen ist wirkungsvoller als Prügeln. Wenn es dennoch sein muß, verwenden Sie eine dünne Gerte, mit der Sie seitlich auf die Rippen schlagen. Bei der Ausbildung leistet eine Wurfkette oder das Schlüsselbund gute Dienste. Einer Hündin darf man nie auf die Kruppe schlagen.

Greifen Sie nicht gleich zum Teletaktgerät. Es muß wirklich das allerletzte Mittel für notorische Hetzer oder solche Hunde sein, die, obwohl sie den Befehl kennen und verstanden haben, ihn stets ignorieren. Leider wird das Gerät von solchen Führern angewendet, denen es an der erforderlichen Geduld und Zeit fehlt und die kein Einfühlungsvermögen haben. Die zu frühe und zu schnelle Anwendung des Gerätes machen den Hund

nicht selten unselbständig, und die wichtigen jagdlichen Eigenschaften werden ihm ausgetrieben.
Durch unsachgemäße Handhabung kann viel verdorben werden. So wollte ich auf einer VGP einen Rüden fotografieren und kniete mit dem Apparat vor ihm. Sofort riß er aus, verkroch sich unter das Auto und war nicht zu bewegen hervorzukommen. Der Berufsabrichter hatte zuvor den sehr guten Gehorsam des Hundes und die Vorzüge des Teletaktgerätes gepriesen. Hier brachte der Hund den Fotoapparat mit dem Teletaktgerät in Verbindung.

Übungsmöglichkeiten außerhalb des Reviers

Sicherlich gibt es Geländestreifen in den Revieren, wo Sie üben können, ohne den Jagdbetrieb zu stören. Fragen Sie den Pächter um Erlaubnis. Auch Parks, Grünanlagen, Sportplätze und großflächige unbebaute Grundstücke bieten gute Gelegenheiten. Ich tat es sogar auf einer Trabrennbahn, wo es Rebhühner, Hasen und Kaninchen gab. Am günstigsten ist es frühmorgens, wenn kaum jemand unterwegs ist. Verständnis dürfen Sie von den Spaziergängern nämlich nicht erwarten. Es versteht sich von selbst, daß sich die Hunde vorher gelöst haben müssen, um diese Plätze nicht zu verschmutzen.
In den Parks legte ich Schleppen aller Art, Schweißfährten, übte Bringen, auch über Hindernis, Buschieren und Stöbern. Hier gibt es viele Verleitungen durch Hunde, Katzen, Wild, Vögel und Eichhörnchen.

Hereinkommen

Auf Ruf oder Doppelpfiff muß der Hund sofort zu uns kommen. Bereits im Abschnitt über die ersten Monate im Leben des Welpen wurden einige Methoden beschrieben, das Hereinkommen zu üben. Jetzt wird mit Nachdruck geübt, denn nun muß er immer kommen, wenn der Befehl dazu erteilt wird.
Neben dem Ruf wird nun auch das Kommen mit dem Doppelpfiff geübt. Rufen Sie den Hund mit „Hierher" und unmittelbar darauf erfolgt der Doppelpfiff. Im Abstand von einigen Sekunden wird er wiederholt, so daß der Hund allmählich verknüpft, daß mit dem Pfiff das Kommen verbunden ist.
Führt er den Befehl nur zögernd – trotz vorangegangener Übungen – aus oder überhaupt nicht, so wird er an die lange Feldleine genommen. Lassen Sie ihn laufen, befehlen „Hierher" und ziehen ihn gleichzeitig zu sich heran. Dann wird wieder ohne Leine geübt.
Gestraft werden darf er nie, wenn er zu Ihnen kommt. Der Hund hat dann den Eindruck, er wird geschlagen, weil er kommt, und wird handscheu.

Sitz

Den Befehl „Sitz" kennt unser Hund bereits. Jetzt muß er diesen Befehl

Sitz

immer ausführen. Notfalls mit Nachdruck und gelindem Zwang nachhelfen.

Bevor der Hund geschnallt oder angeleint wird, muß er sich setzen. Stellen Sie sich vor den Hund und fassen mit der rechten Hand in die Halsung. Drücken Sie mit der anderen Hand auf die Kruppe unter gleichzeitigem Befehl „Sitz". Bald genügt nur noch der Befehl oder das Heben des Zeigefingers. Bleibt er längere Zeit sitzen, so umkreisen Sie ihn in wechselnder Entfernung.

Folgen frei bei Fuß

Bei der jagdlichen Führung ist es für den Jäger vorteilhaft, wenn der Hund unangeleint neben dem Jäger läuft.

Läßt sich der Hund willig an der Leine führen, so ist der Übergang zum Folgen frei bei Fuß nicht schwer. Lösen Sie unauffällig den Karabinerhaken von der Halsung und behalten Sie die Leine anfangs in der Hand. Der Hund hat dann das Gefühl, er sei noch mit seinem Herrn verbunden.

Der nicht so strengen Anwendung dieser Disziplin in der jagdlichen Praxis verdanke ich viele Überraschungen. In der Regel läuft der Hund im Umkreis von 2 bis 3 m von mir. Bei einem Reviergang an einem Wasserlauf nahm meine Hündin blitzschnell die Nase herunter und verschwand im Unterholz. Da half kein Rufen oder Pfeifen. Nach einigen Minuten tauchte sie wieder auf und trug freudig eine verletzte Ente im Fang. Hunde sind uns in vielen Dingen nun mal überlegen.

Halt

Das „Halt" ist die wichtigste Gehorsamsübung bei der Jagdausübung. Auch dieses Kommando lernte der Junghund bereits spielerisch kennen. Nunmehr muß es systematisch und konsequent geübt und darauf geachtet werden, daß er jeden Befehl mit und ohne Wildberührung auch ausführt. Wenn nicht, wird er dazu gezwungen. Da er sich außer der Reichweite des Herrn befindet, muß dies um so kompromißloser gefordert werden.

Bei den Anfangsübungen kann es passieren, daß der Hund sich auf den Rücken wirft und nach Ihnen schnappt. Lassen Sie ihn aufstehen und beginnen Sie von vorn. Die Ursache können Bodenunebenheiten, Stoppel, spitze Steine und Schotter sein. Deshalb nur auf glattem Boden üben.

Auf Zuruf, Trillerpfiff oder Handheben muß der Hund sich auf jede Entfernung sofort hinlegen.

Zunächst muß sich der Hund setzen. Erfassen Sie die Vorderläufe mit der rechten Hand und ziehen Sie diese nach vorn, legen gleichzeitig die linke Hand auf die Kruppe, lassen die Vorderläufe los und drücken mit der rechten Hand den Kopf des Hundes zwischen die Vorderläufe unter gleichzeitigem Befehl „Halt". Es bestehen unterschiedliche Meinungen, ob der Hund den Kopf auf den Boden legen muß oder nicht. Ich bin dagegen. Auch der Hund möchte sehen, was um ihn herum vorgeht, und nicht stupide liegen.

Sie können noch auf eine andere Art den Hund in die Haltlage zwingen. Leinen Sie den Hund an, ziehen Sie die Leine unterm Fuß zwischen Absatz und Sohle hindurch und zwingen so den Hund, sich hinzulegen.

Halt – die wichtigste Gehorsamsübung

Lassen Sie ihn anfangs nicht zu lange liegen. Klappt die Übung einigermaßen, so beginnen Sie, das „Halt" mit Handheben und Trillerpfiff zu üben. Der Ruf „Halt" und das Heben der Hand müssen gleichzeitig erfolgen.

Klappt es auf Handheben, so üben Sie es mit dem Trillerpfiff. Jetzt müssen Handheben und Trillerpfiff gleichzeitig erfolgen.

Der Hund neigt dazu, nicht sofort in die Haltlage zu gehen. Mit der 30 m langen Feldleine kann er dazu gezwungen werden, dort liegen zu bleiben, wo er sich bei Abgabe des Befehls befindet. Drehen Sie eine

Hakenöse in einen Pfahl, und legen Sie 10 m vor diesen einen Stock auf den Boden. Nun wird der Karabinerhaken der Leine an der Halsung befestigt und der Hund am Pfahl abgelegt. Das andere Ende der Leine ziehen Sie durch die Hakenöse und gehen 20 m mit der Leine in der Hand zurück. Jetzt rufen oder pfeifen Sie den Hund zu sich. Sobald er bei der 10-m-Marke, dem Stock, ist, bekommt er den Befehl zum Halt. Er kann nicht weiter, weil sich die Leine gestrafft hat und muß in die Haltlage.
Jetzt gehen Sie mit ihm ins Feld und üben dort. Macht der Hund auf Zuruf oder Pfiff „Halt", so gehen Sie im Anfang zu ihm und holen ihn ab. Pfeifen oder rufen Sie ihn zu sich, so leidet die Übung „Halt" darunter.
Kommt der Hund dem Befehl „Halt" nicht nach, rufen Sie ihn zu sich, leinen ihn an und machen, ohne zu strafen, Haltübungen, indem Sie ihn sich alle 10 Schritt hinlegen lassen. Oder arbeiten Sie mit der langen Leine und der Stachelhalsung. Trifft der Hund auf Wild, wird er hetzen wollen, springt in die Koralle und überschlägt sich. Sie müssen bei mehrmaliger Suche an der langen Leine damit rechnen, daß er, an die Leine gelegt, nicht mehr suchen will.
Oft ist es nicht der Ungehorsam, wenn der Hund auf Befehl „Halt" nicht reagiert oder nicht selbständig vom Wild abläßt. So habe ich wiederholt erlebt, daß Hunde hetzten, das Wild griffen und freudig brachten. Bei der Untersuchung des Wildes stellte sich dann heraus, daß es nicht ausgeheilte Verletzungen am Lauf, Ständer oder Flügel hatte. Oder ich fand nur ein einziges Schrotkorn im Wildkörper. Hier löste die Wundwitterung den Hetztrieb aus. Bestrafen wir den Hund in dieser Situation wegen angeblichen Ungehorsams, so wird auf diese Weise das Vertrauen zwischen Jäger und Hund empfindlich gestört. Möglicherweise büßen wir einen gut veranlagten Verlorenbringer ein.

Ablegen

Der Hund muß sich bei Pirsch und Ansitz auf leisen Befehl oder Handheben ablegen, vollkommen ruhig verhalten und längere Zeit liegen bleiben. Durch Ruf, Pfiff oder Klopfen auf den Oberschenkel wird er zum Folgen aufgefordert.
Das Ablegen ist auch ein Prüfungsfach der VGP. Einige Rüdemänner verwenden hierfür den Befehl „Ablegen". Das ist vollkommen überflüssig, denn im Grunde genommen ist das Ablegen auch ein Halt. Allzu viele Befehlsausdrücke verwirren sowohl den Erstlingsführer als auch den jungen Hund.
Gehen Sie mit dem unangeleinten Hund eine kurze Strecke, legen dann einen Gegenstand (Mantel, Rucksack, Stock, Fahrrad usw.) auf den Boden, befehlen „Halt", gehen weiter und drehen sich ab und an blitzschnell um. Folgt der Hund, muß er an die Stelle zurückgebracht werden, wo er gelegen hat. Die Liegezeit und Länge der Wegstrecke werden allmählich ausgedehnt.

Sie können dem Hund auf einfache Weise das Gefühl vermitteln, daß Sie ihn sehen, er Sie aber nicht sieht. Legen Sie den Hund vor einem Gebäude ab und gehen weiter um das Haus herum. An der letzten Ecke bleiben Sie stehen und beobachten nun das Verhalten des Hundes. Steht er auf, rufen Sie ihm energisch „Halt" zu oder werfen ihm das Schlüsselbund auf den Körper. Erschrocken wird er sich umschauen und sich wundern, daß Sie einige Meter hinter ihm an der Hausecke stehen. Sie können sich auch hinter einem Wall verstekken und das Verhalten des Hundes beobachten.

Platz

Diesen Befehl bekommt der Hund meist nur in der Wohnung oder einer anderen Örtlichkeit, damit er sich an eine bestimmte Stelle legt, beispielsweise sein Ruhelager.

Das Auto und der Hund

Normalerweise verträgt der junge Hund das Autofahren, jedoch sollten einige Regeln beachtet werden, um ihn die Gewöhnung daran zu erleichtern.
Füttern Sie ihn nicht vor Fahrtbeginn.
Legen Sie einen Mantel, eine Jacke oder Wilddecke in den Fußraum des Beifahrersitzes. Der Hund wird sich dann ruhiger verhalten, weil er diese Gerüche kennt.
Fahren Sie bei Beginn der Gewöhnung nur langsam, nicht ruckweise, keine rasanten Starts und nur kurze Strecken. Zeigt er Zeichen von Ängstlichkeit, muß der Beifahrer ihn streicheln und beruhigend auf ihn einreden.
Will er nicht einsteigen, so stellen Sie die Futterschüssel neben das Auto und lassen ihn fressen. Dann wird die Schüssel in das Auto gestellt. Erst wenn er mit dem Auto vertraut ist, darf gefahren werden.
Vor Fahrtantritt und nach Beendigung muß sich der Hund auslaufen, lösen und nässen.

Das Fahrrad und der Hund

Beim Radfahren läuft der Hund ausnahmsweise rechts von uns, also an der dem Straßenverkehr abgewandten Seite (Straßenrand). Er kann angeleint und unangeleint neben dem Rad traben.
Angeleint werden muß er in verkehrsreichen Straßen. Die Leine wird so gehalten, daß sie bei Gefahr jederzeit schnell fallengelassen werden kann. Sie darf also auf keinen Fall am Fahrrad festgebunden werden.
Mit dem Training sollte nicht vor dem 8. Lebensmonat begonnen werden, denn eine gewisse körperliche Reife muß vorhanden sein. Die Dauer und das Tempo – mal schneller, mal langsamer – richtet sich nach der körperlichen Verfassung und dem Alter. Sobald sich Ermüdungserscheinungen einstellen, muß das Training abgebrochen werden.

Der Hund muß es erst lernen, vom Fahrrad die gefahrlose Distanz zu halten. Bei Trainingsbeginn wird er zunächst dem Rad zu nah kommen, davor oder dahinter laufen.

Flegelzeit

Mit dem immer stärker werdenden Selbstbewußtsein kommt auch bald die Zeit der Geschlechtsreife (7. bis 9. Monat) heran. Damit verbunden sind einige Flegelmonate. Hunde, die schon gut gehorchten, werden plötzlich übermütig und ignorieren jeden Befehl. Leicht gewöhnen sie sich einige Untugenden an. Hart bestrafen darf man den Hund aber nicht, denn er ist in dieser Zeit feinfühliger und empfindlicher als sonst. Normalerweise vergehen diese Untugenden so schnell, wie sie gekommen sind. Aber es gibt auch Hunde, bei denen diese Phase sehr lange andauert. Damit das Verhältnis von Mensch zu Hund erträglicher wird, müssen die Untugenden eingedämmt werden.

Wildes Hetzen von Vögeln und Hausgeflügel ist dann sein Lieblingsspiel. Stürzt sich der junge Hund auf die Geflügelschar, werfen Sie ihm ein Schlüsselbund auf den Körper. Nutzt es nichts, müssen schärfere Maßnahmen ergriffen werden. Legen Sie ihm die Koralle an, führen ihn an das Geflügel heran und befehlen nachdrücklichst durch Korallenruck „Halt". So muß er eine geraume Zeit liegen bleiben. Will er aufstehen, erfolgt mehrmals ein scharfer Korallenruck. Sollte er nicht zu bändigen sein, erhält er mit der Gerte ein paar Hiebe auf die Rippen. Dann versuchen wir es nochmals unangeleint, aber immer bereit, ihn mit dem Schlüsselbund, der Wurfkette oder einer Handvoll Steinchen zu korrigieren.

Jogger, Radfahrer, Motorräder, Autos und andere Fahrzeuge reizen den jungen Hund sehr stark zur Verfolgung und zum Angriff. Er gefährdet dabei nicht nur sein eigenes, sondern auch Menschenleben. Zur Korrektur verfahren Sie auch hier wie bei dem Hetzen von Geflügel. Jedoch vergewissern Sie sich vorher, ob die Leine und Halsung intakt und nicht brüchig oder sogar schon eingerissen sind. Auf keinen Fall darf der Radfahrer nach dem Hund treten, der aufgrund der sich bewegenden Beine immer angriffslustiger wird.

Die Korrektur des Autohetzers ist mit einem Helfer möglich. Lassen Sie den Helfer im Schrittempo vorbeifahren. Sobald er sich auf das Auto stürzt, wird wie beim Geflügel verfahren. Eine Handvoll Sand, in den weit aufgerissenen Fang geworfen, bewirkt Wunder. Gleichzeitig sollte der Helfer mehrfach hupen, damit er die Strafe mit dem Auto in Verbindung bringt. Meistens sind die Autohetzer nervenstark genug, um auch härtere Strafen nicht zu verübeln.

Besonders in den Flegeljahren neigen die Hunde zum Herumtreiben. Den Hund muß man aber in dieser Zeit unbedingt unter Kontrolle halten. Stellen Sie sich an ein Fenster neben der Tür, erwarten den Hund also verdeckt, schleudern ihm beim Verlassen des Hauses oder des Grundstückes die bereits erwähnten Gegenstände auf den Körper oder verhindern Sie das Ausbrechen mit einem Wasserstrahl. Eine andere Methode ist, daß sich eine dem Hund fremde Person am Haus- oder Hofeingang postiert und ihm einige Hiebe versetzt in dem Moment, wo er sich entfernen will; sein Herr dagegen empfängt ihn sehr freundlich, spricht mit ihm und führt ihn an den gewohnten Platz.

Fast jeder Hund in diesem Alter springt Personen an. Das muß unterbunden werden. Erhebt sich der Hund auf die Hinterhand, so beugen Sie sich zu ihm herunter und wehren ihn durch gleichzeitiges Entgegenstrecken der Hand ab. Eine andere Möglichkeit ist, sobald der Hund anspringt, als Abwehr das Knie zu heben. Alle Maßnahmen müssen blitzschnell erfolgen, weil der Hund sonst falsch verknüpft und unsere Handlung als Zuneigung auffaßt. Schmerzlicher ist es für ihn, wenn Sie ihn beim Anspringen auf die Hinterpfoten treten.

Soll das Anspringen anderer Personen unterbunden werden, so wird dem Hund das Würge- oder Korallenband angelegt. Sobald er anspringen will, heißt es „Sitz". Kommt er dem Befehl nicht sofort nach, erfolgt scharfer Leinenruck. Verabschieden Sie sich von den Personen, heißt es wieder „Sitz" und gegebenenfalls wird wie zuvor verfahren.

Raufereien und Beißereien nehmen in der Flegelzeit erheblich zu. Das erlebte ich sehr oft auf den Jagdgebrauchshund-Führerlehrgängen. Einige Hunde „begrüßen" schon bei der Ankunft ihre Artgenossen mit wütendem Gekläff und Zähnefletschen. Hierzu neigen besonders solche Hunde, die Komplexe aller Art haben, also nervlich nicht stark belastbar sind. Normalerweise knurrt ein im Wesen ausgeglichener Hund mal kräftig, wenn ein anderer zu aufdringlich oder lästig wird, ihm das Futter streitig machen will oder eine heiße Hündin in der Nähe ist. Leider kommt es auch auf den Jagden zu Beißereien. Der frei umherlaufende Hund fühlt sich besonders stark gegenüber einem angeleinten und greift sofort an. Hat der angegriffene Hund ein Korallenhalsband um und springt dem angreifenden entgegen oder wird zurückgerissen, so verspürt er einen großen Schmerz und beißt rücksichtslos Mensch oder Tier.

Wollen Sie kämpfende Hunde trennen, so greifen Sie niemals in das Halsband. Die kämpfenden Hunde beißen um sich, um sich eines weiteren vermeintlichen Gegners zu erwehren. Schlagen Sie die Hunde, werden sie meist noch wilder und greifen noch heftiger gerade den Hund an, der abläßt.

Das sicherste Mittel, die Hunde zu trennen, ist, sie gleichzeitig an der Rute oder an den Hinterläufen hochzuheben. Die Hunde verlieren dadurch den Boden unter den Läufen, werden für einen Moment unsicher und lassen los. Auf den Lehrgängen schoß ich in unmittelbarer Nähe der Hunde in die Luft, und sie ließen sofort voneinander. Helfen kann auch, den Hunden einen Eimer Wasser oder ein Glas Bier auf Nase und Fang zu gießen, einen Wasserstrahl auf sie zu richten oder eine Handvoll Erde in den Fang zu werfen. Nach der Trennung müssen beide Hunde sofort angeleint werden.

In dieser Zeit sind auch erste Anzeichen von Mannschärfe zu beobachten. Angriffslust zeigt sich beim Hund besonders gegen solche Personen, die Angst vor ihm haben, so auch, wenn sie vor ihm weglaufen, ihn geärgert oder gequält (Kinder!) haben, und vornehmlich auch bei Hunden, die immer im Zwinger oder an der Kette liegen. Bissig müssen sie deshalb noch lange nicht sein. Mit der Bezeichnung „Angstbeißer" sollte man bei Hunden in der Flegelzeit sehr vorsichtig sein. Es handelt sich zumeist doch nur um ganz natürliche Reaktionen.

Lästiges Bellen und Jaulen in der Wohnung, im Zwinger, Garten und Auto ist ebenfalls typisch für diese Zeit. Es kann sich bis zur Unerträglichkeit steigern. Ausgelöst wird dies durch Langeweile, Hundegebell auf der Straße, Läuten an der Wohnungstür und Klingeln des Telefons.

Die dagegen zu ergreifenden Maßnahmen wurden im Abschnitt „Eingewöhnung" bereits beschrieben.

Jagdliche Ausbildung

Feldjagd

Der KlM sucht selbständig, planmäßig, flott und ausdauernd, dabei geschickt den Wind, die Deckung und das Gelände ausnutzend. Stets paßt er sich der Gangart seines Herrn an und hält Kontakt zu ihm. In hoher Deckung kommt es vor, daß er sich auf die Hinterläufe stellt, um sich nach seinem Herrn umzuschauen.
Im freien Felde sucht er schneller und weiträumiger als im unübersichtlichen Gelände. Ein erfahrener Hund läuft im Felde und an Hecken und Wällen bei schlechtem Wind vorsichtig voraus, dreht in den Wind und sucht auf den Jäger zu. Das erspart dem Hund Kraft und dem Jäger viele unnütze Laufereien. Bald weiß der Hund aus Erfahrung, daß sich das Wild gern im Gebüsch, in Hecken, trockenen Gräben und frisch gepflügten Äckern drückt. Zielsicher läuft er deshalb darauf zu. Hier sucht er nur am Rande, dank seiner ausgezeichneten Nase, unter Wind die Deckung ab.
Besonders in den Nachmittagsstunden läuft das Wild vor dem suchenden Hund ab, der es meisterhaft versteht, es festzumachen. Er zieht langsam dem laufenden Wild solange nach, bis es sich wieder drückt. Läuft das Wild sehr weit ab, folgt der Hund bald nicht mehr der gesunden Spur oder dem Geläuf, bricht ab, schlägt einen großen Bogen um das Wild und sucht dann auf den Jäger zu, so daß nunmehr das Wild sich zwischen beiden befindet.
Sobald unser Hund Wildwitterung hat, wird er langsamer in der Suche und steht fest vor. Bei den letzten Metern entsteht der Eindruck, als würde er das Wild beschleichen, so vorsichtig tastet er sich heran, im Zeitlupentempo einen Lauf vor den anderen setzend. Er weiß genau, wie weit er aufrücken darf, damit das Wild nicht unruhig wird und zu früh flüchtet. Hierbei äugt er wiederholt zum Herrn, ob dieser folgt.
Haltung und Benehmen des Hundes zeigen an, welches Wild vor ihm liegt und ob es sich drückt, langsam oder schnell entfernt. Nie ignoriert er Wild (Blinken), im Gegenteil, er findet oft.
Suchen zwei Hunde gemeinsam, so kommt es vor, daß der eine gefunden hat und vorsteht, während der mitsuchende plötzlich ebenfalls verharrt und wie gebannt in die Richtung des vorstehenden starrt. Der zweite Hund steht also mit vor, obwohl er gar kein Wild in der Nase hat; er sekundiert.
Ruhigen Schrittes nähern wir uns dem vorstehenden Hund, der selbständig oder auf leisen Befehl das Wild herausdrückt. Flüchtet es, macht der Hund selbständig oder auf Befehl „Halt" oder bleibt stehen. Auf keinen Fall darf er nachprellen. Das geschossene Wild bringt er schnell, mit sicherem Griff über den Rücken gefaßt, und setzt sich vor uns

hin. Erst auf Befehl gibt er aus. Das Federwild wird lebend gebracht. Hasen tut er mit festem Griff über dem Brustkorb ab. Raubwild und Raubzeug würgt er mit festem Kehlgriff schnell und lautlos ab, schon deshalb, weil es sich in der Regel zur Wehr setzt. Ein erfahrener Hund steht Raubwild und Raubzeug nicht vor. Kleine Hunde fassen schweres Wild über das Kreuz, statt an der Bauchseite, damit die herabhängenden Läufe nicht beim Tragen hindern.

Leider ist nicht jeder Schuß tödlich, und das Wild muß verloren gesucht werden. Ungeduld führt nie zum Erfolg.

Unser Hund folgt ruhig und konzentriert der kranken Spur oder dem Geläuf, hetzt energisch und bringt es über weite Strecken auch unter schwierigsten Umständen. Er überwindet alle Geländehindernisse, und notfalls zerrt und schleppt er das Wild über Gräben und Hecken.

Junge Hunde scheitern zunächst, weil es noch an der nötigen Erfahrung fehlt. Folgen Sie dem Hund, und unterstützen Sie ihn durch ruhiges Zureden, wenn er unsicher wird und abbrechen will.

Auch der Hund beobachtet genau das Verhalten des Wildes nach der Schußabgabe, also wie es zeichnet, und stellt sich darauf ein. Geständertes Federwild läßt den Ständer hängen. Dies ist deutlich von hinten zu erkennen. Das Wild fliegt oft sehr weit und gleitet allmählich zu Boden. Bei einem Waidwundschuß sträubt sich das Gefieder, und der Stoß hängt nach unten. Im Gleitflug landet das Wild, ohne mit den Flügeln zu schlagen, am Boden und läuft sehr weit ab. Ich sah Fasane mehr als 500 m weit fliegen und dann plötzlich verendet vom Himmel fallen. Getroffenes Federwild sondert sich zumeist von den anderen schon im Flug ab.

Das sogenannte Himmeln kann verschiedene Ursachen haben. Entweder wurde die Lunge oder das Auge getroffen. Beim Lungenschuß fällt es erst nach geraumer Zeit verendet auf den Boden. Bei Augenverletzungen geht es im Gleitflug oder spiralförmig zu Boden und steht kurz vor dem nachsuchenden Hund immer wieder auf und versucht, flatternd zu entkommen.

Es kommt vor, daß ein tödlich getroffenes Huhn wie ein Stein vom Himmel fällt und der Hund es nicht sofort in den hohen Rüben findet. Vielleicht liegt es in einer Bodenvertiefung. Gönnen Sie sich zunächst eine kleine Ruhepause oder kehren Sie nach einer halben Stunde zurück. Inzwischen ist die Wundwitterung nach oben gestiegen und lagert über dem Rübenfeld. Jetzt findet der Hund das Huhn sofort. Und welcher erfahrene Jäger hat es nicht schon erlebt, daß ein geflügelter Fasan einen Kaninchenbau oder einen Wegedurchlaß angenommen hat?

Haarwild ruckt merklich zusammen, wenn es getroffen ist, und sucht waidwund die nächste Deckung auf.

Der Hund läuft an einem Jagdtage bis zu 50 km. Deshalb muß bei hohen Temperaturen eine längere Mittagspause eingelegt werden. Ein guter Rüdemann hat immer einen Kanister

Wasser für seinen Hund dabei.
Mit zunehmender Erfahrung sind die einzelnen Phasen in der Feldjagd nicht mehr so stark ausgeprägt wie zur Zeit der Ausbildung. Es ist dann eine flüssige Zusammenarbeit zwischen Jäger und Hund ohne viele Befehle.
Edmund Löns berichtet, daß sein 8jähriger ältester Sohn eine große Anzahl von Kaninchen mit dem Tesching vor dem vorstehenden Hund geschossen hat. Das kann böse Folgen haben, wie es das Beispiel meiner Carmen v. Vennekotten 16084, im zweiten Feld stehend, zeigt. Die Hündin stand vor, das sich am Knick drückende Kaninchen nahm bei unserem Herankommen eine meterlange ausgehöhlte Schneeverwehung an, und der Sohn des Jagdpächters zielte mit dem Kleinkalibergewehr in Erwartung des kommenden Wildes auf den Ausgang und schoß auf das herausflüchtende Wild. Er traf die dichtauf folgende nachziehende Hündin in den Kopf. Schwerverletzt wurde sie erfolgreich am nächsten Tag operiert und behielt wenigstens ein Augenlicht. In der Jagdausübung war sie in keiner Weise behindert. Mit 13 Jahren starb sie eines natürlichen Todes.
Ein nicht alltägliches Erlebnis hatten wir auf der Hühnerjagd in den hüfthohen Rübenschlägen in Kühsen mit der halbjährigen Elfi v. Hühnenstein, die die Hühnerwitterung kennenlernen sollte und deshalb zeitweilig geschnallt wurde. Robert Z. achtete aber mehr auf seine Antje v. Margarethenhof RB 626. Plötzlich vermißte er seine Elfi. Robert glaubte, ein plätscherndes Geräusch gehört zu haben. Aufgeregt suchte er Elfi. Bald entdeckten wir einen nicht abgedeckten, nur ein wenig aus dem Boden ragenden Brunnen und sahen in 2½ m Tiefe Elfi verzweifelt das Wasser treten. Sie war zuvor noch nie geschwommen. Das Leichtgewicht unseres Dreiergespanns wurde kopfunter in den Brunnen gelassen. Aber er konnte Elfi nicht fassen. Mit dem Jagdstock ließen wir ihn nochmals hinab. Es gelang ihm nach einigen Versuchen, die Hündin mit der Krücke am Vorderlauf zu fassen, ein Stück hochzureißen und blitzschnell ins Nackenfell zu greifen. Im Brunnen blieben etwa ein Dutzend ertrunkener Kaninchen zurück, denen er zum Verhängnis geworden war.

Ausbildung

Suche. Vor dem Beginn jeder Suche muß sich der Hund setzen. Erst dann wird er mit „Such voran" auf das Feld geschickt. Seine Suche ist dann konzentrierter.
Weisen Sie den Hund mit der Hand nach rechts und links ein und gehen Sie ebenfalls in die jeweilige Richtung. Hat er sich weit genug von Ihnen entfernt, rufen, pfeifen oder winken Sie und gehen dann in die entgegengesetzte Richtung. Sobald er Sie passiert hat, gehen Sie wieder in die entgegengesetzte Richtung. Allmählich gewöhnt er sich so an eine Quersuche. Nur die notwendigsten Befehle dürfen gegeben werden, denn allzu

vieles Rufen und Pfeifen verunsichert den Hund, und die selbständige Suche leidet darunter.
Wird der Hund zu heftig, pfeifen Sie ihn in die Haltlage, damit er sich beruhigt.
Anfangs sollte in einem wildleeren Revierteil geübt werden, damit der Hund möglichst wenig Verleitungen und Ablenkungen hat.
Der junge Hund orientiert sich häufig an den Geländeverhältnissen, wie Ackerfurchen, Wagenspuren, Gräben, Zäunen, Feldrainen und Wällen. Dies ist eine ganz natürliche Verhaltensweise, wie sie auch das Wild zeigt. Üben Sie deshalb die Quersuche im freien Feld.
Junghunde untersuchen intensiv jede duftende Stelle oder stochern herum und kommen nicht zur freien Suche. Andere wiederum mausen auf Wiesen und Feldern. In diesen Fällen muß sofort eingeschritten und der Hund energisch zur Weitersuche aufgefordert werden.
Bei der Suche kommt es in erster Linie auf den Finderwillen an. Das schnelle und frühzeitige Auffinden des Wildes hängt aber von vielen Umständen ab. Die Wildwitterung wird dem Hund vom Wind zugetragen, dessen Richtung sich ständig ändert. Umspringende, küselnde und böige Winde stellen an die Hundenase große Anforderungen. Bei klarem Wetter zieht die Witterung nach oben, bei Regen oder Nebel bleibt sie tiefer am Boden. Ist der Bewuchs feucht, dringt Wasser in die Hundenase, und die Leistung wird geringer. Erfahrene Jäger gehen bei solchem Wetter erst in den Vormittagsstunden auf die Jagd. Besonders im Frühjahr und späten Herbst streicht ein widerlicher chemischer Geruch über die Felder. Sie wurden gespritzt. Das Gift ist für den Hund außerordentlich gefährlich. Die Nase kann überhaupt keine Leistung bringen.

Vorstehen. Unsere Hunde stehen meist mit 7 Monaten fest vor. Bei manchen Hunden ist diese Anlage schon im 3. Monat entwickelt. Hin und wieder ist das Vorstehen so stark ausgeprägt, daß der Hund nicht oder nur mit großem Nachdruck zum selbständigen Herausdrücken des Wildes bewegt werden kann (Vorstehmichel).
Vorstehen kann der Hund nur dann, wenn der Wind der Hundenase die Wildwitterung zuträgt. Ohne günstigen Wind kann kein Vorstehhund seine vollen Fähigkeiten entfalten. In der Jugendzeit sucht unser Hund oft mit tiefer, statt mit hoher Kopfhaltung. Dann rückt er zu nah auf und stößt das Wild heraus. Das führt oft zu der falschen Vorstellung, daß der KlM keine sehr gute Nase hat.
Beim Vorstehen erstarrt der ganze Körper. Die Rute bewegt sich erst dann, wenn das Wild unruhig wird und flüchten will. Mit der Zeit bekommen Sie Erfahrung darin und können am ganzen Benehmen und der Körperhaltung des Hundes erkennen, welches Wild er vorsteht. Rebhühner werden meist auf weite und Fasane auf kürzere Entfernungen vorgestanden. Das liegt vor allem daran, daß das Wild sich in unter-

Die gespannte und geduckte Haltung des Hundes zeigt deutlich, daß Wild vor ihm liegt, das er fest vorsteht.

schiedlichen Deckungen drückt. Viele Hunde „kauen" die Witterung. Der Fang schließt und öffnet sich hierbei ein wenig, wenn Wild vor ihnen liegt und sie vorstehen. Eine typische Haltung beim Vorstehen gibt es nicht. Manche Hunde heben den Vorder- oder Hinterlauf ein wenig an.

Zur Förderung der Vorstehanlage kann auf verschiedene Weise auf den Hund eingewirkt werden. Halten Sie den Hund anfangs sehr kurz, auch wenn die Suche darunter leidet. So können Sie ihn besser beeinflussen. Hat der Hund gefunden und steht vor, so gehen Sie mit ruhigem Schritt seitlich an ihn heran, ermahnen ihn zur Ruhe und leinen ihn an. Oder versuchen Sie, im großen Bogen um ihn herumzugehen. Sie stehen sich dann gegenüber. Will er einspringen oder hetzen, so wird er jetzt besser gehorchen, als wenn Sie ihn von hinten ansprechen. Treten Sie das Wild selbst heraus. Bald hat er verknüpft, daß mit dem Vorstehen seine Aufgabe zunächst erledigt ist.

Ist der Gehorsam am Wild noch nicht gefestigt, und rückt der Hund zu nah auf, müssen Sie das Vorstehen an einer langen Feldleine üben. Dann können Sie den Hund jederzeit in die Haltlage zwingen. Merken Sie, daß er Wild in der Nase hat, schneller und lebhafter wird, dann heißt es drohend „Schone". Sehr wirksam ist es auch, ihn wiederholt „Halt" machen zu lassen. Auf diese Weise kann auch das Nachziehen geübt werden. Auf der Spur oder dem Geläuf wird er hin und wieder in die Haltlage gezwungen, wenn er zu heftig wird. Lassen Sie den Hund niemals dort herumstochern, wo das Wild gelegen hat.

Das Vorstehen kann auch am ausgesetzten Federwild geübt werden. Es darf nach dem Tierschutzgesetz nur ausgewachsenes und gesundes Feder-

An der langen Feldleine können Sie jederzeit den Hund in die Haltlage zwingen. Durch Zwangseinwirkung lernt er die notwendige Ruhe vor dem Wilde.

wild verwendet werden. Das ausgesetzte Wild muß frei, ungehindert und jederzeit dem suchenden Hund fluchtmäßig überlegen sein.
Immer wieder wird behauptet, daß Kaninchen Gift für den jungen Hund sind. Das stimmt sicherlich nur bedingt. An Kaninchen habe ich sogar ausgiebig das Nachziehen geübt.

Schußruhe. Bei allen Jagdarten hat die Schußruhe eine große Bedeutung. Normalerweise werden im Feld die meisten Schüsse abgegeben, deshalb wird in diesem Abschnitt darauf eingegangen.
Hat der Hund sich an das Schießen gewöhnt, muß er dazu erzogen werden, daß er sich nach dem Schuß hinlegt, also „Halt" macht. Legen Sie den Hund 10 Schritt von sich entfernt ab und heben das Gewehr. Will der Hund aufstehen, so befehlen Sie sehr energisch „Halt". Gehen Sie dann dazu über, im Feld in einer Entfernung von 20 bis 30 Schritt vom Hund zu schießen. Allmählich wird die Entfernung vergrößert.

Sie können auch verendetes Wild durch einen Helfer in die Deckung werfen lassen und schießen. Auch hier muß der Hund solange liegen bleiben, bis er den Befehl zum Bringen erhält. Erst nach 2 bis 3 Minuten erhält er den Befehl hierzu, damit er die Schußabgabe mit dem Bringbefehl nicht in Verbindung bringt.
Bei der Taubenjagd ergeben sich hervorragende Übungsmöglichkeiten, die Stand- und Schußruhe beim Junghund zu festigen. Legt sich der Hund beim Schießen nicht hin oder bleibt er nicht stehen, ist also schußhitzig, so legen Sie ihm die Stachelhalsung an und binden ihn an einem Baum oder Pfahl fest.

Bringen. Begonnen werden die Übungen mit einem leichten (etwa 200 g) Bringgegenstand, der so beschaffen sein muß, daß der Hund überfassen und nicht wegen des großen Umfangs nur mit den Vorderzähnen zupacken kann. Der Bringgegenstand muß in der Mitte abgeflacht und nicht rund sein. Das Bringholz kann mit einem Balg, Stoffrest, Handschuh o. ä. umwickelt werden. Statt Holz kann auch ein zusammengebundener Federwildflügel verwendet werden.

Nimmt er zuverlässig auf, so muß das Gewicht nach und nach auf mindestens 4 bis 5 kg gesteigert werden. Auch schwere Bringgegenstände können selbst angefertigt werden. Nehmen Sie einen Hasen- oder Fuchsbalg oder Leinensack und füllen ihn mit Sand. Achten Sie darauf, daß das Gewicht nach beiden Seiten gleichmäßig verlagert wird. In der Mitte muß der Bringgegenstand flacher und dünner sein, damit ein sicherer Griff möglich ist.

Bei der Einarbeitung sitzt der angeleinte Hund vor Ihnen. Bewegen Sie den Bringgegenstand zur Auslösung des Fangtriebes – notfalls im Rückwärtsgang – vor dem Fang des Hundes hin und her. Will er danach schnappen, sofort in den Fang schieben mit dem Befehl „Halt fest, so ist's brav". Legen Sie schnell eine Hand unter den Fang und die andere auf den Kopf des Hundes. Anfangs nicht zu lange halten lassen; mit dem Befehl „Aus" nehmen Sie ihm den Gegenstand wieder ab.

Öffnet der Hund nicht den Fang,

Öffnen des Fanges und blitzschnell den Bringgegenstand in den Fang schieben.

muß Zwang angewendet werden. Das kann durch Lefzendruck erfolgen, indem Sie über den Nasenrükken greifen und mit Daumen und Zeigefinger auf die Zähne drücken. Kneifen in den Behang oder eine schnelle Drehung der Stachelhalsung bewirken ebenfalls das Öffnen des Fanges. Dies sollten aber die allerletzten Versuche sein.

Nimmt der Hund den Bringgegenstand aus der Hand in Fanghöhe auf, dann halten Sie ihn immer tiefer und lassen ihn schließlich vom Boden aufnehmen. Bewährt hat sich, bevor er vom Boden aufnehmen soll, den Bringgegenstand auf 2 Ziegelsteine zu legen, damit er mühelos in der Mitte fassen kann.

Wird der Bringgegenstand sicher vom Boden aufgenommen, so werfen Sie ihn einige Meter weg. Der Hund muß sitzen bleiben. Dann befehlen

So lernt der Hund schneller, aus jeder Höhe selbständig aufzunehmen.

Jetzt hat er begriffen, wie und wo er fassen muß, nämlich in der Mitte.

Sie „Bring" und rufen ihn nach dem Aufnehmen zu sich, lassen ihn sich setzen, warten einige Zeit, streicheln über den Kopf des Hundes, strecken die Hand vor, warten wiederum einen Augenblick und lassen erst dann ausgeben.

Klappt es nach vielen Versuchen noch nicht, so laufen Sie mit dem angeleinten Hund auf den ausgelegten Bringgegenstand zu und ermuntern ihn, aufzunehmen; dann geht es zurück zum Ausgangspunkt.

Es kommt vor, daß der Hund nicht ausgeben will. Dann wird zu einer List gegriffen, indem sein Lieblingsbissen ihm vor den Fang gehalten wird. Läßt der Hund den Bringgegenstand fallen, rufen Sie „Aus" und loben ihn.

In hartnäckigen Fällen treten Sie ihn vorsichtig auf die Hinterpfoten, oder dem Hund wird die Stachelhalsung angelegt. Mit einer schnellen Drehung der Halsung und dem Befehl „Aus" wird er unter dieser Schmerzeinwirkung fallen lassen.

Verlieren Sie nicht die Geduld. Bis der Hund im Aufnehmen durchgearbeitet ist, kann es im Einzelfall Wochen dauern. Stoßen Sie auf unüberwindliche Schwierigkeiten, so kann der letzte Versuch folgender sein (bitte, aber nicht aus Zeitgründen oder sogar aus Bequemlichkeit): Schießen Sie ein Kaninchen vor dem Hund. Stürzt er nicht sofort auf das Wild, brauchen Sie sicherlich noch sehr lange, bis er überhaupt das Bringen gelernt hat.

Der Übergang vom Bringbock zu kaltem und dann zu warmem Wild ist oft eine Klippe. Es gibt auch Hunde, die lieber Haar- statt Federwild oder umgekehrt bringen. Eingefrorenes Wild muß völlig aufgetaut sein, bevor es zum Üben verwendet wird.

Die Arbeit mit Raubwild und Raubzeug sollte erst begonnen werden, wenn Nutzwild jeglicher Art zuverlässig gebracht wird. Nimmt der Hund den Fuchs nicht sofort auf, beginnen Sie nicht gleich mit Starkzwang. Lassen Sie ihn den Fuchs erst ausgiebig bewinden. Feuern Sie ihn mit lobenden Worten an. Zeigen Sie ihm, daß Sie sich darüber freuen, wenn er überhaupt herangeht und versucht zu fassen.

Sensible Hunde muß man auf andere Weise zum Fassen und Aufnehmen animieren. Werfen Sie einen Strick über einen Baumast und binden Sie das eine Ende an den Fuchs. Nun wird der Fuchs vor dem Fang des Hundes immer auf und nieder gezogen. Schließlich faßt der Hund zu, und der Bann ist gebrochen.

Andere wiederum glauben, nur durch Starkzwang zum Erfolg kommen zu können. Hierzu wird auf den Abschnitt „Bringen" verwiesen.

Der Hund muß es auch lernen, über ein Hindernis zu springen (überfallen) und zu bringen. Zunächst wird mit kleinen Hindernissen, wie Baumstämmen, kleinen Gräben und Hekken begonnen. Auf keinen Fall darf sich der Hund mit den Läufen verfangen können (Drahtzäune, Leitern, Lattenroste). Ich ließ meine Hunde täglich bis zu 20mal und mehr auf Mauern springen. Das strengt den Hund sehr an.

Jetzt wird dazu übergegangen, das Überfallen eines Hindernisses mit dem Bringgegenstand zu üben. Werfen Sie den Gegenstand über das Hindernis und befehlen Sie „Hopp". Sobald er drüben ist, kommt das Kommando „Bring". Auch hier wieder mit einem leichten Gegenstand beginnen. Allmählich werden auch bei dieser Übung die Höhe und das Gewicht gesteigert.

Bringen des Fuchses über Hindernis

Macht der Hund Schwierigkeiten, so lassen Sie ihn den Bringgegenstand aufnehmen und springen mit ihm zusammen über das Hindernis. Oft hilft es.
Trotz aller Strenge bei der Abrichtung im Bringen muß es eine freudige Angelegenheit für den Hund bleiben. Beim jungen Hund können falsche Einwirkungen unerwünschte Folgen haben. Vor seinem Hund knieend, traf ich auf einem Lehrgang einen in der Abrichtung und jagdlichen Praxis unerfahrenen Jäger, der mit grimmigem Gesicht und drohendem Tonfall bei der ersten Übung versuchte, den vierläufigen Jagdgehilfen zum Aufnehmen des Bringgegenstandes zu veranlassen. Der angeleinte Rüde, ein hoch veranlagter Hund, wich immer wieder aus und bog den Kopf zur Seite. In der Welt des Rüden hörte es sich wohl so an: wenn ich den Bock aufnehme, bekomme ich Dresche. Erst allmählich gewöhnte sich der ungeduldige Jäger einen freundlicheren Ton an, und dann klappte es.
Aber manchmal erfährt man überhaupt nicht, daß dem Hund das saubere und sichere Bringen ausgetrieben wurde. Auf einer Treibjagd beobachtete ich, wie ein Treiber den Hund, der ihm vom in der Schützenlinie stehenden Jäger übergeben wurde, mit Gewalt daran hinderte, einen Fasan aufzunehmen. Immer wieder wurde der Rüde zurückgerissen, und die Stachelhalsung, also eine sehr schmerzhafte Einwirkung, machte ihm deutlich, daß er nicht aufnehmen soll. Von diesem Vorkommnis unterrichtete ich den Jäger, der sehr nachdenklich wurde.

Schleppe. Der Hund muß lernen, der Wundspur des kranken Hasen oder dem Geläuf des geflügelten Federwildes sicher und willig zu folgen, es zu greifen und auch dann zu bringen, wenn eine Möglichkeit des Jägers nicht mehr besteht, unmittelbar durch Befehl auf ihn einzuwirken. Den Hund können wir auf der Schleppe hierauf vorbereiten.
Bei der Schleppenarbeit sollte nur Wild verwendet werden, welches der Hund bereits bei den Bringübungen kennengelernt hat. Ist das nicht der Fall, so muß er das Stück zunächst übungsmäßig aufnehmen und bringen. Es kann schon genügen, wenn er es vorher bewindet.
Legen Sie die Schleppe selbst, so müssen Sie in weitem Bogen, also nicht auf der Schleppspur oder daneben, zurückkehren, sonst wird der Hund teilweise Ihre Spur arbeiten und unnütz abgelenkt. Lassen Sie die Schleppe nicht immer von derselben Person ziehen. Bald kennt der Hund die Spur „seines" Schleppenziehers und ist hierauf eingestellt. Zieht dann plötzlich auf der Prüfung eine andere Person die Schleppe, versagt der Hund oft. Da die Schleppspur keine Anforderung an die Nase des Hundes stellt, kommt es nicht selten vor, daß der Hund unter Wind neben der Schleppspur läuft.
Auch müssen Revierteil und Schleppwild öfter gewechselt werden. Ebenso muß der Hund übungsmäßig Wild bringen, das andere Hunde bereits brachten.
Alle Schleppen sollten möglichst nur mit Nackenwind gelegt werden, da-

mit der Hund gezwungen ist, mit tiefer Nasenhaltung zu suchen.
Anfangs kann morgens und abends eine Schleppe gearbeitet werden. Bald wird es genügen, den Hund bis zum Herbst nur noch einmal in der Woche eine Schleppe arbeiten zu lassen.
Die Schleppleine muß um den Hals des Wildes gelegt werden. Wird gegen den Strich (Haare, Federn) gezogen, leidet das Aussehen, so daß das Wild nicht oft verwendet werden kann.
Der Anschuß soll mit Haaren oder Federn und zusätzlich durch einen Hut, Stock usw. markiert werden. Das Schleppwild wird nun einige Male auf dem Anschuß gedreht und anfangs nur 50 bis 60 Schritt gezogen. Dort wird es frei abgelegt (nicht in eine Bodenvertiefung) und die Schleppleine vom Wild gelöst. Der Schleppenzieher muß in Deckung liegen und legt rund 20 Schritt vor sich ein zweites Stück Wild ab. Überschießt der Hund das erste Stück, so nimmt er das zweite Stück auf und kommt nicht leer zurück.
Zweckmäßigerweise werden die ersten Schleppen an der langen Leine oder dem Schweißriemen gearbeitet, damit der Hund nicht zur freien Suche übergeht. Gehen Sie mit dem Hund zum Anschuß, weisen mit der Hand darauf und ermuntern ihn mit „Such voran". Wirkt der Hund uninteressiert, weisen Sie immer wieder mit der Hand auf die Schleppspur und loben ihn, wenn er die Nase in die Spur steckt. Am Schleppenende muß er das Wild aufnehmen, und Sie gehen mit ihm zum Anschuß zurück. Erst dann nehmen Sie ihm das Wild ab.
Arbeitet er am Riemen die Schleppe sicher, so können Sie den Hund frei arbeiten lassen. Fangen Sie wieder mit einer kurzen Strecke an und steigern Sie die Entfernung bis zu 600 m und mehr mit 3 rechtwinkligen Haken.
Bei der freien Arbeit wird die Schnur durch die nicht würgende Halsung gezogen. Beide Schnurenden nehmen Sie in die Hand und gehen zum markierten Anschuß. Hat sich der Hund nach 15 bis 20 Schritt auf der Spur festgesogen, lassen Sie das eine Schnurende los und befehlen „Bring". Die Schnur wird aus der Halsung gleiten, ohne daß der Hund durch ruckartiges Lösen der Leine gestört oder sogar von der Schleppe abgezogen wird. Gehen Sie selbst zum Anschuß zurück. Sobald der Hund das Wild aufgenommen hat, fordern Sie ihn durch seitliches Heben der Arme und Zuruf zum Kommen auf. Bald können Sie auf den Zuruf verzichten, weil er ohne Ermunterung kommt.
Verliert der Hund die Schleppspur, so versucht er, sie durch Kreisen und Bögeln wieder zu finden.
Einige Hunde wollen anfangs nicht sofort bringen und beginnen, mit dem Wild zu spielen, werfen es auch in die Luft und fangen es wieder auf. Andere wiederum rupfen und zupfen an der „Beute". Dies muß sofort unterbunden werden. Hilft kein scharfes Kommando, so wird die nächste Schleppe wiederum an der Leine gearbeitet. Sobald er aufgenommen

Links oben:
Der Hund wird zum „Anschuß" geführt und durch Handzeichen und den Befehl „Such verloren, bring" aufgefordert, die Schleppe zu arbeiten.

Rechts oben:
Folgen Sie dem Hund an der Schnur etwa 15 bis 20 Schritt und lassen dann das eine Ende der Schnur los.

Links unten:
Am Ende der Schleppe hat der Hund mit sicherem Griff aufgenommen. Mit dem Wild kommt er zurück und wird durch Heben des Fingers zum Sitzen aufgefordert. Dann darf er abgeben.

---

hat, ziehen Sie ihn zu sich heran. So fördern Sie auch das schnelle Bringen. Beachten Sie aber, daß es Hunde gibt, die sich gern das Wild erst zurechtlegen, damit sie es gut fassen können.

Vor lauter Freude machen die Hunde nicht selten eine „Ehrenrunde" beim Bringen um ihren Herrn, bevor sie sich setzen. Auf den Prüfungen wird darüber manchmal diskutiert, ob dieses freudige Verhalten sich mindernd

auf die Prüfungsnote auswirken soll oder nicht. Der ältere Hund macht es schon deshalb nicht, um Kräfte zu sparen.
Nimmt der Hund das Wild nicht auf oder findet er es nicht, so müssen Sie mit ihm die Schleppe am Riemen arbeiten und aufnehmen lassen. Der Hund muß lernen und wissen, daß er am Ende der Schleppe immer Beute findet.

Werden die Übungen sicher und korrekt beherrscht, so müssen Schleppen auch im Unterholz, auf Waldblößen, über Knicks und trockene Gräben gezogen werden. Auf diese Weise wird der Hund auf die Arbeit im Walde vorbereitet.

Knautschen. Einige Hunde fassen so kräftig zu, daß das Wild für den menschlichen Genuß nicht mehr verwertbar ist. Hierzu neigen besonders Hunde, die bereits in der Jugend rücksichtslos Raubwild und Raubzeug würgen. Das Knautschen kann zum Anschneiden führen.
Zur Behebung dieser Unart wird ein Bringgegenstand oder das Wild mit einem Stück Stacheldraht umwickelt, und zwar so, daß die Stacheln nicht allzu weit aus dem Balg herausragen. Erschrocken wird der Hund blitzschnell fallen lassen, weil er wiederum fest und hart zugepackt hat. Beim nächsten Mal faßt er zaghafter zu. Nimmt er nicht auf, so üben Sie es schulmäßig. Bei sachgemäßer Präparation sind Verletzungen ausgeschlossen. Schließlich bringen Hunde auch Igel ohne Verletzungen.

Anschneiden. Zerreißt oder frißt der Hund regelmäßig Wild, so sprechen wir von einem Anschneider. Ein naturgemäß ernährter Hund schneidet nicht an.
Nicht jeder Hund, der gelegentlich ein Stück Wild frißt, ist ein notorischer Anschneider. Bei läufigen und säugenden Hündinnen kommt es schon mal vor. Letztere wollen ihren Nachwuchs mit Futter versorgen. Das heraushängende Gescheide zerschossenen Wildes reizt genauso wie aufgebrochenes Schalenwild und austretender Schweiß beim Ein- und Ausschuß zum Anschneiden. Die größte Gefahr ist, wenn mit tiefgefrorenem und wieder aufgetautem Wild geübt wird, weil es schnell anbrüchig wird. Auch der Beuteneid führt zum Anschneiden. So zerren die Hunde an jedem Ende so lange den Hasen, bis er zerreißt und gefressen wird, weil jeder die Beute vor dem anderen in Sicherheit bringen will.
Oft wird der gelegentliche Anschneider durch eine einzige Lektion geheilt. Lassen Sie eine Schleppe mit einem Stück Wild ziehen. Der Schleppenzieher legt sich so in die Deckung, daß der Hund ihn weder eräugen kann noch Witterung von ihm erhält. Schneidet er an, so muß der Schleppenzieher blitzschnell aus der Dekkung springen und ihn mit einer Gerte strafen oder eine Handvoll Steine auf den Körper werfen. Der Hund wird zum Führer zurücklaufen, der ihn dann am Riemen die Schleppe ausarbeiten läßt und ihn zwingt, das Kanin aufzunehmen. Nun gehen beide zum markierten Anschuß zurück.

Vergraben. Selten kommt es vor, daß ein Hund das Wild regelmäßig vergräbt, statt es dem Jäger zu bringen. Das Vergraben geschieht blitzschnell.
Die Ursachen für das Anschneiden treffen auch auf das Vergraben zu. Ausgelöst werden kann es aber auch durch einen Besitzerwechsel, weil der Hund seinen neuen Herrn noch nicht anerkannt hat. Nach einem langen und anstrengenden Jagdtag kommt es schon mal vor, daß alte Hunde vor Überanstrengung vergraben, wenn sie über weite Strecken bringen müssen. Kontrollieren Sie seinen Fang. Hat er Haare im Fang, so wissen Sie, daß er vergraben hat. Aber auch das kann täuschen. Werner Pahl setzte seine Birke auf einer Treibjagd auf die Wundspur des Hasen an, und sie kam leer zurück. Deutlich sichtbar hatte sie viele Haare im Fang. Schon hieß es: Totengräber. Das ärgerte Werner gewaltig. Am nächsten Tage setzte er Birke nochmals an und folgte der Hündin. Birke kam schließlich an ein fängisch gestellt gewesenes Eisen, welches am Durchlaß eines Knicks stand. Hier hatte sich der Hase selbst gefangen, und Birke versuchte, wie am Tage vorher, den Hasen samt Eisen zu bringen.
Auf den Prüfungen ist zu beobachten, daß sich der Führer, sobald der Hund aufgenommen hat, mit der Korona oder den Leistungsrichtern unterhält. Der zurückkehrende Hund erkennt seinen Führer im Menschenpulk nicht und vergräbt vor den Augen aller.
Die Korrektur ist oft schwierig und langwierig. Am besten wird das Vergraben durch schnelles und konsequentes Handeln beseitigt. Auf einem Lehrgang gingen die Teilnehmer nach den Übungen zum Sammelplatz. Die jungen Hunde durften sich frei bewegen und laufen. Plötzlich stürzte sich ein junger Hund, fast vor meinen Füßen, auf ein durch Myxomatose eingegangenes Kaninchen und vergrub es vor meinen Augen. Die Strafe folgte sofort nachhaltig. Im übrigen wird zur Korrektur wie beim Anschneiden verfahren.

Der Hund auf der Treibjagd

Der gehorsame Hund wird unangeleint auf der Treibjagd geführt und verhält sich auf dem Stand vollkommen ruhig. Gehen Sie in der Treiberwehr, so kann der Hund auf Anordnung des Jagdleiters auch zur Suche eingesetzt werden. Das empfiehlt sich besonders in unübersichtlichem Gelände. In erster Linie hat der Hund Verlorenbringerarbeit zu leisten. Deshalb sollten Sie ihn auch nicht zum Transportmittel für in Sichtweite verendetes Wild degradieren.
Verhält sich der Hund nicht ruhig auf dem Stand, so lassen Sie sich einen Platz anweisen, wo der Hund verdeckt liegt und das flüchtende Wild nicht eräugen kann, so beispielsweise hinter einem Erdhügel oder Wall. Ein erfahrener Rüdemann hat immer einen Rucksack dabei, worauf der Hund liegen kann. Außerdem schützt

er ihn vor Kälte und Nässe. Wenn Sie dies beachten, kommen Sie auch zu Schuß, und das Wild wird nicht vorzeitig seine Fluchtrichtung ändern. Lassen Sie sich auch nicht dazu verleiten, auf den Ruf eines Nachbarjägers „Hund los, Hase krank" Ihren Hund zu schnallen. Auf diese Weise erziehen Sie ihn zum wüsten Hetzer, und er wird bald nicht mehr sicher verlorenbringen.

Frettieren mit dem Hund

2 Jäger, 2 Hunde und Helfer für das Frettchen sind ein ideales Gespann. Viele Hunde zeigen durch Kratzen, Scharren oder Vorstehen (meist nur junge Hunde) an, ob der Bau befahren ist. Stehen die Jäger zu nah am Bau, wird das Kaninchen spitz von hinten und dann meist krank geschossen. Sofort nimmt es den nächsten Bau wieder an, und die Folge ist, daß sich das Frettchen verbeißt, weil es nicht mehr springen will. Dann muß man lange warten. Es hilft, wenn Sie ein Kaninchen vor die Einfahrt legen und kräftig mit der flachen Hand auf den Boden schlagen. Diese Methode kann auch angewendet werden, wenn die Frettchen müde im Bau stecken bleiben. Bald wird es erscheinen.

Entscheidend für den Zeitpunkt des Bringens der erlegten Kaninchen ist die jeweilige Situation. Erfahrene Hunde hetzen gesunde Kaninchen nicht und bringen auch keine verendeten ohne Befehl, denn es muß damit gerechnet werden, daß mehrere Kaninchen im Bau sind. Würden die Hunde jedes erlegte Kaninchen sofort nach dem Schuß bringen, wären sie bei weiteren Schüssen gefährdet, würden das Jagen stören, und die Kaninchen würden nicht springen.

Nicht viele Hunde zeigen beim Frettieren an, ob der Bau befahren ist. Wenn sie es tun, ist das eine große Hilfe.

Wasserjagd

Das dicht anliegende Haar schützt unseren Hund vor Nässe und Kälte. Beim Schwimmen ist er sehr wendig, denn seine Rute dient ihm als Steuer.

Viel Kraft und Ausdauer erfordert das stundenlange Stöbern und Verlorensuchen. Es ist härteste und oft gefährliche Arbeit. Leider sind unsere Gewässer schon teilweise zu Schuttabladeplätzen geworden. Vermeiden Sie es deshalb, daß der Hund mit einem riesigen Satz von Brücken, Stegen oder hohen Ufern ins Wasser springt. Mancher Hund hat sich schon aufgespießt; andere haben lebensgefährliche Verletzungen erlitten. Aber auch scharfes Schilf verletzen Auge und Nase. Untersuchen Sie Ihren Hund nach der Wasserjagd deshalb gründlichst.

Dem Hund muß immer die Halsung vor jeder Arbeit – auch Übung – abgenommen werden, weil er sonst leicht an Hindernissen hängen bleiben kann. Selten können Sie ihn oder kann er sich befreien.

An kalten Wintertagen sollte nur dann geschossen werden, wenn der Wind die Ente an das Ufer treibt oder wenn sie vermutlich auf das Land fällt. Bei Eisgang und brüchigem Eis gerät der Hund immer in Not. Auch hier können Sie ihm selten helfen. Oft taucht die Ente unter der Eisdekke hindurch und der Hund hinterher. Um dieser Gefahr zu entgehen, müssen Sie bei solchen Gelegenheiten den überpassionierten Hund stets anleinen.

Deshalb brauchen Sie auf die winterliche Jagd nicht zu verzichten. Aber der Hund braucht besondere Pflege nach der Jagd. Lassen Sie ihn sich trocken laufen. An besonders kalten Tagen muß er trocken gerieben werden. Nach anstrengendem Jagen gehört auch der Zwingerhund in einen erwärmten Raum, sonst unterkühlt er.

Falsch ist es auch, die Enten sofort bringen zu lassen. Der Hund würde dann längere Zeit mit nasser Jacke in der Kälte liegen. Meist wird nämlich auch noch eine Unterlage für den Hund vergessen (Decke, Rucksack), um ihn gegen die Bodenkälte zu schützen. Das hat mit Verweichlichung nichts zu tun. Hier geht es nur darum, den Hund vor Krankheiten zu schützen und auch dem Wasserhund ein langes Leben in Gesundheit zu erhalten. Identifizieren Sie sich nicht mit den sogenannten harten Jägern, die gedankenlos in der Gastwirtschaft sitzen und sich aufwärmen, während der Hund im kalten Auto sitzt.

Der Hund muß bei der Suchjagd auf Enten die Moore, bewachsenen Teiche, Gräben und Schilfpartien systematisch absuchen. Je ruhiger und leiser dies geschieht, desto größer ist der Erfolg, denn die Enten sind sehr wachsam und äugen scharf. Sie stehen dann zu früh für einen sicheren Schuß auf.

Ein feinnasiger und erfahrener Hund umrundet kleine Gewässer und drückt auf diese Weise dem Jäger das Wild zu. Trägt ihm der Wind keine Witterung zu, geht er gar nicht erst ins Wasser und schont auf diese Weise seine Kräfte.

Auf schwimmende gesunde Enten zu schießen ist nicht nur unwaidmännisch, sondern auch für Hund, Mitjäger, Angler und andere Personen sehr gefährlich. Schießen Sie nicht zu flach über das Schilf, weil sonst verdeckt stehende Personen gefährdet werden.

Besondere Vorsicht ist in fremden Revieren geboten, wo Stege und Wege so gut wie unbekannt sind. Moore und unterspülte Flußufer sind tükkisch und gefährden Mensch und Tier. Im Jahre 1954 stürzte ich an der Eider mit dem unterspülten Ufer ab und fiel mit den vom Regen schon durchnäßten Kleidern samt Flinte ins Wasser. Weit und breit kein Mensch, denn wir waren sehr weit auseinandergezogen. Mit letzter Kraft konnte ich wieder an das Ufer gelangen. Einige Male bin ich auch nur mit Mühe aus moorigem Gelände lebend herausgekommen.

Die Suchjagd wird auch allein oder mit mehreren Jägern vom Boot ausgeübt. Einige Jäger werden am Ufer in Deckung abgestellt, und das Boot fährt langsam am Schilfgürtel entlang, während der Hund im Schilf stöbert. Auf größeren Gewässern liegen die Enten bei Sonnenaufgang mitten auf dem See. Während die Jäger am Ufer verdeckt stehen, fährt ein Boot auf die Enten zu und macht sie rege. Ein imponierendes Bild, wenn sie aufsteigen. Unvergeßlich bleiben mir die Entenjagden in den frühen Morgenstunden auf dem Öjendorfer See in Hamburg.

Wird aus dem fahrenden Boot geschossen, muß der Jäger fest und sicher stehen. Wehe, wenn ein unruhiger oder schußhitziger Hund an Bord ist. Sobald der erste Schuß fällt, springt er aufgeregt von vorn nach hinten und gefährdet die Bootsinsassen. Oft kommt das Boot ins Schwanken und kippt um, oder der Jäger fällt samt Flinte ins Wasser.

Bei der Suchjagd werden die Enten sofort eingesammelt oder verlorengesucht.

Die Ansitzjagd wird morgens und abends an Gewässern, Getreidefeldern oder überschwemmten Wiesen ausgeübt. Erfolgversprechend sind erfahrungsgemäß stürmische und regnerische Tage. Tags zuvor kann festgestellt werden, ob die Enten schon ziehen. Dann liegen kleine Federchen auf der Wasseroberfläche. Wichtig beim Ansitz ist vor allen Dingen, daß Sie völlig gedeckt sind. Den Entenstrich kündigen einige Vorboten an. Schießen Sie nicht auf diese Enten, sondern warten Sie so lange, bis die ersten Schoofe eingefallen sind. Beendet ist der Enteneinfall erst nach völliger Dunkelheit.

Die Lockjagd mit Entenattrappen und akustischen Geräten wird meist an stehenden Gewässern ausgeübt. Junge Hunde müssen sich erst an die Geräusche gewöhnen und hin und wieder zur Ruhe ermahnt werden.

Bei der Ansitzjagd wird der Hund erst nach Beendigung des Striches zum Bringen aufgefordert, am fließenden Gewässer natürlich sofort.

Geflügelte Enten fordern dem Hunde das Letzte an Können ab. Manche Ente sind wahre Meister im Tauchen und Sichdrücken im Schilf und an Land. Nicht selten tauchen Hunde den Enten nach. Andere wiederum versuchen, durch Kreisen die wieder aufgetauchte Ente zu finden. Die kranke Ente liegt meist so flach im Wasser, daß man nur noch die Rükkenlinie sieht oder sogar nur die Schnabelspitze. Kranke Enten gehen oft Hunderte von Metern an Land. Wird eine Ente nicht gefunden, gehen Sie einige Stunden später oder am nächsten Tag nochmals hin. Die kranke Ente drückt sich dann meist am Uferrand.

Verzweifeln Sie nicht, wenn Ihr

Hund im ersten Feld noch keine zufriedenstellende Wasserarbeit leistet, Ich habe es mehrfach erlebt, daß ein solcher Hund im Jahre darauf sehr gut im Wasser arbeitete.

Ausbildung

Schwimmübungen. Unsere Hunde sind sehr wasserfreudig. Meist werden sie nur falsch behandelt. So sollte am Wasser immer eine freudige Stimmung herrschen. Viel Lob und Zuspruch und möglichst wenig Gewalt führen zum sicheren Erfolg bei der Ausbildung. Werfen Sie den Hund nicht ins Wasser, weil die Gefahr besteht, daß er dann wasserscheu wird. Beginnen Sie nicht im schwierigen Wasser, denn Schlinggewächse, steile Ufer, glatte Steine und mooriger Untergrund mit Binsen stellen an den Junghund zu große Anforderungen. Die systematische Ausbildung beginnt erst mit dem Jährling, denn die Wasserarbeit verlangt körperliche Reife und großes Selbstvertrauen.

Sobald es die Jahreszeit erlaubt, suchen Sie flache Stellen im Wasser auf und gchen mit dem Hund hin und her. Meist geht der Hund von sich aus schon in tiefere Stellen und schwimmt. Tun Sie es notfalls selbst, schwimmen Sie mit ihm oder fahren Sie im Boot und locken ihn vom Ufer ins Wasser. Reden Sie ihm gut zu, damit das Vertrauen wächst. Auch ein schmaler Flußlauf leistet gute Dienste. Nehmen Sie einen Helfer mit, der mit dem Hund auf die andere Flußseite geht. Ist der Hund anhänglich, wird er durch den Fluß schwimmen, wenn Sie ihn zu sich locken. Achten Sie darauf, daß der Flußübergang weit genug entfernt ist, sonst wird er diesen Weg nehmen. Notfalls

Ist der Junghund anhänglich und wasserfreudig? Dann wird er zu seinem Herrn schwimmen, der ihn durch Armbewegungen zu sich lockt.

muß der Übergang versperrt werden. Nicht jeder Hund geht von allein ins Wasser. Legen Sie Ihre Arme unter den Bauch des Hundes und gehen Sie mit ihm ins tiefe Wasser. Lassen Sie dann langsam den Hund los; er wird schwimmen. Wird er unsicher, heben Sie sofort die Arme wieder an. Sie können aber auch auf einen Bootssteg gehen und den Hund an der Leine herumführen. Der enge Kontakt mit dem Jäger wird ihm das Schwimmen erleichtern. Ratsam kann es sein, den jungen Hund durch einen älteren zu animieren, das Wasser anzunehmen.

Die Wasserpassion können Sie fördern. Befestigen Sie an einem Stock einen Bindfaden und am anderen Ende den Flügel einer Ente oder von anderem Federwild. Halten Sie ihm den Flügel an Land vor den Fang und locken Sie ihn ins Wasser. Eifrig wird er bald hinterherschwimmen. Lassen Sie ihn auch den Flügel greifen und ziehen Sie Hund und Flügel an Land. So hat er ein Erfolgserlebnis.

Ein wenig stärker nachhelfen kann man schon in schwierigen Fällen, denn durchweg sind unsere Hunde so nervenstark, daß sie geringe Zwangseinwirkungen nicht verübeln. Für die folgende Methode eignet sich ein breiter Graben, kleiner Teich oder schmaler Fluß. Befestigen Sie an einem Baum oder Pfosten eine Hakenöse und ziehen Sie eine lange Leine so durch die Öse, daß Sie beide Schnurenden in ihren Händen halten, und gehen Sie dann mit dem Hund und der Schnur auf die gegenüberliegende Seite des Wassers. Nun

Der Hund kann mit sanfter Gewalt und viel Zuspruch beliebig oft von einer Seite des Wassers auf die andere gezogen werden, ohne daß der Führer seinen Platz wechseln muß.

befestigen Sie ein Schnurende an der nicht würgenden Halsung, die in diesem Fall angelegt werden muß. Jetzt können Sie den Hund mit sanfter Gewalt ins Wasser auf die andere Seite mit viel Zuspruch ziehen.

Bei Übungsbeginn treten die Hunde oft das Wasser, schlagen mit den Läufen und ragen halb mit dem Körper heraus. Das kostet Kraft, aber bald werden sie ruhiger schwimmen.

Sobald der Hund einigermaßen schwimmen kann, lassen Sie ihn sich setzen, wenn er aussteigt. Verhindern Sie, daß er sich schüttelt. Es ist eine Vorübung für das Bringen aus dem Wasser. Das Schütteln kann verhindert werden, indem Sie blitzschnell auf ihn zugehen, sich herabbeugen und ihm zurufen „Sitz".

Bringen aus tiefem Wasser. Bevor Sie den Hund eine Ente aus dem tiefen Wasser bringen lassen, üben Sie auf dem Lande und ziehen mit der Ente eine Schleppe. Der Hund lernt das Wasserwild kennen, und Sie können auf ihn einwirken, wenn er nicht bringt.

Dann werfen Sie die Ente zunächst ins flache Wasser, daß er sie noch watend erreichen kann. Allmählich wird die Entfernung verlängert, bis er sie schwimmend aufnehmen muß.

Nicht immer wird eine Ente zur Verfügung stehen, doch eignen sich alle Federwildarten, sehr gut sogar der zusammengebundene Entenflügel. Natürlich eignet sich auch der Bringbock. Anfangs empfiehlt es sich, den Gegenstand an einem Bindfaden zu befestigen, damit Sie ihn notfalls wieder herausziehen können, falls es mit dem Bringen nicht klappt. Werfen Sie nicht mit dem Stock nach dem Bringgegenstand, denn der Hund bringt mit Sicherheit den Stock. Wenn es schon sein muß, nehmen Sie einen Stein, der im Wasser versinkt.

Verwenden Sie das Federwild nicht zu oft. Mit der Zeit verliert es an Schwimmfähigkeit und liegt so tief im Wasser, daß es der Hund nicht mehr findet.

Treten Sie vom Ufer so weit zurück, daß der Hund sich nicht ins Wasser setzen muß oder auf dem abschüssigen Ufer rückwärts ins Wasser rutscht.

Der Hund muß sich mit der Ente im Fang setzen, ohne sie vorher abzulegen. Durch widrige Umstände kann der Hund die Ente oft nur am Flügel

Auch bei der Wasserarbeit muß sich der Hund jederzeit in die gewünschte Richtung lenken lassen und den vernommenen Befehl willig und unverzüglich ausführen.

oder Hals fassen. Er legt sie dann am Ufer ab und stellt manchmal die Pfote darauf, um den Griff zu verbessern. Schüttelt er sich und behält dabei die Ente im Fang, so ist das nicht zu beanstanden.
Bringt der Hund aus tiefem Wasser zuverlässig, so wird der Bringgegenstand in den Schilfgürtel geworfen, damit er auch das Verlorensuchen lernt. Die ersten Male kann er das Werfen verfolgen, damit er weiß, worauf es ankommt. Unterstützen Sie ihn mit Lob und Zuruf.

Üben mit der lebenden Ente. Einer Wildente oder wildfarbenen Hochbrutflugente werden die Schwungfedern gestutzt. Mit den Federn wird ein Anschuß am Schilfrand markiert. Anschließend wird die Ente ins Schilf gedrückt. Diese Vorbereitung kann der Hund die ersten Male beobachten. Das Interesse für die Ente wird dadurch geweckt. Findet der Hund die Ente, sollte sie geschossen werden. Der junge Hund muß möglichst schnell bei den ersten Übungen zum Erfolg kommen, damit er weiß, worauf es ankommt. Bei den ersten Übungen sollte der Wind vom Wasser kommen, damit der Hund die volle Witterung erhält. Bei späteren Arbeiten sollte der Wind vom Lande kommen. Nun ist der Hund gezwungen, weit hinaus zu schwimmen, nämlich an den Schilfpartien entlang, damit ihm der vom Ufer herstreichende Wind die Witterung der sich im Schilf drückenden Ente zuträgt.
Zeigt der Hund wenig Passion, lassen Sie ihn mit Zustimmung eines anderen Führers bei der Arbeit dessen Hundes zuschauen. Der Jagdneid tut ein übriges.
Überpassionierte Hunde hetzen in der Jugendzeit manchmal die Enten lautgebend über das Wasser, bald haben sie jedoch gelernt, daß dies zuviel Kraft kostet und hören damit auf. Es muß auch darauf geachtet werden, daß der Hund nicht dauernd am Wasserrand herumstochert und nach Mäusen und Ratten sucht. Das kann zur Plage werden. Führen Sie den Hund bei den Übungen deshalb an der Leine an den markierten Anschuß heran.
Nicht ratsam ist es, 2 Hunde gleichzeitig arbeiten zu lassen. So wurde ein junger Hund von einem älteren aus Jagdneid beim Bringen im Wasser abgewürgt. In letzter Minute konnte auf einem von mir geleiteten Jagdgebrauchshund-Führerlehrgang eine andere Tragödie verhindert werden. Auf diesem Lehrgang wurden 2 Wurfbrüder geführt, die sich so feindlich gesinnt waren, daß sie nie gleichzeitig unangeleint sein durften. An einem Übungstag arbeitete einer von ihnen an der Ente, und der andere sah zu. Mit großer Kraft riß er sich los, stürzte sich ins Wasser und griff sofort an. Im Nu war eine wilde Beißerei im Gange. Das Leben der Hunde geriet in Gefahr. Da zog sich Arkos Besitzer, ein erfahrener Schutzhundführer, bis auf die Unterhose aus und schwamm am Sonntagmorgen im Hamburger Erholungsgebiet auf die Kampfhähne zu. Blitzschnell griff er seinem und dem fremden Hund ins Nackenfell und drückte beide solan-

ge unter Wasser, bis sie von einander ließen.
Hin und wieder hört man den Einwand, daß Hunde, denen das Hetzen der Parkenten ausgetrieben wurde, bei der Wasserarbeit auf den Prüfungen versagen. Das stimmt nicht. Es fehlt an der nötigen Passion. Ich habe sehr viel Gehorsamsübungen an Parkenten in den frühen Morgenstunden gemacht, ohne daß die Passion litt. Sehr gute Schwimmer sind nämlich noch lange keine guten Stöberer im Wasser.
In diesem Zusammenhang sei noch ein anderes Erlebnis geschildert. Nach Beendigung eines Lehrgangstages bat ein Teilnehmer um eine Ente, die er auch von mir bekam. Der Teilnehmer wollte auf seinem Hausteich damit üben. Diese Ente war eine Tauchspezialistin. Zuerst war Ilona mein kleiner Kerl 17754 ganz verblüfft, wenn die Ente vor ihr wegtauchte. Damit man sehen konnte, wo die Ente unter Wasser schwamm, hatte man ihr um den Ständer einen Bindfaden und an das andere Ende einen Korken gebunden, der an der Oberfläche des Wassers schwamm. Dies hatte Ilona bald richtig verknüpft und schwamm immer dem Korken nach. Jetzt war das Erstaunen bei der Ente. Beide gewöhnten sich schnell aneinander. Hetzte Ilona die Ente auf dem Wasser, war es auf dem Lande umgekehrt. Die Ente erhielt für alle Zeiten Schonzeit. Für die Wasserarbeit wurde die Hündin nicht verdorben.
In einigen Bundesländern ist die Arbeit mit der lebenden Ente verboten.

Waldarbeit

Schweißarbeit

Prägen Sie sich vor der Schußabgabe immer einige markante Punkte als Orientierungshilfe für eine eventuelle Nachsuche ein. Solche Punkte sind beispielsweise Baumarten, deren Größe und Form (Kugel- oder Kegelform, Laub, Nadel), Hecken, Gras- und Moosflecken, Sandhaufen.
Verhalten Sie sich ganz still beim Ansitz, denn beunruhigtes Wild zeichnet oft nicht, und die Schockwirkung ist beim Auftreffen der Kugel auf den Körper nur noch gering. Das Wild verendet dann nicht so schnell. Laden Sie sofort nach, damit ein notwendig werdender zweiter Schuß unverzüglich abgegeben werden kann. Bleiben Sie längere Zeit nach der Schußabgabe auf Ihrem Stand oder Ansitz. Das Wild könnte sich krank in der Dickung niedergetan haben und würde aufgemüdet; es flüchtet dann über sehr weite Strecken, und die Nachsuche wird sehr erschwert.
Starre Regeln lassen sich für den Zeitpunkt des Beginns einer Nachsuche nicht aufstellen. Viele Umstände sind hierfür entscheidend. Eine Nachsuche darf grundsätzlich nicht in der Dunkelheit begonnen und muß bei Anbruch derselben abgebrochen werden. Diese Stelle wird verbrochen. Bei hochsommerlicher Hitze und Vermutung, das das Wild verendet in der Dickung liegt (Totsuche), muß auch bei Dunkelheit nachgesucht werden, denn über Nacht wird das Wild verhitzen (besonders Schwarzwild).

Einen wichtigen Hinweis für den Zeitpunkt der Nachsuche gibt das Zeichnen des Wildes, die Schwere der Verletzung und der Sitz der Kugel.

Bricht das Wild sofort zusammen, ist es meist aufs Blatt getroffen oder nur gekrellt worden (Wirbelverletzungen). Bei einem tiefen Blattschuß geht das Wild oft noch mit einer hohen Flucht 50 und mehr Schritt, um dann zu verenden. Bei Krellschüssen kommt es bald wieder auf die Läufe. Junges Wild hörte ich häufig bei Knochenverletzungen stark klagen. Sind Niere oder Leber getroffen, fällt es, steht wieder auf und zieht oder flüchtet gekrümmt in die Dickung. Dort verendet es dann bald. Zieht oder flüchtet es mit krummem Rücken und schlägt mit den Hinterläufen, so ist es waidwund getroffen. Bei Verletzungen des Laufes knickt es ein, tut sich nieder und wird bald flüchtig.

Als sicheres Zeichen, daß das Wild getroffen ist, gilt, daß es sich von den anderen trennt und in eine andere Richtung flüchtet. Hat das liegende Wild den Spiegel gespreizt, ist es verendet.

Suchen Sie auf dem Anschuß nach Pirschzeichen (Eingriffe, Schweiß, Schnitthaar, Knochensplitter). Die Untersuchung muß gründlich sein, um endgültigen Aufschluß über die Verletzung zu erhalten. Oft dauert es sehr lange, bis Sie den ersten Hinweis gefunden haben. Bei getroffenem Wild sind die Schaleneingriffe gespreizt und tiefer in den Boden gedrückt.

Aus Farbe und Lage (neben, in oder beidseitig der Fährte) des Schweißes können ebenfalls wichtige Schlußfolgerungen gezogen werden. Hellrot ist er meist bei Wildbretverletzungen und hellrot-schaumig bei Lungenschüssen. Ist er dunkel, ist die Leber verletzt. Schweiß mit Äsung durchsetzt, läßt auf waidwund schließen.

Es kann auch angebracht sein, einige Jäger für die Nachsuche heranzuziehen, damit größere Dickungen abgestellt werden können.

Die Witterungsverhältnisse machen dem Hund eigentlich keine Schwierigkeiten. Schwerer hat er es bei Sturm mit Regen im Laubwald, bei Wolkenbrüchen, hochsommerlichen Temperaturen und ausgedörrtem Boden. Dann machen sich nach stundenlanger Nachsuche bei Hund und Führer Ermüdungserscheinungen bemerkbar. Die Nachsuche muß abgebrochen und zu anderer Tageszeit fortgesetzt werden.

Der Hund wird vor dem Anschuß ab-

Aufmerksam verfolgt der Hund das Untersuchen des Anschusses und kann es kaum erwarten, dies selbst zu tun. Lassen Sie sich Zeit am Anschuß.

gelegt. In der Regel wird nunmehr der mindestens 6 m lange Schweißriemen abgedockt. Jetzt gehen Sie zum Anschuß und untersuchen ihn. Nach der Untersuchung gehen Sie zum Hund zurück, werfen den Schweißriemen in ganzer Länge nach hinten, erfassen den Riemen 1 bis 2 m hinter der Halsung, gehen mit dem Hund zum Anschuß und weisen ihn mit den Worten „Such verwundt" ein. Lassen Sie dem Hund viel Zeit zum gründlichen Untersuchen des Anschusses.

Mit tiefer Nase und ruhig wird er die Fährte arbeiten. Allmählich lassen Sie den Riemen in ganzer Länge aus der Hand gleiten. Verweist der Hund Schweiß oder andere Zeichen, so verbrechen Sie diese Stelle. Kommt der Hund von der Fährte ab, so können

Nach der Untersuchung gehen Sie zum Hund und führen ihn zum Anschuß. Mit einer Handbewegung und dem Befehl „Such verwundt" wird er eingewiesen.

Jetzt hat er den „roten Leitfaden" – die Wundfährte – gefunden und arbeitet ruhig und sicher mit tiefer Nase. Der Schweißriemen gleitet allmählich in voller Länge aus der Hand.

Sie an dieser Stelle den Hund erneut anlegen und brauchen nicht wieder am Anschuß zu beginnen.

Vertrauen Sie der Hundenase und stören Sie nicht dauernd durch Ablegen, um selbst nach Schweiß zu suchen oder durch unnötiges Vor- oder Zurückgreifen am Riemen.

Gewöhnlich arbeitet der Hund am straffen Riemen. Besteht die Gefahr, daß sich der Riemen in den Ästen oder im Strauchwerk verfängt, so lassen Sie ihn fallen, gehen zum Hund, nehmen den Riemen kurz hinter der Halsung wieder auf und ziehen den Rest nach.

Flüchtet das Wild, so streifen Sie dem Hund die Halsung ab und lassen ihn frei weiter suchen. Er muß jetzt das Wild stellen – falls es nicht bereits verendet ist –, damit der Fangschuß vom Hundeführer angebracht werden kann, oder muß es niederziehen und anschließend durch Verbellen oder Verweisen den Jäger in den Besitz des Wildes bringen.

Während des Aufbrechens liegt der

Hund einige Schritte daneben und wird mit einem Stück vom Wild genossen gemacht. Zum Anschneider wird ein normal ernährter Hund dadurch nicht.

Es ist schon viel darüber geredet und geschrieben worden, ob ein Vorstehhund zur Schweißarbeit in der Praxis geeignet ist oder ob nicht ein Spezialist eingesetzt werden sollte. Zweifel können insbesondere bei bestimmten Wildarten und Geländeverhältnissen entstehen, wenn es sich um sehr schwierige Nachsuchen handelt. Aber Erfahrungen muß schließlich jeder Hund sammeln. Ein gut abgeführter Vorstehhund ist durchaus in der Lage, für den eigenen Bereich die Arbeiten zu leisten. Deshalb wurde das Kapitel „Schweißarbeit" auch für den in Betracht kommenden Personenkreis geschrieben und nicht für die Spezialisten der Schweißarbeit.

Aus verständlichen Gründen wurde der Ablauf der Schweißarbeit schulmäßig geschildert. In der Praxis gehen alle Dinge flüssig ineinander über und müssen den jeweiligen Gegebenheiten mit allen ihren Schwierigkeitsgraden angepaßt werden. Das sollen einige Beispiele erläutern.

Lassen Sie sich nicht täuschen, wenn Sie am Anschuß nichts finden. Untersuchen Sie auch die nähere und weitere Umgebung; oft finden Sie erst dort Schweiß oder Zeichen. Steht das Wild beispielsweise bei Schußabgabe vor Büschen, Gräsern oder Bäumen, so finden Sie möglicherweise an den Blättern, Stengeln und Stämmen Schweiß und nicht auf dem Erdboden. Sie merken es am Verhalten des Hundes, der dann mit hoher Nase intensiv bestimmte Stellen bewindet. Auf diese Weise wurde ich auf einen ca. 30 cm langen Schweißspritzer an einem Strohschober ½ Meter oberhalb der Erde aufmerksam. Das Reh stand bei der Schußabgabe 2 m vor dem Schober und ging hochflüchtig ab.

Auch sogenannte Kontrollsuchen müssen durchgeführt werden, denn nicht selten kommt das Wild doch noch zur Strecke. So wurde am Abend eines bitterkalten Januartages im lichten Altholz am Rande einer großen Dickung ein Reh beschossen. Der Jäger fand am Anschuß nichts und glaubte, gefehlt zu haben. Deutliche Zeichen der zersplitterten Kugel fand er an einem Baumstamm. Ich wurde nun zu einer Kontrollsuche für den nächsten Tag gebeten und sagte zu. Die beißende Kälte machte das Atmen schwer. Hände und Ohren waren bald blau gefroren. Das Haar der Hündin plusterte sich wie das Gefieder eines Vogels auf, bildete Luftschichten, so daß die Wärme nicht so schnell vom Hundekörper abgegeben wurde. Am Anschuß zeigte sich Cenz sehr interessiert. Es ging sehr, sehr langsam voran. Hin und her, kreuz und quer ging es auf einem Flecken von 100 m x 100 m. Nach einer halben Stunde hatte sich die Hündin aus diesem Kreis gelöst und zog an einer Schonung vorbei über eine Lichtung. Auch auf dieser Lichtung arbeitete sie mehrere Widergänge. Schweiß oder andere Pürschzeichen hatten wir bisher nicht gefunden. Aber ich kannte meine Hündin und wußte, daß ich mich auf sie verlassen konnte. Hier half nur Vertrauen zum Hund. Dann kamen wir kurz vor der nächsten Schonung an eine vereiste Fläche. Hier zog sie schnurstracks drüber weg. Meinem Bekannten war der Geduldsfaden schon gerissen. Er suchte auf eigene Faust weit ab in der Schonung. Ich forderte ihn auf, dies sofort einzustellen, andernfalls würde ich die Nachsuche abbrechen. Er tat es. Die Hündin zog nun in die Schonung hinein. Allmählich kamen mir Zweifel. Nach weiteren Gängen standen wir plötzlich am verendeten Stück, welches noch nicht ausgekühlt war. Ein winziger Einschuß (Geschoßsplitter), aber kein Ausschuß war zu finden.

Nutzen Sie jede Gelegenheit zu Übungszwecken. Haben Sie beobachten können, daß das Wild verendet ist, so lassen Sie den Hund auch kurze Strecken arbeiten. Er hat seine Freude daran. Bei dieser Gelegenheit können Sie dem Hund den Drosselgriff zeigen. Klopfen Sie dem Wild auf den Hals und fordern Sie den Hund mit dem Zuruf „Faß" zum Pakken an der Drossel auf. Er darf zerren und seine Angriffslust austoben.

Ausbildung. Jede längere künstliche Fährte muß genau ausgezeichnet werden, damit der Hund korrigiert werden kann, wenn er abkommt. Am besten eignen sich leuchtend farbige Zeichen (Papier, Pappe, Plastik). Ein weiteres Orientierungsmittel haben Sie, wenn der Schweiß auf weiße Pilze, die Schäl- und Schnittflächen gefällter Bäume oder Äste gespritzt oder getupft wird. Verzichten Sie bei längeren Übungsfährten auch nicht auf ein Wundbett (Boden festtrampeln oder scharren). Das ist für den Hund interessanter, denn er untersucht vorzugsweise auch Bodenverletzungen.

Der Hund arbeitet ruhiger, wenn die Fährte mit Nackenwind gelegt wird. Benutzen Sie Gummistiefel beim Fährtenlegen, um die menschliche Fährte zu mildern. Auch fremde Personen sollten Fährten legen. Wechseln Sie auch den Revierteil. Bei großer Hitze wird davon abgeraten, Übungsfährten arbeiten zu lassen.

Legen Sie die Fährte im Wald mit Unterwuchs. In den Laubwäldern verwehen oft die Blätter. Der unerfahrene Hund hat es dann schwer.

Die Übungsfährte kann gespritzt oder getupft werden. Spritzflaschen gibt es in Sanitärgeschäften. Eine Flasche mit einem eingekerbten Korken tut es auch. Zum Tupfen wird ein an einem Stock befestigtes Stück Schaumgummi verwendet. Wildschweiß sowie Blut vom Hammel und Rind eignen sich am besten. Durch kräftiges Schütteln, Zusatz von Kochsalz und kühle Aufbewahrung kann es lange frisch gehalten werden.

Zu Beginn sollten wöchentlich nur 1 bis 2 Fährten gearbeitet werden. Am Ende der Fährte sollte möglichst immer ein Stück Wild liegen. Meistens ist es jedoch eine getrocknete Wilddecke, die mit Blut oder Schweiß bespritzt werden sollte. Um die Sache für den Hund reizvoller zu machen, kann man darunter verendetes Nutzwild oder Futter legen.

Beginnen Sie mit einer Übungsfährte von 60 bis 100 Schritt. Verwenden Sie nicht zu wenig Schweiß, damit der Hund den ersten „roten Leitfaden" auch sicher findet und arbeitet. Allmählich verlängern sie die Fährte bis auf 500 m mit 2 Haken unter Verwendung von ¼ Liter Schweiß bei einer Stehzeit von 2 bis 3 Stunden.
Schwierigkeiten ergeben sich anfangs bei den Haken. Deshalb müssen die Schweißtropfen nahe beieinander liegen. So merkt der Hund sofort, daß die Fährte einen Knick macht.
Der künstliche Anschuß wird ebenfalls markiert, indem der Boden ein wenig aufgekratzt wird. Haare, Schweiß, Deckenstücke oder Wildbretteile sollten am Anschuß liegen.
Auch bei der Übungsarbeit sollten Sie nicht darauf verzichten, den Hund etwa 10 Schritt vom Anschuß abzulegen und diesen intensiv untersuchen, um das Interesse des Hundes zu wecken und zu erhalten. Dann holen Sie den Hund, weisen auf den Anschuß und ermuntern ihn mit „Such verwundt", die Fährte zu arbeiten. Der Hund wird den Anschuß nun selbst untersuchen und langsam der Fährte folgen. Einige Hunde brauchen viel Zuspruch bei der Arbeit, andere wiederum werden sehr aufgeregt. Wird er zu heftig, so heißt es „Halt", kurze Pause und dann weitersuchen lassen. Plötzlich bleibt er stehen und untersucht eine bestimmte Stelle. Er hat Schweiß gefunden! Fordern Sie ihn mit „Laß sehen, mein Hund" auf, diese Stelle noch intensiver zu untersuchen. Bald wird er die Fährte wieder aufnehmen und ihr folgen. Folgt er einer Verleitung, so rufen Sie ihm zu „Zur Fährte", ziehen ihn ab und beginnen wieder dort, wo er sie verlassen hat.
Mit der fortschreitenden Sicherheit des Hundes werden künstliche Verleitungen geschaffen. Lassen Sie fremde Personen über die Fährte laufen oder ziehen Sie Wild aller Art über die Fährte. Auch diese Stellen müssen genauestens markiert werden, damit Sie rechtzeitig feststellen können, wenn der Hund der Verleitung folgt. Gleichzeitig lernen Sie an dem Benehmen des Hundes erkennen, wie er sich beim Verlassen der Fährte verhält. Hunde reagieren bei Verleitungen sehr unterschiedlich. Manchen Hunden sehen Sie es gar nicht an. Seelenruhig folgen sie den Verleitungen. Oft sind sie erregt, legen sich stramm in den Riemen, die Rute geht unruhig hin und her, andere wiederum verhalten sich umgekehrt.

Nicht immer fehlt es dem Hund an der Veranlagung für die Schweißarbeit, wenn er Schwierigkeiten macht. Zumeist sind es junge Hunde, die in der Jugend ausgiebig hetzen durften oder stark bejagt wurden. Durch kleine Hilfen kann man auch diese Hunde dazu bringen, daß sie mit tiefer Nase arbeiten. Hilfreich dabei sind Fleischbrocken, alle 30 bis 40 Schritt auf weiße Pappteller gelegt, die für mich weit sichtbar sind und den Verlauf der Arbeit besser verfolgen lassen. Einmal hatte ich allerdings Pech. Mir kam ein Schäferhund entgegen, der die „Wurststrecke", die ich im Stadtpark gelegt hatte, ausarbeitete.

Verbellen und Verweisen. Die Riemenarbeit wird ergänzt durch das Totverbellen und Totverweisen. Entscheidend für die Abrichtung zum Verbeller oder Verweiser sollte sein, ob der Hund einen lockeren Hals hat, also aus Veranlagung eine wichtige Voraussetzung mitbringt. Andernfalls muß der Hund durch Schmerzeinwirkung dazu gebracht werden, denn nicht alle reagieren so, wie ein begeisterter KlM-Anhänger schrieb: „Auf mein Vorbellen hin erwies sich der Rüde als Totverbeller." Gegen das Verbellen wird vorgebracht, daß es im bergigen Gelände, bei Sturm und großer Entfernung oft nicht zu hören ist.

Beim *Verbellen* muß der Hund solange am Stück bleiben und verbellen, bis der Jäger bei ihm ist. Nach langer Hetze wird der Hund vor Erschöpfung erst allmählich mit dem Verbellen beginnen.

Hat der Hund keinen sehr lockeren Hals, so befestigen Sie eine Wilddekke an einem Bindfaden und werfen diesen über einen Ast. Schnappt der Hund danach, so ziehen Sie sie höher. Wütender Laut wird dann erschallen. Ermuntern Sie ihn immer wieder mit dem Ruf „Gib laut".

Gibt der Hund auf Befehl „Laut", so lassen Sie ihn nunmehr ausgiebig an der Decke verbellen. Bald können Sie ihn aus immer größerer Entfernung – bis zu 50 Schritt – zur Wilddekke schicken und verbellen lassen. Klappt es, so legen Sie eine künstliche Fährte oder schleppen das Schalenwild ca. 200 Schritt und lassen den

Schon im Welpenalter wurde der lockere Hals an der Futterschüssel gefördert. Gibt er auf Befehl „Laut", so lassen Sie ihn ausgiebig an der Wilddecke verbellen.

Hund mit dem Befehl „Zum Bock" frei zum Stück suchen.

Beim *Verweisen* bleibt der Führer an der Stelle, wo er seinen Hund mit der Hetze hat beginnen lassen, und muß dort auf seine Rückkehr warten. Der Hund führt dann den Jäger in Sichtweite zum verendeten Wild.

Es gibt mehrere Möglichkeiten beim Verweisen. Hat der Hund gefunden, so nimmt er das an der Halsung hängende ca. 2 cm breite und 10 cm lange Lederstück (Bringsel) in den Fang und kommt zurück. Dann gibt es Hunde, die kurz am Stück verbellen, zurückkommen und durch erneutes Lautgeben den Jäger zum Wild führen (laute Verweiser). Andere Hunde wiederum führen uns zum Stück, indem sie das Schweißriemenende oder den Mantelzipfel fassen.

Es empfiehlt sich bei der Einarbeitung, die Wilddecke an einen Baum zu binden, denn es muß dem Hund klargemacht werden, daß er nicht die Decke bringen soll. Schicken Sie den Hund aus geringer Entfernung zur Decke und lassen ihn davor „Halt" machen. Sodann rufen Sie ihn zu sich. Allmählich kann die Entfernung zur Decke auf ca. 50 Schritt vergrößert werden. Bald wird er verknüpft haben, daß er sich nur kurze Zeit an der Decke aufhalten soll, und er braucht nicht mehr abgerufen zu werden.

Dann kommt die nächste Übung. Bei der Feldarbeit hat der Hund das Bringen gelernt. Legen Sie das Bringsel auf die Decke und fordern Sie ihn zum Aufnehmen auf. Auch hier die Entfernung nach und nach vergrößern. Nun gehen Sie dazu über, das Bringsel an der Halsung zu befestigen, und schicken ihn zunächst aus geringer Entfernung zur Decke.

Bald wird er das vorm Fang baumelnde Bringsel aufnehmen. Kommt der Hund mit dem Bringsel zurück, lösen Sie es sofort von der Halsung.

Nunmehr legen Sie eine künstliche Fährte oder schleppen das Wild ca. 200 Schritt und lassen den Hund mit dem Befehl „Zum Bock" frei zum ausgelegten Wild arbeiten.

Über eine interessante und erfolgreiche Verweiserarbeit berichtet (1921) Dr. Jungklaus:

„Tell v. Schlichteberg 77 (B: G. Bömcke, Detmold) steht als Gebrauchshund in erster Reihe. Sein Herr spricht mit ihm wie mit seinesgleichen; das verloren geglaubte Reh, an dessen Auffinden ein halbes Dutzend Hunde schon gescheitert sind, verweist er z. B. unter folgenden Umständen: Die Kunde von der Unauffindbarkeit des waidwund abgegangenen Rehes wird seinem Herrn beim Jagdfrühstück überbracht, dieser begibt sich mit Tell zum Anschuß und bespricht mit seinem alten Waidgesell den schwierigen Fall; nachdem Tell alles gründlich untersucht hat, verschwindet er in der Dikkung, während sich sein Herr zum Frühstück zurück begibt. Nach einer halben Stunde erscheint Tell und ruft seinen Herrn, um ihn nebst einigen Zeugen auf einem Richtweg, der den Gang der Fährte bedeutend kürzt, an einen Bach zu führen, in den er das von ihm niedergezogene Reh etwa 20 Gänge gezerrt hat; durch diese seltsame Aufbewahrungsart glaubte er offenbar, die Beute seinem Herrn am besten zu sichern, indem sein Jagdneid ihn mißtrauisch machte gegenüber den noch immer im Revier vergeblich suchenden anderen Hunden."

Trotz dieser Schilderung darf nicht übersehen werden, daß grundsätzlich nur die Riemenarbeit die erfolgreiche Nachsuche garantiert.

Buschieren

Diese Jagdart wird im Stangenholz, niedrigen Anpflanzungen und Flächen mit halbhohem Bewuchs ausgeübt.

Der Hund sucht in Schrotschußweite sehr sorgfältig und ruhig. Mit der Zeit sammelt er soviel Erfahrung, daß er auf jeden Wink, leisen Zuruf

oder Pfiff reagiert und sich hin und wieder nach seinem Herrn umschaut. Findet er Wild, so steht er vor, prellt nicht nach und bringt erst auf Befehl.
Unser Hund scheut keine Dornen und dicht bewachsene Hecken. Ohne Rücksicht auf Verletzungen zwängt er sich hindurch. Kleinere Büsche umschlägt er und prüft, ob Wild in der Deckung steckt.
Leider verhalten sich viele Jäger gerade beim Buschieren sehr undiszipliniert. Es wird zu oft unüberlegt und zu schnell geschossen. Meine Cenz wurde mehrfach angeschossen und hatte zeitlebens Schrote im Kiefer. Diese Schießer schickte ich sofort nach Hause und lud sie nie wieder ein. Aber nicht nur Hunde und Jäger sind gefährdet. Ausflügler treffen Sie heutzutage überall. So sah ich einen jungen Mann, weit ab vom Dorf, im brombeerbewachsenen lichten Stangenholz erst im letzten Moment liegen und konnte den Schuß noch gerade zurückhalten, als das Kaninchen in diese Deckung flüchtete.

Ausbildung. Haben Sie den Hund sehr gut im Gehorsam und in der Feldarbeit ausgebildet, so haben Sie keine große Mühe, ihm beizubringen, daß er unter der Flinte arbeitet. Sucht er zu weit – wie im Feld also –, dann heißt es „Halt". Sie müssen dies solange üben, bis er gelernt hat, sein Tempo der Gangart des Jägers und dem Gelände anzupassen.
Den Hund können Sie auch – wie im Feld – mit der langen Feldleine einarbeiten. Halten Sie die Leine nicht in der Hand, sondern lassen Sie sie schleifen. Sie wirkt dann wie eine Bremse bei sehr passionierten Hunden. Wird er zu heftig, treten Sie auf das Leinenende.

Stöbern

Der Stand wird lautlos mit gutem Wind an den Pässen oder eingewiesenen Plätzen eingenommen. Stehen Sie nicht ruhig oder bewegt sich der Mantel im Wind, wird das Wild zu früh rege, oder Sie haben keinen Anlauf.
Vor Beginn des Stöberns muß dem Hund immer die Halsung abgenommen werden, damit er sich nicht im Gestrüpp oder Astwerk verfangen kann. Mein Vater erlebte es, daß sich ein junger Hund in der Heide losriß und zu stöbern begann. Erst nach 2 Tagen Suche fand er den Hund in einer Schonung. Die Leine hatte sich um einen kleinen Fichtenstamm gewickelt, so daß der Hund kurz angeleint am Stamm lag.
Gestöbert wird in Dickungen, Schonungen, Feldgehölzen mit Bewuchs und neuerdings auch in den großen Maisfeldern. Der Hund wird vom Stand oder einer anderen Stelle, an der er vorher abgelegt wurde, auf Wink oder leisen Zuruf zum Stöbern aufgefordert. Er muß planmäßig, gründlich und weit ausholend uns das Wild zudrücken. Flüchtet das Wild in die uns entgegengesetzte Richtung, soll er es seitlich überholen und versuchen, es zum Umdrehen zu veranlassen, so daß es wieder in Richtung unseres Standes flüchtet. Auf keinen Fall darf er den Trieb bei der Verfolgung des Wildes oder ohne Wildbe-

rührung überjagen, also verlassen. Auf der Spur oder auf Sicht soll er laut jagen und dadurch die Fluchtrichtung des Wildes anzeigen. Erfahrene Jäger erkennen am Laut des Hundes, an welchem Wild er jagt. Junge Hunde stehen zunächst gefundenes Wild noch vor, bevor sie verknüpft haben, daß sie selbständig das Wild hochmachen müssen. Während des Stöberns gefundenes Wild wird sofort aufgenommen und zugetragen. Auf einen einfachen Nenner gebracht, ist festzuhalten, daß unser Hund beim Stöbern die Funktion des Treibers übernimmt.

Wiederholt habe ich erlebt, daß Hunde Rehwild hetzten und niederzogen. Die Untersuchung des Wildes ergab, daß es verletzt war. Der Hund hatte also recht, denn die Wundwitterung löste den Hetztrieb aus.

Im Winter 1972 hätte ich auf fast tragische Weise meine Hündin verloren. Plötzlich klagte sie in der Schonung, und es wurde still. Nichts Gutes ahnend, verständigte ich schnell die Mitjäger und eilte in die Schonung, fand nichts, sah aber eine Fanggrube. Als ich mich dieser teuflischen Einrichtung näherte, hörte ich leises Wimmern aus der Grube. Die Ausstiege waren abgeschrägt und darüber eine mit schweren Feldsteinen beschwerte Falltür gelagert. Die Falltür muß sich spät gelöst haben und traf die Hündin nur leicht an der Kruppe. Allein hätte sie sich nicht befreien können. Wieviele Hunde mögen auf diese Weise verlorengegangen sein?

Ausbildung. Für das Stöbern ist ein sehr guter Gehorsam erforderlich. Deshalb sollte die Ausbildung im Feld und auf Schweiß bereits abgeschlossen sein.

Bei der Ausbildung muß dem Hund beigebracht werden, daß er einen bestimmten Revierteil nicht verlassen darf. Umrunden Sie eine Schonung. Auf diese Weise markieren Sie den Bereich, den der Hund nicht verlassen darf. Kommt der Hund auf Ihre Spur, wird er abbrechen und in der Schonung weiterstöbern. Oder lassen Sie die Schonung durch einige Helfer abstellen. Sobald sich der Hund dem Dickungsrand nähert und überjagen will, wird er energisch zurückgeschickt.

Zunächst wird der Hund von Ihrem Standort mit „Such voran" zum Stöbern aufgefordert. Gehen Sie dann dazu über, ihn von einer anderen Stelle in die Dickung zu schicken. Dazu legen Sie den Hund ab und entfernen sich einige Schritte. Die Entfernung vom Jäger zum Hund wird entsprechend den Geländeverhältnissen immer mehr vergrößert.

Die natürlichste Methode der Einarbeitung ist die Hasen- und Kaninchenspur. Beobachten Sie, wo das Wild in den Wald einwechselt, und setzen Sie den Hund dort an. Bei den Übungen eignen sich am besten kleinere Feldgehölze. Hier kann beobachtet werden, ob der Hund gefundenes Wild nur innerhalb der Grenzen des Gehölzes verfolgt.

Geht der Hund nicht weit genug in die Dickung, so begleiten Sie ihn einige Schritte und fordern ihn immer wieder zum Stöbern auf. Sie können auch eine Schleppe ins Gehölz ziehen und den Schwierigkeitsgrad steigern. Oder Sie werfen ein Stück Wild in die Dickung und lassen ihn dann stöbern.

Eine weitere Möglichkeit, die Passion zum Stöbern zu steigern, ist, Wild bis zu 100 Schritt von Ihrem Standort aus in die Dickung zu legen. Sie müssen das Wild von der Ihrem Stand entgegengesetzten Seite her auslegen, damit der Hund nicht Ihrer Spur zum Stück folgt.

Ein sehr temperamentvoller Hund muß hin und wieder in die Haltlage gezwungen werden, oder Sie rufen ihn ab und an zu sich her.

Auf Pirsch und Ansitz in Wald und Feld

Viele Jäger nehmen ihren Hund nur deshalb nicht mit auf Pirsch und Ansitz, weil er nicht konsequent im Gehorsam abgerichtet wurde oder von der Veranlagung her unruhig ist.

Bei jedem Reviergang sollte der Hund mitgenommen werden, dann gewöhnt er sich auch schnell an den Anblick des Wildes, und Sie ersparen sich oft weite Wege, um ihn für eine eventuell notwendig werdende Nachsuche zu holen.

Angeleint oder frei bei Fuß wird mit dem Hund gepirscht. In der Praxis läuft der Hund meist einige Schritte vor oder neben dem Jäger. Das hat auch Vorteile gegenüber dem schulmäßigen Frei-bei-Fuß-Gehen. Schon an der Kopfhaltung des Hundes erkennen Sie, aus welcher Richtung Wild anwechselt. Das ist besonders in der Blattzeit von Vorteil, wenn schnell angesprochen und geschossen werden muß.

Das durch den Straßenverkehr verletzte Wild drückt sich mit letzter Kraft in den verkrauteten Gräben. So manches Reh fand der Hund dort. Mit einem mächtigen Satz sprang er dem zur Flucht ansetzenden Wild an die Drossel und zog es nieder.

Der Hund macht sich bald das Pirschen des Jägers zu eigen. Verlangsamt er den Schritt oder bleibt er stehen, tut es auch der Hund oder folgt in entsprechender Haltung dem geduckt pirschenden Jäger. Auf leisen Zuruf oder Handzeichen legt er sich ab, bleibt ruhig liegen, auch nach der Schußabgabe.

Beim Ansitz wird der Hund unter dem Hochsitz abgelegt. Lassen Sie ihn auf einer Decke, Rucksack oder Mantel liegen. So ist er gegen aufkommende Kälte und Nässe geschützt und liegt ruhiger, auch deshalb, weil er mit diesen Gegenständen vertraut ist.

Ich nehme meinen Hund auch mit auf die geschlossene Kanzel. Er liegt dort auf einer Unterlage, damit scharrende oder kratzende Geräusche vermieden werden, denn das Wild ist sehr empfindlich gegen solche Störungen.

Der alte Jagdhund

Das Alter und die Anstrengung vieler Jagdtage prägen das Gesicht des vierläufigen Jagdgefährten. Gelassenhcit, Ruhe und Erfahrung ist aus seinen Gesichtszügen zu lesen. Der Fang und die Augenumrandung sind eisgrau. Die schon trüben Augen unseres treuen Hundes strahlen Treue, Anhänglichkeit und die Zufriedenheit des Alters aus. Sich sonnend genießt er laut schnarchend seine alten Tage. Leise schnaubend bewegen sich die Lefzen und die Läufe zucken dabei. Auch er erlebt im Dämmerschlaf nochmals die frohen Jagdtage.

Eine alte Faustregel ist, daß man 4 Jahre einen jungen, 4 Jahre einen leistungsstarken und 4 Jahre einen alten Hund hat. Aber er leistet noch nach seinem 9. Lebensjahr Erstaunliches.

Beim alten Jagdhund wiegt die Erfahrung das Nachlassen der Sinne und Organe auf. Durch kluges Verhalten setzt er sinnvoll seine Kräfte ein. Die Suche wird ruhiger, und bei sommerlicher Hitze müssen öfter Pausen eingelegt werden. Beim Verlorenbringen über weite Strecken legt er die Beute öfter ab.

Auch Schwerhörigkeit und vermindertes Sehvermögen stellen sich bald ein, Rufe und Pfiffe werden dann oft überhört. Die Nase funktioniert meist bis ins hohe Alter, aber das Gebiß ist den Veränderungen schneller unterworfen. Stumpfe und ausgefallene Zähne erschweren das Würgen und Tragen der Beute.

Im Winter bei Schnee und Eis sollte er wegen der Erkältungsgefahr nicht mehr so oft und lange eingesetzt werden.

Durch eine altersgerechte Fütterung läßt sich der Alterungsprozeß beeinflussen. Die Futtermenge ist zu reduzieren, weil sich der Hund weniger bewegt, behäbiger und körperlich nicht mehr viel beansprucht wird. Einige Hunde neigen im Alter zur Freßlust. Seien Sie hart. Es dauert lange, bis der Hund wieder sein Normalgewicht hat! Knochen, Kartoffeln und Trockenfutter, sowie Haferflocken dürfen nur in geringen Mengen verfüttert werden. Mehr Gemüse und ein wenig Hackfleisch über einen längeren Zeitraum gegeben, senkt das Gewicht.

Will oder kann man mit der Anschaffung eines Nachfolgers nicht warten, weil der Hund beispielsweise eine Aufgabe (Jagen) zu erfüllen hat, so sollte man den Kauf doch nicht allzu lange aufschieben, damit sich der alte und junge Hund schnell aneinander gewöhnen. Hunde, deren Lebenserwartung nur noch sehr gering ist, spüren aber die Veränderungen, die ein junger Hund mit sich bringt. Sie fühlen sich zurückgesetzt, und wenn die Kraft dazu noch reicht, attackieren sie den jüngeren auf jede nur erdenkliche Art und Weise.

Hegemeister Edmund Löns berichtete, daß er auf einem Bauernhof in Nordwalde 2 steinalte Heidewachtel sah, die so hinfällig waren, daß man sie am Abend ins Haus tragen mußte. Der Besitzer, den er bat, die Hunde töten zu lassen, sagte ihm, daß er kaum glaube, daß seine Pferde imstande seien, das Wild zu ziehen, das er vor diesen Hunden geschossen habe. Darum sollten sie das Gnadenbrot erhalten.

Ist unser Hund aber so schwer erkrankt, daß Behandlungen für ihn nur noch eine Belastung sind, dann muß man sich mit dem Gedanken vertraut machen, sich von ihm zu trennen. Schmerzäußerungen in der Bewegung, hochgradige Unruhe, Atembeschwerden, Teilnahmslosigkeit und nachlassende Reinlichkeit lassen dem Hund das Leben zur Qual werden. Meist treffen mehrere Beschwerden zusammen. Er führt dann nur noch ein Schattendasein. Der Abschied fällt sehr schwer. Doch der Gnadentod sei ihm gegönnt. Schmerz- und angstfrei erlöst ihn der Tierarzt.

Pulver und Blei entsprechen heute nicht mehr unseren Auffassungen.

Im Revier findet er seine letzte Ruhestätte.

Führt uns der Weg dorthin oder geht die herbstliche Jagd darüber hinweg, ziehen wir in Ehrfurcht unseren Hut.

Die Zucht- und Gebrauchsprüfungen

Einführung

Die Prüfungsordnungen sind ebenso dem Entwicklungsstadium des Hundes angepaßt wie die vorangegangenen Ausführungen über die Ausbildung und Führung. Auf Bestimmungen der PO wird nur insoweit eingegangen, als es prüfungstechnisch für erforderlich oder aus anderen Gründen für notwendig gehalten wird. Lediglich die Arbeit auf der Hasenspur wird ausführlich behandelt. Für alle Jagdhundrassen gelten gemeinsame Prüfungsordnungen des Jagdgebrauchshundverbandes. Es sind dies die

a) Verbands-Zuchtprüfübungen unterteilt in

aa) Jugendprüfung und

bb) Herbstzuchtprüfung sowie die

b) Verbands-Gebrauchsprüfung mit den Ergänzungsprüfungen.

Nach der Präambel der Ordnung für Verbands-Zuchtprüfungen sollen die natürlichen Anlagen des Junghundes im Hinblick auf seine zukünftige Verwendung im vielseitigen Jagdgebrauch festgestellt und der Erbwert der Eltern ermittelt werden. Daneben sollen die Prüfungen bei der Jägerschaft Verständnis wecken für die Arbeit des für die Jagd brauchbaren Hundes.

Die Einspruchsordnung regelt, wie zu verfahren ist, wenn Fehler und Irrtümer seitens des veranstaltenden Vereins und ein offensichtlicher Ermessensmißbrauch der Richter vorliegen.

Vorweg sei gesagt, daß die Prüfungsergebnisse nicht nur vom Können der Führer und der Hunde beeinflußt werden, sondern auch von den Witterungs- und Deckungsverhältnissen sowie vom Wildbesatz im betreffenden Revier. Suchenglück und Suchenpech liegen nah beieinander.

Die letzten Tage vor der Prüfung sollten mehr einem Lockerungstraining gleichen. Der Versuch, durch Starkzwang Versäumtes nachholen zu wollen, ist von vornherein zum Scheitern verurteilt. Empfehlenswert ist es, sich die Prüfungsordnung nochmals gründlich durchzulesen.

Verbands-Jugendprüfung (VJP)

Die VJP findet nur im Frühjahr statt und kann im nächsten Jahr nicht wiederholt werden. Teilnahmeberechtigt sind Junghunde, die im vorangegangenen Kalenderjahr gewölft sind. Zugelassen werden können auch Hunde, die 3 Monate älter sind. Dressurleistungen werden nicht verlangt und nicht bewertet, jedoch müssen die

Anlagen systematisch durch Einarbeit geweckt werden.

1. *Die Spurarbeit* wird auf der Spur eines für den Hund nicht oder nicht mehr sichtbaren Hasen geprüft, um den Spurwillen und die Spursicherheit festzustellen.
Die ersten Spuren werden zweckmäßigerweise am Schweißriemen oder an der langen Leine gearbeitet. So haben Sie den Hund immer in der Hand und können ihn jederzeit korrigieren, wenn er von der Spur abkommt.
Suchen Sie sich einen Hasen und machen ihn hoch. Den flüchtenden Hasen darf der Hund nicht sehen. Die Arbeit beginnt an der Sasse. Lassen Sie den Hund intensiv Witterung nehmen. Ermuntern Sie ihn unter dem Zuspruch „Such voran", die Spur zu arbeiten. Ist der Hund einigermaßen sicher, so kann er die nächsten Spuren ohne Leine frei arbeiten. Gehen Sie mit dem angeleinten Hund an die Sasse und folgen mit ihm der Spur 20 bis 30 Schritt und lösen erst dann die Leine von der Halsung. Ein Ratschlag hierzu: Ziehen Sie die Leine oder eine Schnur durch die Halsung und nehmen Sie beide Enden in die Hand. Nach 20 bis 30 Schritt lassen Sie das eine Schnurende los, welches dann glatt durch die Halsung gleitet. Auf diese Weise wird vermieden, daß der Hund bei der Arbeit durch ruckartiges Lösen von der Spur abgezogen wird.
In der Regel sollten 2 Arbeiten in der Woche genügen. Eine Übertreibung kann bei dem Hund zu der Erfahrung führen, daß der den gesunden Hasen doch nicht fangen kann, so daß das Interesse bei dem jungen Hund nachläßt.

2. *Außerdem werden die Nasengüte, die Suche, das Vorstehen, die Führigkeit und der Laut geprüft.*

Die Nasengüte wird während der Suche beurteilt. Häufiges Finden von Wild, weites Anziehen und Markieren von Witterungsstellen sowie Leistungen bei der Spurarbeit lassen auf eine gute Nase und Finderwillen schließen. Führig ist der Hund, der bei der Suche stets Kontakt mit dem Jäger hält. Es wird noch kein festes Vorstehen verlangt, jedoch muß erkennbar sein, daß die Anlage vorhanden ist.

Verbands-Herbstzuchtprüfung (HZP)

Sie findet nur im Herbst statt. Die Teilnahmeberechtigung ist wie bei der VJP geregelt, die nicht Voraussetzung für die Zulassung zur HZP ist.
Die Abrichtung des Junghundes in der Feld- und Wasserjagd soll nahezu abgeschlossen sein. Zu den Prüfungsfächern der VJP kommen im Herbst folgende hinzu:

a) *Verlorenbringen von Federwild*

b) *Haarwildschleppe*

c) *Wasserarbeit (Stöbern im Schilf hinter der Ente mit Verlorenbringen aus tiefem Wasser)*

d) Art des Bringens

e) Gehorsam

f) Arbeitsfreude

Bei den Schleppen darf der Hund 3mal angesetzt werden. Es ist zulässig, daß sich der Führer durch lobende Sicht- und Hörzeichen (seitliches Heben der Arme, Klatschen auf den Oberschenkel) bemerkbar macht, wenn der Hund das Wild aufgenommen hat. Der Führer sollte abseits der Richtergruppe und Korona so frei stehen, daß der zurückkommende Hund ihn sofort erkennt. Sonst kann es geschehen, daß der Hund das Wild vergräbt und damit ausscheidet. Es ist sogar schon vorgekommen, daß der Hund ratlos im Gelände umherlief, auf eine Straße kam und überfahren wurde; das Wild hielt er noch im Fang.

Bei der Stöberarbeit wird nur die Arbeit mit der Nase im Schilf und auf der Schwimmspur bewertet. Behält der Hund die Ente beim Bringen im Fang und schüttelt sich, so ist dies kein Fehler. Muß zusätzlich zur Prüfung der Wesensfestigkeit auf eine ins Wasser geworfene Ente geschossen werden, so ist beim Schießen auf die Ente Vorsicht geboten. Werfen Sie die Ente möglichst weit ins Wasser, damit Hund und Ente bei der Schußabgabe nicht zu nah beieinander sind. Beim Verlorenbringen aus tiefem Wasser ist es gestattet, den Hund durch Zuruf, Wink oder Pfiff zu unterstützen, ohne daß ein Punktabzug erfolgt.

Verbands-Gebrauchsprüfung (VGP)

Diese Prüfung wird die Meisterprüfung genannt und nur im Herbst durchgeführt. VJP und HZP sind nicht Voraussetzung für die Zulassung. Eine Altersbeschränkung gibt es nicht.
Die VGP ist eine Leistungs- und Gehorsamsprüfung. Deshalb sollten die Hunde jagdliche Erfahrungen gesammelt haben.
Zu den Prüfungsfächern Feld und Wasser der HZP tritt nun die Waldjagd hinzu.

1. Waldjagd

a) Künstliche Schweißfährte
Verlangt wird eine Riemenarbeit von 400 m mit der Möglichkeit, das Wild verbellen oder verweisen zu lassen. Für letzteres gibt es Zusatzpunkte. Außerdem wird das Verhalten am Stück geprüft (Anschneiden).

b) Fuchsschleppe
Der Hund muß den Fuchs auf der Schleppe oder über das Hindernis bringen.

c) Kaninchenschleppe
Sie ist im Gegensatz zu der HZP im Wald zu arbeiten.

d) Stöbern
Das Greifen von Wild mit kurzem Vorstehen mindert nicht die Note.

e) Buschieren
Das soll möglichst ruhig mit leisen Zurufen geschehen.

Auf der VGP werden im Wasser und im Feld gegenüber der HZP einige weitere Arbeiten verlangt.

2. Wasserarbeit
Hier wird zusätzlich das Stöbern im Schilf ohne Ente verlangt.

3. Feldarbeit
Bewertet werden die Manieren am Wild einschließlich des Nachziehens.

4. Gehorsam
Gesondert geprüft werden das Verhalten auf dem Stand, Ablegen, Folgen frei Fuß sowie die Riemenführigkeit und die Schußruhe. An den Gehorsam im Feld, Wasser und Wald werden besonders hohe Anforderungen gestellt.

5. Bringen
Hier kommt das Bringen eines Fuchses über ein Hindernis hinzu. Die Bewertung der Bringleistung beim Fuchs, also die Art des Aufnehmens, Tragens und Ablegens, erfolgt nur auf der Schleppe.

Ergänzungsprüfungen

1. Arbeit am Raubwild und Raubzeug (RS)
Das Prüfen von Hunden auf Schärfe an lebenden Katzen ist nach dem Tierschutzgesetz verboten. Der Nachweis darf nur bei der Jagdausübung erbracht werden. 2 Zeugen müssen dies bestätigen (Richter nicht erforderlich).

2. Nachweis lauten Stöberns (Lt)
Konnte der Hund auf der VGP infolge Wildmangels kein lautes Stöbern zeigen, so kann dies nachgeholt werden. Hat der Hund jedoch auf der HZP oder beim Verlorenbringen auf natürlicher Wundspur spurlaut gearbeitet, so wird dies als Nachweis anerkannt.

3. Verlorenbringen auf natürlicher Wundspur (Vbr)
Bei der Jagdausübung muß der Hund die Wundspur des beschossenen Hasen oder Fuchses arbeiten und das Wild bringen. Die Wundspur muß mindestens 300 m lang sein.
Die Verlorenbringerprüfung wird gelegentlich der Treibjagd oder einer kleinen Streife im Felde geprüft. Absichtliches Krankschießen des Wildes verstößt gegen geltendes Recht. Ist ein Hase oder Fuchs krankgeschossen, begeben sich, nach Absprache mit dem Jagdleiter, 2 anerkannte Verbandsrichter und der Führer mit dem Hunde zum Anschuß. Der Hund ist mit einmaligem Befehl anzusetzen. Eine Freiverlorensuche und das zufällige Finden des Wildes ist keine Verlorenbringerarbeit und wird nicht anerkannt. Eine kritische Anmerkung sei erlaubt: Warum nur Fuchs und Hase? Der geflügelte Fasan oder das Rebhuhn wissen sich meisterhaft zu drücken und stellen eine große Anforderung an den Hund. Nur Ausdauer, Konzentration, Bring- und Finderwille führen zum Erfolg.

4. Bringtreueprüfung
Der Hund muß den „zufällig" gefundenen, mindestens 7pfündigen Fuchs ohne Einwirkung des Führers beim

Stöbern finden und bringen. Für Prüfungszwecke ist der Fuchs mindestens 2 Stunden vor der Prüfung frei auf einer Waldblöße auszulegen, die mindestens 100 m von der Stelle am Dickungsrand entfernt sein muß, an welcher der Führer seinen Hund zum Stöbern auffordern soll.
Die meisten Hunde scheitern daran, daß sie nicht genügend weit in der Dickung stöbern. Um die selbständige Arbeit des Hundes bei der Einarbeitung zu fördern, sollte eine Taube oder Nutzwild erlegt und nicht aufgenommen werden. Am nächsten Tag lassen Sie den Hund stöbern. Es kann allerdings sein, daß das Raubwild in der Nacht das Wild geholt hat! Im übrigen üben Sie, wie im Abschnitt „Stöbern" beschrieben. Damit keine menschliche Fährte zum ausgelegten Fuchs vom Führerstand vorhanden ist, muß der Fuchs von der entgegengesetzten Seite her zur Waldblöße getragen werden. Beginnen Sie mit geringen Entfernungen und wechseln Sie möglichst oft das Übungsgelände.

5. Schweißprüfung
Hier ist eine mindestens 1000 m lange, mit einem 1/4 Liter Schweiß gelegte Fährte zu arbeiten, deren Mindeststehzeit 20 oder 40 Stunden betragen muß. Zur Einarbeitung siehe Schweißarbeit im Abschnitt „Wald".

Verhalten bei Prüfungen

Halten Sie sich in Rufnähe der Richter auf. Leinen Sie den Hund nach Beendigung der Arbeit sofort wieder an.
Raufereien der Hunde, Jaulen und Wimmern des Hundes stören die Prüfung sehr.
Stehen Sie abseits von der Führer- und Richtergruppe. Ihr Hund wird sich um so ruhiger verhalten und nicht so leicht in Erregung geraten, wenn andere Hunde arbeiten. Sonst besteht die Gefahr, daß ihr Hund bei der Arbeit völlig unkonzentriert ist. Lassen Sie sich nicht von den Zuschauern oder Mitführern beeinflussen. Behalten Sie kühlen Kopf, und achten Sie auf die erfahrenen Hundeführer.
Eine Flasche mit frischem Wasser sollte der Hundeführer immer dabei haben.

Grundsätze der Formwertbeurteilung

„Der Hund ist beweglich, geschmeidig und darum sehr schwierig zu beurteilen. Nie wird er längere Zeit ruhig stehen, und kaum einmal wird er hintereinander genau die gleiche Stellung einnehmen. Er ist aber auch labil und deshalb in seiner Haltung weitgehend von der jeweiligen Stimmungslage abhängig. Das Körpergewicht im Stande der Ruhe wie in der Bewegung wird zur Hauptsache von ermüdbaren Muskeln und nicht von Bändern, Sehnen und bindegewebiger Haut, die vor allem die Muskeln einhüllt, getragen. Aus diesen Gründen ist der Hund nicht in der Lage, längere Zeit zu stehen. Er setzt oder legt sich bei jeder sich bietenden Gelegenheit nieder, um seine Muskeln zu entlasten und sie so ständig zu vollem Einsatz in der Bewegung startbereit zu halten. Dank seiner reichen Bemuskelung ist der Hund also ein außerordentlich schnelles und gewandtes Bewegungstier." Diesen Worten Seiferles entnehmen wir, daß der Hund auch eine ganz normale und erklärbare „Unruhe" hat! Er ist nämlich stets bemüht, sich entsprechend seiner Natur zu verhalten.

Aber auch andere Umstände können eine naturgemäße Reaktion auslösen. Im Vollbesitz seiner Kraft ist der Hund während der Vorstellung oft schwer zu halten, weil er vorher nicht genügend Auslauf hatte. Dem Hund darf nicht stark auf Muskeln und Knochen gedrückt werden, das schmerzt. Dies gilt auch für das gewaltsame Öffnen des Fanges zur Gebißkontrolle. Er weicht aus oder beißt. Diese natürlichen Verhaltensweisen werden oft falsch eingeschätzt und als wesensschwach bezeichnet. Das Vorstellen und das Öffnen des Fanges sollte geübt werden.

Unsere Hunde sollen stundenlang im Galopp das Feld absuchen, das Wild bringen, würgen und niederziehen. Diese Leistungsanforderungen sind bestimmend für den zweckmäßigen Körperbau. Manche Zusammenhänge werden Ihnen klarer, wenn Sie es wie bei einem Schnelläufer sehen, der in die Hocke geht, sich mit den Händen stützt und mit den Beinen beim Start abstößt. Waidmännisch ausgedrückt: Stützen der Vorhand und Schubkraft der Hinterhand.

Um eine Verkrampfung in der Ruhestellung zu vermeiden, wird der Hund an der Halsung leicht angehoben und mit einem kurzen Ruck nach vorn wieder auf die Vorderläufe gestellt.

Der Beurteiler betrachtet den Hund in der Bewegung und im Stande von vorn, hinten und der Seite. Die Beurteilung kann durch vorsichtiges Abtasten oder die Inaugenscheinnahme erfolgen. Die Organe können mit diesen Methoden nicht geprüft werden. Durch Abtasten kann der Beurteiler einen ziemlich genauen Eindruck von der Beschaffenheit der einzelnen Körperteile gewinnen. Bei der Inau-

genscheinnahme lassen sich aus Haltung und Gangart gewisse Schlüsse über die korrekte oder fehlerhafte Körperform ziehen. Täuschungen sind hierbei möglich.
Das Messen der Schulterhöhe wird mit einem Stockmaß oder Standmeßgerät mit 2 Querbalken vorgenommen. Der Hund muß auf ebenem Boden stehen.
Der Hund sollte immer als Einheit betrachtet werden, denn jeder Körperteil hat seine Funktion im Rahmen des gesamten Körperbaues zu erfüllen. Deshalb müssen alle Teile in einem Verhältnis zueinander stehen. Das ergibt dann die Harmonie des Körpers, den Adel und die Eleganz des Hundes.

Bei der Beurteilung sollten Sie den Hund als Ganzes auf sich einwirken lassen, bilden sich ein „Vor-Urteil" und betrachten erst dann die einzelnen Körperteile.
Der KlM ist nicht quadratisch, sondern mehr rechteckig gebaut.

Größe:
Rüden 52 bis 56 cm; Hündinnen 50 bis 54 cm. Zulässige Größenabweichungen nach unten und oben 2 cm. Die Größenabweichungen, obwohl nach dem Standard zulässig, sind rasseuntypisch.

Farbe:
Weiß-braun, braun-geschimmelt. Lohfarbene Abzeichen kommen als

Der Körperbau des Hundes
Skelett (Zweckform) eines Vorstehhundes

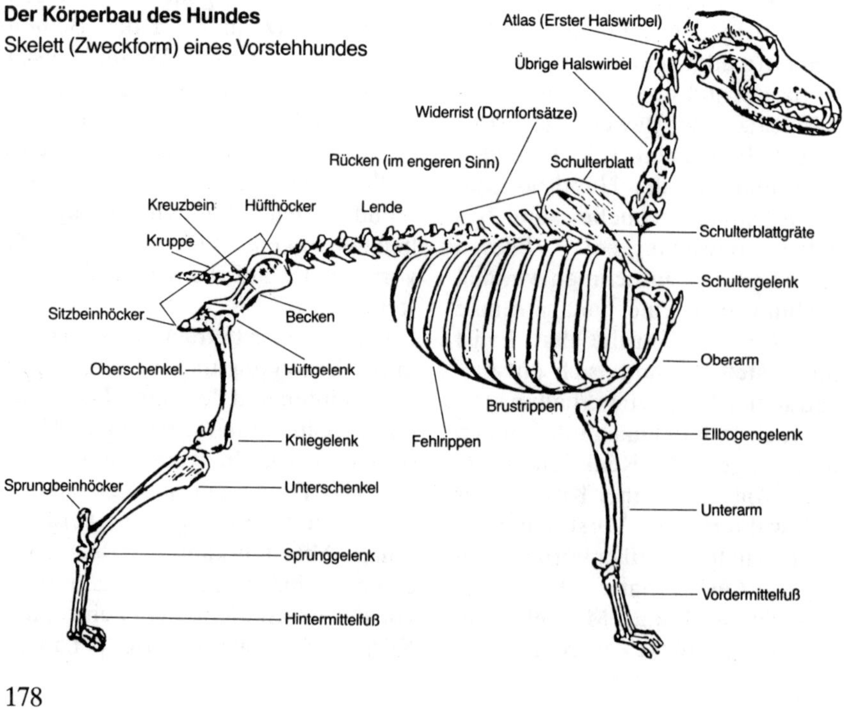

Backenfleck, umsäumte Kiefern, Augenbrauenwarze (Vieräugl), am Waidloch und der Rutenwurzel vor = Jungklaus'sche Abzeichen. Der Brand am Fang wird oft erst sichtbar, wenn die Lefze hochgezogen wird.
In der Zuchtordnung heißt es braunweiß. Das ist falsch. Die Grundfarbe ist weiß. Völlig braune KlM gibt es nicht. Hier ist Fremdblut eingekreuzt.

Kopf:
Edel, trocken (frei von Fett), leicht gewölbt, nicht zu breiter Oberkopf mit geringem Stopp. Der Kopfausdruck gehört zum Typ. In der Regel sind Oberkopf und Fang fast gleich lang. Ein schmaler Oberkopf täuscht einen langen Fang vor. Der Kopf muß geschlechtsbetont sein.

Fang:
Kräftig, lang, gerade, fest aufeinanderliegende Lefzen, Nasenschwamm braun, helle Flecken unerwünscht. Der Fang läuft immer etwas spitz zu. Selten ist er ein wenig eingedrückt (kein Fehler).

Behang:
Breit, hoch angesetzt, fest anliegend, nach unten spitz zulaufend, nicht zu weit über den Lefzenrand hinausragend. Der Behang soll – nach vorne gezogen – nicht mit den Fransen über die Nasenspitze reichen. Kurzhaariger, glatter Behang ist fehlerhaft. Schwerer Behang täuscht groben Kopf und Rumpf vor.

Auge:
Rund, dunkelbraun, oft helle Augen kommen öfters vor. Die Augenfarbe des Hundes soll nach Jungklaus im Zusammenhang mit der Hautfarbe stehen. Dunkelbraun *muß* die Augenfarbe sein und nicht möglichst, wie es im Standard steht.

Brust:
Tief und geräumig, nicht tonnenförmig. Die Brust ist – im Schnitt gesehen – oval. Bei gut gebauten Hunden reicht die Brust bis an die Ellenbogen.

Hals:

a) Nackengegend
Mittellang, muskulös, leicht geschwungen. Ein kurzer Hals läßt auf eine fast steil anliegende Schulter schließen.

b) Kehlrand
Haut gestrafft, Kehlwamme fehlerhaft.

Rücken:
Fest, gerade, mittellang, mit breiter Nierenpartie. Im Stand wird bei älteren Hunden oft eine Senkung nicht sichtbar, aber im Galopp. Bei leicht gebauten Hunden erscheint im Zusammenhang mit grazilen Läufen der Rücken kürzer; langrückige Hunde haben meist kurze Läufe.

Kruppe:
Sie wird im Standard nicht ausdrücklich erwähnt, hat aber eine große Bedeutung. Die Kruppe beginnt in gleicher Höhe mit dem Rücken und

senkt sich allmählich zur Rute hin ab. Das Knochengebilde der Kruppe ist das Hüftbein und der obere Teil des Oberschenkelbeines. Bei zu steiler – also fehlerhafter Neigung des Hüftbeines – ist die Kruppe „abgeschlagen" und damit die Bewegung eingeengt. Das kommt auch bei zu kurzem Hüftbein vor. Schauen wir uns die Zeichnung an. Legen Sie einen Stift auf das Hüftbein, drehen ihn, und Sie erkennen eine schlechte Lage. Solche Hunde haben zumeist auch eine „eingesteckte" Rute.

Leib:
Wenig aufgezogen. Das Vorhandensein beider Hoden prüfen.

Haut:
Straff anliegend.

Haar:
Schlicht, dicht, mittellang und wenig gewellt, fest anliegend.
Krauses, wolliges und zu langes Haar ist fehlerhaft und kommt besonders auf dem Rücken vor.
Kein Fehler: Am Behang und Unterhals, Hinterlauf, an der Rutenwurzel und am oberen Teil der Rute ist das Haar oft gewellt. Die sogenannte Scheitellocke auf dem Kopf ist nicht fehlerhaft. In der Jugend ist der Hinterlauf selten gut ausgeprägt behost (kein Fehler), erst im folgenden Jahr.

Läufe:
Vorderläufe gerade, befedert, Hinterläufe gut gewinkelt, behost.
Vordere Gliedmaße: Das Schulterblatt liegt schräg und flach an. Durch einen langen Oberarm hat der Hund eine weite Schrittlänge.
Der Vorderlauf ist vom Ellenbogen an abwärts – von allen Seiten gesehen – gerade. Vom Ellenbogen abwärts stehen die Läufe etwas näher beieinander (der Hund ist kein Tisch mit vier Beinen). In der Bewegung werden die Läufe deshalb nicht geradlinig gehalten. Das gilt auch für die Hinterhand. Im Stand und in der Bewegung setzt der Hund die Sohle ganz auf. „Paddelt" der Hund mit den Vorderläufen (kreisende Bewegungen), hat er lockere Muskeln und/oder zu weit nach vorn auf dem Brustkorb anliegende Schulterblätter. Ein Hund hat eine lose Schulter, wenn das Schulterblatt wegen schlaffer Muskeln über den Widerrist hinausragt.
Hintere Gliedmaße: Das Hüftbein liegt ein wenig geneigt. Das Oberschenkelbein ist lang (Schrittweite). Bei schlechter Winkelung spricht man von steiler Hinterhand. Auch die Hinterläufe müssen gerade sein, weder o- noch x-beinig. Bei kleinen Hunden erscheint die Hinterhand oft steil.

Pfoten:
Rund, gewölbt, geschlossen. Zuviel Behaarung ist fehlerhaft.

Rute:
Mittellang, mit langer Fahne, gerade getragen; im letzten Drittel darf sie leicht nach oben gekrümmt sein. In Erregung wird die Rute teils waagerecht, teils wie die Standarte des Fuchses getragen (kein Fehler).

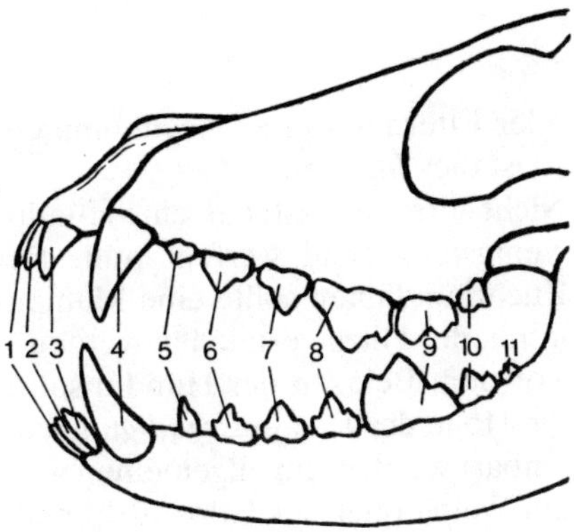

Gebiß:
Zähne und Kieferäste müssen kräftig ausgebildet und hart sein. Im Normalfall hat der Hund ein Scherengebiß (Zwischenraum etwa 2 mm) und 42 Zähne, davon 20 im Ober- und 22 im Unterkiefer.

Im Ober- und Unterkiefer sind je
6 Schneidezähne (1 – 3)
2 Fang- oder Hakenzähne (4)
8 Prämolaren (5–8) – vordere Backenzähne –
aber im Oberkiefer nur 4 und im Unterkiefer 6 Molaren (9 – 11) – hintere Backenzähne.

GEBISSFORMEN

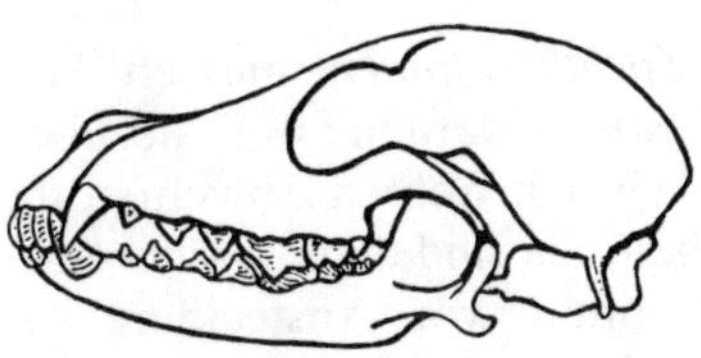

Normal- (Scheren-) Gebiß

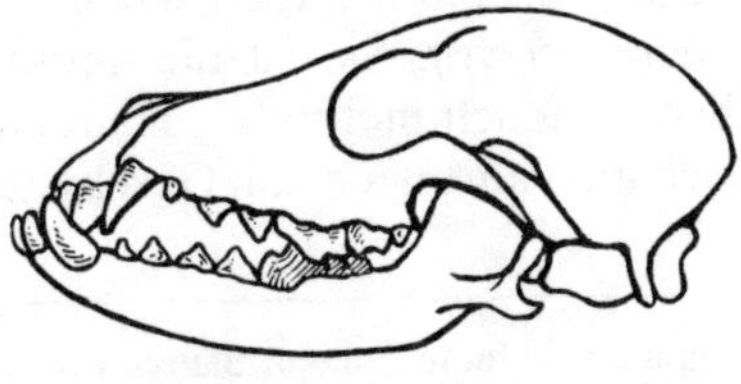

Vorbeißer

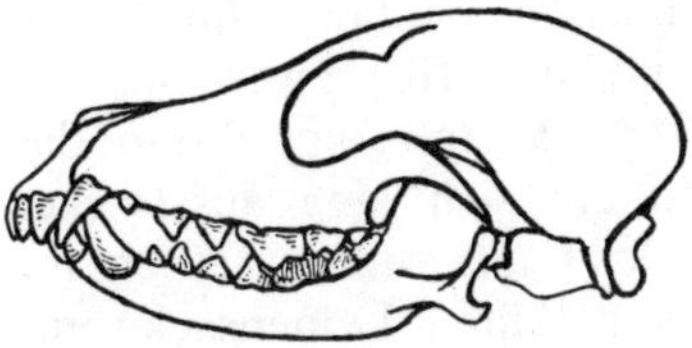

Rückbeißer

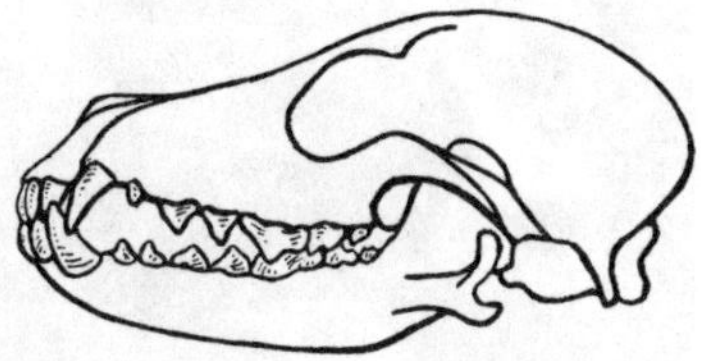

Zangengebiß

Das Züchten und die Welpenzeit

Grundlage für das Züchten ist die *Zuchtordnung* des KlM-Verbandes, deren Bestimmungen Sie aufmerksam lesen müssen. Nur dann ist die Gewähr gegeben, daß der Wurf eingetragen wird.
Es gibt mehrere Möglichkeiten des Züchtens. Sind beide Zuchtpartner nicht miteinander verwandt, so spricht man von *Fremdzucht.* Wenn Hündinnen mit Rüden gepaart werden, die einen oder mehrere gemeinsame Vorfahren haben, so liegt *Linienzucht* vor. Sie ist die gebräuchlichste Zuchtmethode. Handelt es sich um Paarungen von Geschwistern oder Eltern mit ihren Nachkommen, so ist dies *Inzestzucht.*
Nicht zutreffend ist, daß cine Hündin wenigstens 1mal werfen muß. Bei Zuchthündinnen sollte eine Manipulation der Hitze vermieden werden.
Vor dem Belegen der Hündin sollte die Höhe der *Deckentschädigung* vereinbart werden. Im allgemeinen wird ein Welpe oder der Erlös für ihn als Entgelt verlangt. Bleibt die Hündin leer, liegt es im Ermessen des Rüdenbesitzers, auf die Entschädigung ganz oder teilweise zu verzichten oder einen kostenlosen Deckakt zu gewähren.
Alle *Zuchthündinnen* müssen laufend *geimpft* werden, weil sie über die Milch den Welpen Abwehrstoffe mitgeben. Sie sind dann bis zur eigenen Impfung vor Ansteckung geschützt. Vor dem Decken muß die Hündin *entwurmt* werden und *frei von Ungeziefer* sein. Zwinger und Hütte müssen ebenfalls gründlich gereinigt und desinfiziert werden.
Die *Wurfkiste* muß so groß sein, daß die Hündin sich lang ausstrecken kann. Das Lager wird aus einem mit Seegras gefüllten Leinensack oder ähnlichem glatten Material hergerichtet, damit sich in der Mitte eine Mulde bilden kann, in die sich die Welpen gern hineinlegen und sich so besser gegenseitig wärmen können. Die Hündin muß Gelegenheit haben, unbelästigt von den Welpen ruhen zu können. Deshalb sollte im Zwinger

Typischer Hündinnenkopf. Blanka v. d. Rohrteichwiese 1166/68, 19511.

eine erhöhte Liegestatt vorhanden sein oder die Möglichkeit bestehen, daß sie den Zwinger allein verlassen kann.

Die Hündin wird erstmals zwischen dem 6. und 10. Lebensmonat heiß. Die 3 Wochen anhaltende *Hitze* wiederholt sich in Abständen von 6 Monaten, jedoch können Verschiebungen über einige Wochen eintreten. Oft zeigt die Hündin ein auffälliges, verändertes Verhalten. Manchmal stellt sich Appetitlosigkeit ein. Die Hündin näßt öfter und ist unaufmerksam. Bei den meisten Hündinnen kommt es vor der Läufigkeit zu vermehrtem Haarausfall, der während der Hitzeperiode aufhört.

Während der Hitze schwillt die Schnalle zunehmend an. Blutiger Ausfluß zeigt sich, der während der günstigsten Deckzeit heller und gegen Ende der Hitze weniger wird. *Der günstigste Decktermin* liegt zwischen dem 11. und 15. Tag nach Eintritt der Blutungen.

Nach dem Deckakt läßt sich der Rüde von der Hündin seitlich herabgleiten und dreht sich so, daß die Hinterkörper beider Tiere einander zugewandt sind. In dieser Stellung verharren die Tiere bei noch eingeführtem Feuchtglied oft eine ½ Stunde (Hängen). Jede gewaltsame Trennung muß vermieden werden. Junge Hündinnen wollen sich schnell lösen. Sprechen Sie beruhigend auf sie ein. Manchmal nimmt die Hündin aus verschiedenen Gründen nicht auf. Meist genügt aber ein einmaliges Decken.

Hat die Hündin aufgenommen, müssen körperliche Überanstrengungen vermieden werden, je näher der Wurftag heranrückt. Allmählich werden die Flanken runder, und das Gesäuge schwillt an. Zeitweise treten leichte Temperaturen auf (38 °C bis 39 °C sind normal). *Gegen Ende der Trächtigkeit ist dem Verhalten der Hündin größte Aufmerksamkeit zu widmen. Nach 59 bis 65 Tagen Tragezeit kommen die Welpen.*

Die Geburt kündigt sich an, indem die Hündin unruhig wird, weniger frißt und häufig Harn absetzt. Die Körpertemperatur fällt 24 Stunden vor der Geburt um etwa 1 °C ab. Durch konsequente Temperaturmessung ab dem 55. Tag der Trächtigkeit läßt sich deshalb der Geburtstermin recht genau bestimmen. Beim Wölfen sollte die Hündin unter Aufsicht bleiben. Bei der Geburt befinden sich die Welpen in einer Fruchtblase, die von der Hündin aufgebissen wird. Die Hündin nabelt die Welpen selbst ab, leckt sie trocken und frißt die Nachgeburt. Nur in Ausnahmefällen beißt die Hündin die Fruchtblase nicht auf. Dann muß der Welpe vorsichtig mit den Fingernägeln aus der Fruchtblase befreit werden. Die Nabelschnur ist mit einer sauberen Schere durchzutrennen, wobei das Nabelende am Bauch des Welpen möglichst lang sein muß. Bei Nachbluten wird es mit einem Faden abgebunden.

Gibt der Welpe kein Lebenszeichen von sich, wird der Fang geöffnet und so mit dem Finger auf die Zunge gedrückt, als wolle man einen Brechreiz auslösen. Man kann den Welpen auch mit dem Kopf nach unten halten, seinen Brustkorb gegen den Haarstrich massieren und den Kleinen anschließend trocken reiben.

Nach dem Werfen erfordert die *Milchbildung* der Hündin reichliches und *zusätzliches Kraftfutter,* denn die Welpen werden in den ersten 3 Wochen ausschließlich von der Mutter ernährt. Das *Gesäuge* muß täglich kontrolliert werden, um Störungen, wie Milchstau oder *Milchmangel*, rechtzeitig erkennen zu können. Es ist darauf zu achten, daß alle Welpen gleichmäßig saugen können. Sollte die Muttermilch nicht ausreichen – die Welpen wimmern und sind apathisch –, muß sofort zugefüttert werden, z. B. mit Haferschleim oder klarer Fleischbrühe. Das ist vor allem dann notwendig, wenn im Wurf mehr als 6 Welpen liegen. Die stärkeren Welpen werden zuerst zugefüttert, damit die schwächeren mehr Muttermilch saugen können.

Neugeborene Welpen trinken sofort. Dann beleckt die Hündin Bauch und Flanken, um die Reflexe beim Absetzen von Kot und Urin auszulösen. Das Belecken verhindert auch Verstopfungen und Blähungen. Nach etwa 3 Wochen setzen die Welpen selbständig Kot und Urin ab.

In den ersten Tagen trinken und schlafen die Welpen viel. Jede übermäßige *Beunruhigung* muß vermieden werden. Vor *Erkältung* können die Welpen durch eine Rotlichtlampe geschützt werden.

Die Welpen suchen die *Wärme* und den *Kontakt* zur Mutter und zu den Geschwistern. Das merken Sie schon bei neugeborenen Welpen. Geht der körperliche Kontakt zu den anderen verloren, fiept der Welpe ganz jämmerlich, viel mehr, als wenn er hungrig ist.

Mit Beginn der 4. Woche erfolgt die *Umstellung auf breiige Nahrung.* Sie

Ein Wurf KlM v. Linsberg

besteht aus Haferschleim (feine Flokken), vermischt mit lauwarmer Milch. Nach einigen Tagen wird kleingehacktes Fleisch mit Haferflocken gefüttert. Dazu müssen *Vitamine und Kalk* gegeben werden. Gefüttert wird jetzt mindestens 4mal am Tag. Frisches Wasser muß sowohl für die Hündin als auch für die Welpen immer bereitstehen. Manchmal bricht die Hündin den Welpen halbverdautes Futter vor. Das ist ein ganz natürlicher Vorgang.

Bis zur 6. Lebenswoche säugt die Hündin. Danach wird die Fütterung *auf feste Nahrung umgestellt.* Nach einer ¼ Stunde werden den Welpen die Futterreste weggenommen, damit sie sich beim Fressen das Trödeln gar nicht erst angewöhnen. Auch Belohnungen gehören grundsätzlich in die Futterschüssel. Dadurch wird vermieden, daß der Welpe später wahllos alles auf der Straße oder anderen Plätzen gefundene Freßbare zu sich nimmt.

Die *künstliche Aufzucht* ist sehr mühsam, zeitraubend und erfordert viel Geduld, denn die Welpen müssen – auch nachts – alle 2 Stunden gefüttert werden. Fertige Milchnahrung gibt es im Fachhandel. Es empfiehlt sich, die Nahrung mit der Pipette zu verabreichen, denn oft wird der Gummisauger vom Welpen abgelehnt. Gummisauger, beispielsweise von „Liebesperlflaschen", sollten 2 Löcher haben, damit der Welpe sich nicht verschluckt.

Nach 8 Tagen kann der Welpe daran gewöhnt werden, aus der Untertasse zu trinken. Man benetzt das Mäulchen mit Milch, und bald sucht er die Nahrung selbst.

Die Pflege der Welpen erfordert es, daß der Gesundheitszustand ständig kontrolliert wird. Dazu gehören insbesondere das Reinigen der Augen und Ohren.

Von den *Darmschmarotzern* sind für die Welpen Spul- und Hakenwürmer am gefährlichsten, da sie bei starkem Befall die Aufzucht eines ganzen Wurfes in Frage stellen können. In jedem Fall sind ernste Schäden die Folge, wenn nicht entwurmt wird.

Die Verbreitung der Würmer erfolgt durch Eier, die schon am ersten Lebenstag von den Welpen beim Saugen aufgenommen werden können. Meist ist das Muttertier Wurmträger und scheidet die Eier mit dem Kot aus. Selbst bei äußerster Sauberhaltung kann es vorkommen, daß eierenthaltende Kotteilchen beim Lagern der Hündin an ihrem Gesäuge haften bleiben und von den Welpen beim Saugen aufgenommen werden.

Bei *Auswahl der Entwurmungsmittel* ist darauf zu achten, daß sie gegen Spul- *und* Hakenwürmer wirken. Die Behandlung der Welpen setzt im Alter von 2 Wochen ein und ist 14 Tage danach zu wiederholen. Nach dem Absetzen von der Milch erfolgen im 4-wöchigen Turnus weitere Entwurmungen. Die Hündin muß nach der 2. und 4. Woche des Werfens ebenfalls entwurmt werden. Ist der Befall stark, ist die Entwurmung zu wiederholen. Auf die Abschnitte „Entwurmung" und „Impfen" wird verwiesen.

Nach der 3. Woche verlassen die Welpen die Wurfkiste. Inzwischen haben sich auch die Ohren und Augen geöffnet. Neugier und Lerndrang wachsen immer mehr. Sie beriechen und untersuchen jedes Ding und jede Stelle. Sehr aufmerksam und genau beobachten sie, was um sie herum geschieht. Allmählich gewöhnen sie sich an die lauten und unruhigen Geräusche dieser Welt.

Auch der Gang wird sicherer. Sie beginnen Spiele miteinander, fassen nach einzelnen Körperteilen, knurren und bellen sich an. Es entwickeln sich regelrechte Kampfspiele, die auch in Beißerei ausarten können. Einzeln oder in Gruppen durchstreifen sie das Gelände, jagen Schmetterlinge und Vögel.

Der Züchter und seine Familie müssen sich jetzt viel mit den Welpen beschäftigen, denn sie sind bereits in dieser Zeit sehr aufnahmefähig für Eindrücke aller Art.

An dem guten Willen wird es bei den Züchtern wohl kaum fehlen. Jedoch, wer kann und will soviel Zeit aufwenden wie jener Züchter, der seine Welpen schon mit 3 Wochen in die Wohnung nimmt und sie hier mit allen Zivilisationsgeräuschen bekannt macht, wie Radio, Staubsauger usw., mit dem Fuß kräftiger auftritt, ein Schlüsselbund fallen läßt, ja sie sogar ins Auto setzt und eine kurze Strecke fährt. Das geschieht natürlich erst nach und nach und sehr dosiert, entsprechend der seelischen und körperlichen Verfassung. Zum Füttern werden die Welpen bereits mit dem Ruf „Komm" gelockt, und sie kommen alle, weil sie hungrig sind. Aber der Ruf prägt sich ein. Manche Züchter machen schon jetzt kleine Futterschleppen, damit der Hund das Suchen lernt.

Vorsicht ist geboten, wenn fremde Personen sich mit den Welpen beschäftigen wollen und den Zwinger betreten. Die Mutterhündin greift oft ohne Vorwarnung an und will ihre Welpen verteidigen.

Schon der Züchter muß sich intensiv mit den Welpen beschäftigen (Zwinger Moossee).

Das Zwingerbuch

Viel und oft wurde darüber diskutiert und geschrieben, was ein gewissenhafter Züchter tun soll. Meines Erachtens gehört die Führung eines Zwingerbuches dazu. In dem Buch

Citta SHSB 299694 mit Finet SHSB 401845 und Felix v. Moossee SHSB 401843. Die Mutter ist die beste Lehrmeisterin.

meines Vaters steht unter anderem geschrieben, daß es ein lehrreiches Nachschlagewerk bei der Verbesserung der Zucht und Ausmerzung vorhandener Fehler durch sorgfältige Auswahl des Deckrüden sein soll.

Diesen Zweck kann ein Zwingerbuch nur dann erfüllen, wenn es ordnungsgemäß geführt wird und auch von jedem Zwingerinsassen alle sichtbaren und unsichtbaren Fehler und Mängel registriert werden. Immerwährende Verbesserung der eigenen Zucht führt zu Erfolgen und Spitzenleistungen. Und wenn dann der Erfolg sichtbar wird, bietet das Zwingerbuch eine Quelle reinster Züchterfreuden. So dachte und schrieb man schon vor vielen Jahrzehnten.

Der gewissenhafte Züchter kann also noch viel mehr tun, als nur eine sorgfältige Nachzucht planen und aufziehen. Im eigenen Interesse sollte der Deckrüdenbesitzer in abgewandelter und verkürzter Form Aufzeichnungen machen, um einen Überblick über Erfolg oder Mißerfolg der Deckakte zu erhalten. Andernfalls darf er sich nicht wundern, wenn sein Deckrüde schnell in Mißkredit und in Vergessenheit gerät.

Das Zwingerbuch kann auch noch einem anderen sehr wichtigen Zweck dienen. Leider kommt es häufig vor, daß entlaufene Hunde nur deshalb ihrem Besitzer nicht wieder zugeführt werden können, weil der Züchter nicht mehr weiß, an wen er die Hunde verkaufte, und auch keine Aufzeichnungen darüber gemacht hat. Da dem Zuchtbuchführer nicht alle Welpenkäufer aufgegeben werden, nützt auch die Tätowierung nichts.

Der Abschnitt „Zwingerinsassen" beginnt mit der Abstammung der Zuchthündin (3 Generationen) und enthält ferner nähere Angaben über Erwerb, Verkauf, Tod und die Daten der einzelnen Würfe. Sodann folgen Eintragungen über Vorzüge, Mängel und Erfolge. Hier sind auch die Hunde eingetragen, mit denen nicht gezüchtet wurde.

Für jeden im Zwinger gehaltenen Deckrüden wurden aufgezeichnet: Abstammung, Prüfungserfolge, Name der gedeckten Hündin, Name und Anschrift des Besitzers, Deck- und Wurftag, Anzahl der Welpen und – besonders aufschlußreich – die näheren Umstände des Deckaktes, auch das Leerbleiben einer Hündin.

Es folgen dann alle gezüchteten Welpen mit Rufnamen, Zuchtbuchnummer, Verkaufsdatum, Name und Anschrift des Erwerbers sowie Telefonnummer. Durch die gewissenhafte Führung des Buches konnte die Fälschung einer Stammtafel verhindert werden.

Welchem Züchter kann man es verdenken, wenn er einen besonderen Abschnitt den Erfolgen auf Prüfungen und Ausstellungen widmet? Aber auch die Mißerfolge sollten nicht vergessen werden. Auf einen Blick sieht man dann die Ergebnisse der züchterischen Bemühungen.

Jagdgebrauchshundzucht aus steuerlicher Sicht

Wie die Zucht einzuordnen ist, hängt davon ab, ob sie in der Absicht betrieben wird, einen Überschuß zu erzielen. Ob ein Überschuß erzielt wird, wird wesentlich durch die Preis- und Kostengestaltung beeinflußt. Der eine Züchter nimmt kostendeckende Preise, der andere möchte für seine Mühe zusätzlich eine Entschädigung erwirtschaften. Bestimmend für die Höhe der Einnahmen ist die Anzahl der Welpen. Je weniger Welpen, je weniger Einnahmen, wobei sich jedoch die Kosten kaum verringern.

Sollen lediglich die Selbstkosten gedeckt werden, so fehlt die Absicht einen Überschuß zu erzielen. Steuerlich gesehen handelt es sich dann um eine Liebhaberei.

Zu den Selbstkosten gehören auch die Aufwendungen für die Erhaltung der Zwingeranlage, der Kaufpreis, die Unterhaltung und Ausbildung der Zuchttiere, die Aufzucht der Welpen, Deckentschädigungen, ärztliche Versorgung, Eintragungsgebühren, anteilige Revierbenutzungskosten (Begehungsschein, Pacht) und die eigene Jagdausrüstung.

Ist Liebhaberei zu verneinen, liegen regelmäßig gewerbliche Einkünfte vor. Da die Zuchtordnungen oft die Welpenzahl begrenzen, werden die zur Zeit geltenden Freibeträge nicht immer überschritten, so bei der Umsatzsteuer von DM 25.000 und bei Gewerbesteur von DM 36.000. Bei der Einkommensteuer haben nur die Arbeitnehmer einen Freibetrag von DM 800.

Diese Ausführungen sind Bestandteil des Züchter-Leitfadens

Literatur

AHLERS, H.: Offener Brief, DJZ Unser Jagdhund, **8,** (11), 132, 1913

ALSTAD, S.: Persönliche Mitteilungen, KlM in Norwegen, 1986

BOEHMCKE, G.: Jagdliche Erfahrungen mit dem Heidewachtel, DJZ Unser Jagdhund, **63,** (39), 1007–1008, 1914

BLACZEK, O.: Persönliche Mitteilungen, KlM in der Tschechoslowakei, 1986

BRANDT, K.: Der Heidewachtel oder Spion, DJZ Unser Jagdhund, **8,** (11), 129–131, 1912

BRUNS, W.: Jagdliche Erfahrungen mit dem Kleinen Münsterländer, DJZ Unser Jagdhund, **67,** (38), 605–107, 1916

CAPSIUS, O.: Der Kleine Münsterländer als Gebrauchshund, WuH, **45,** (25), 151–152, 1939

CLOESSNER, W.: Meine vier Kleinen Münsterländer, WuH, **45,** (25), 406–107, 1938

CORSSEN, A.: Persönliche Mitteilungen, Verbandstätigkeit ihres Vaters, 1980

CRAMER-KLETT, L.: Zum Jagen zog ich frohen Sinn's, WuH, **88,** (25), 39, 1985

DENS, E.: Warum züchten Sie keine Kleinen Münsterländer mehr?, DJZ, **87,** (11), 189–190, 1926

EEKMAN-LAMPIO, L.: Persönliche Mitteilungen, KlM in den Niederlanden, 1986

EGGERTS, H.: Klarheit über unsere Zuchtziele, WuH, **69,** (24), 1002, 1967

EGGERTS, H.: Zuchtforschung, Erbwertermittlung, KlM-Mitteilungen, (5/71), 2–5, 1971

EGGERTS, H.: Führung des Zuchtbuches, Ausstellen der Stammtafeln und Erbwertschätzung im mechanisierten Verfahren, KlM-Mitteilungen, (11/76), 228–22, 1976

EGGERTS, H.: Der Kleine Münsterländer Vorstehhund – Heidewachtel – Spion, Zuchtgeschichtliches in Bild und Wort, 1912–1945, Eigenverlag, München, 1986

EILERS, K.: Meine Heidewachtel, DJZ, **8,** (29), 375, 1913

EILERS, K.: Der Heidewachtel, DJZ Das Teckele, **7,** (21), 163–164, 1912

EISERHARDT, H.: Die Eignung des deutschen Hundes zur Feldjagd, WuH, **51,** (1), 17–18, 1948

FEDERHEN, C., DR.: Persönliche Mitteilungen, Unfälle, Krankheitserscheinungen, Züchter-Leitfaden, 1986

FIMMEN, H. O., DR.: Untersuchungen zur Zucht des Kleinen Münsterländers, 73–90, Gießen 1972, Dissertation

FISCHER, A.: Kleiner Münsterländer in Dänemark, Clausens Forlag, Kopenhagen 1974

FRIESS, R.: Die westfälischen Heidewachtel oder Heckenhunde, Zwinger und Feld, **20,** (5), 76–78, (6), 91–93, 1911

FRIESS, R.: Zur Zucht des süddeutschen und westfälischen Wachtelhundes, Zwinger und Feld, **20,** (24), 380–381, 1911

FRIESS, R.: Der Heidewachtel, DJZ Das Teckele, **7,** (13), 98–100, 1912

FRIESS, R.: Spion und deutscher Wachtelhund, DJZ Das Teckele, **7,** (19), 145–148, 1912

GJESSING, M. T.: Persönliche Mitteilungen, KlM in Norwegen, 1986

GRUENEWALD, C.: Der Kleine Münsterländer und der Epagneul, WuH, **72,** (20), 945, 1969

HANNEN, K.: Jagdliche Erfahrungen mit dem Kleinen Münsterländer, DJZ Unser Jagdhund, **67,** (38), 605–607, 1916

HARMENING, H.: Persönliche Mitteilungen über seine Verbandstätigkeit, 1980

HASENCLEVER, H.: Münsterländer Heidewachtel Prinz v. d. alten Grafschaft 235, DJZ Unser Jagdhund, **71,** (46), 439–440, 1918

HASENCLEVER, H.: Woran krankt die Zucht des KlM?, DJZ, **91,** (8), 142, 1933

HEIDEJÄGER, Pseudonym: Heidewachteltyp, DJZ Unser Jagdhund, **72,** (2), 22, 1917

HILBRIG, C.: Der Heidewachtel, DJZ, **79,** (48), 667–672, (52), 726–728, 1921

HÖLINER, R.: Persönliche Mitteilungen, KlM in der Schweiz, 1980

HOLZHAUSEN, O. VON: Der jetzige Stand der Gebrauchshundsache, DJZ Unser Jagdhund, **71**, (4), 42–42, 1917

JACOBSEN, K. B.: Persönliche Mitteilungen, KlM in Dänemark, 1986

JUNGKLAUS, F., DR. DR.: Der Kleine Münsterländer Vorstehhund als Jagd- und Haushund. Neumann-Neudamm, Neudamm 1921

KALLIO, A.: Persönliche Mitteilungen, KlM in Finnland, 1986

KRISTOFF, C.: Warum züchten Sie keine Keinen Münsterländer mehr?, DJZ, **86**, (21), 383, 1926

KUNERT, W., DR.: Beitrag zur Zuchtforschung, KlM-Mitteilung, (4/68), 1–33, 1968

KUNERT, W., DR.: Gedanken zur Früherkennung des Erbwertes unserer Hunde, KlM-Mitteilungen, (4/70), 9–10, 1970

LINDGARD, K.: Zucht des Bretonen (Brief), Unser Bretone, (2/80), 19, Hamburg 1980

LOENS, A.: Der Kleine Münsterländer Vorstehhund. Tierbörse, Berlin 1912

LOENS, A.: Vom Kleinen Münsterländer, DJZ, **88**, (4), 49–50, 1927

LOENS, E.: Der Wachtelhund in Westfalen, Zwinger und Feld, **19**, (49), 720–722, 1910

LOENS, E.: Westfälische Wachtelhunde, Zwinger und Feld, **20**, (17), 267–268, (18), 285–286, 1911

LOENS, E.: Der Spion, ein vergessener Gebrauchshund, DJZ Unser Jagdhund, **7**, (28), 425–432, 1912

LOENS, E.: Der Heidewachtel, DJZ Das Teckele, **7**, (14), 105–108, 1912

LOENS, E.: Vom Heidewachtel, DJZ Das Teckele, **7**, (17), 132–134, 1912

LOENS, E.: Der Kleine Münsterländische Wachtelhund und seine Zucht, DJZ Unser Jagdhund, **8**, (23), 289–296, 1913

LOENS, E.: Der Heidewachtel, DJZ Das Teckele, **7**, (21), 164–165, 1912

LOENS, E.: Münsterländer Vorstehhunde, DJZ Unser Jagdhund, **71**, (6), 165–167, (10), 113–114, (14), 157–1959, 1917

LOENS, E.: Die Arbeit der Heidewachtelhunde, DJZ, **74**, (51/52), 275–276, 1920

LOENS, E.: Der Heidewachtel/Kleine Münsterländer Vorstehhund oder Spion. Verlag J. Neumann-Neudamm, Neudamm 1922

LOENS, E.: Woran krankt die Zucht des KlM?, DJZ, **89**, (26), 461–463, 1927

LOENS, E.: Kleine Münsterländer in Braunschimmel, Hundesport und Jagd, **44**, (9), 186–187, 1929

LOENS, R.: Münsterländerfragen, DJZ Unser Jagdhund, **67**, (24), 381–382, 1916

LOENS, R.: Wie der Münsterländer Vorstehhund aussieht, DJZ, **72**, (34), 371–372, 1919

MELAN, M.: Persönliche Mitteilungen, KlM in Luxemburg, 1986

MOELLER, C. und U.: Persönliche Mitteilungen, KlM in Schweden, 1986

MOELLER, A.: Der Spion, DJZ Das Teckele, **7**, (20), 159–160, 1912

MURALT, H. VON: Der Heidewachtel, Entgegnung auf Löns und Frieß, DJZ Das Teckele, **7**, (14), 108–110, 1912

NN: Kleine Beiträge, DJZ, **8**, (43), 683, 25.10.1913

NN: Münsterländerfragen, DJZ Unser Jagdhund, **67**, (24), 382–383, 1916

OHL, R.: Persönliche Mitteilungen, KlM in Frankreich, 1986

OTTO, E. VON: Kleine Münsterländer Vorstehhunde, WuH, **20**, (38), 731, 1914

OTTO, E. VON: Die Entwicklung der deutschen Kynologie in den letzten 25 Jahren, WuH, **26**, (5), 78, 1920

OTTO, E. VON: Der Kleine Münsterländer, eine Rasse, die Zukunft hat, WuH, **30**, (17), 168–269, 1924

SAARILATHI, A.: Persönliche Mitteilungen, KlM in Finnland, 1986

SACHER, B., DR.: Statistisch-genetische Auswertung von Zuchtbuchunterlagen mit Hilfe der EDV, 90–113, Gießen 1970, Dissertation

SEIFERLE, E.: Vom Sinn der Wesensprüfung, KlM-Mitteilungen, (5/80), 115–119, 1980

SPITAL-FRENKING, E., DR.: Mehr Zuchtforschung, KlM-Mitteilungen, (3/58), 24–25, 1958

SUPPLI, C.: Über den Kleinen Münsterländer Vorstehhund, WuH, **53**, (1), 14, 1950

SCHWEPPENBURG, G.: Mein Kleiner Münsterländer Heide, DJZ Unser Jagdhund, **67**, (52), 829–832, 1916

TABEL, C., DR.: Persönliche Mitteilungen, Bericht über Baldur v. Glücksburg, 1980

THIELE, H.: Vom Kleinen Münsterländer, DJZ, **88**, (9), 112, 1927

VOGEL, P.: Warum züchten Sie keine Kleinen Münsterländer mehr?, DJZ, **87**, (2), 16–17, 1926

WATZDORF, B. VON: Von Kleinen Münsterländern, WuH, **46**, (20), 329, 1940

WÖRZ, E.: Der Vorsteh- und Gebrauchshund. Verlag Neumann-Neudamm, Neudamm 1928, 5. Aufl.

ZEISSL, A.: Der KlM in Österreich, Münsterländer Nachrichten, Österreich, Sonderausgabe, Wien 1978

Weitere Quellen: Deutsches Gebrauchshundestammbuch (DGStB), Nachlaß Jungklaus (Universität Münster), Zuchtbücher KlM-Verband, Rundschreiben des Deutschen Heidewachtel-Clubs.

Rundschreiben der DDR 1946–1989 Protokolle 1946–1989, KlM Nachrichtenblatt DDR 1968–1989, Prüfungs- und Zuchtordnung der DDR

Bildnachweis

Alstad, Seite 86 unten
Berger, Seite 27
Blaczek, Seite 94
Bützer, Seiten 51 rechts oben, 103 unten, 104 Mitte links, 186/187
Corßen, Seite 59 links
Drechsler, Seiten 85 links oben, 93
Eekman-Lampio, Seiten 51 Mitte links (2), 86 links oben, 104 Mitte rechts (2)
Eggerts, Seiten 33 (3), 34 rechts oben, 51 links und rechts unten, 59 rechts, 66 (2), 67 links und rechts oben, 73 (2), 75, 86 rechts oben, 95, 103 rechts oben, 130, 131 (3), 141, 142 (2), 143, 144 (2), 145, 148 (3), 151, 154, 155, 156 (3), 159, 160 (2), 164, 182, 184
Fleddermann-Keller, Seiten 64 links, 67 Mitte links und unten
Frerichs, Seite 62 links
Freudenstein, Seite 52 unten
Hannwacker, Seite 70 rechts oben
Heckel, Seite 78
Höliner, Seite 85 Mitte links
Hülsmann, Seite 64 rechts
Issing, Seite 104 links oben
Kallio, Seite 76
Klinggräff, Seiten 70 links oben, 104 rechts unten
KlM-Archiv, Seiten 52 links oben, 52 Mitte rechts, 60, 67 Mitte rechts und unten, 68 (6), 69 (6), 70 rechts und links unten, 103 Mitte links
Melan, Seite 85 unten
Möller, Seite 96
Möllers, Seiten 34 unten, 103 links oben
Ohl, Seite 85 rechts oben
Saaralathi, Seite 97 rechts (2)
Schachenmeier, Seite 51 Mitte rechts
Schmidt, Seite 52 Mitte links
Schröder, Seite 79
Spital, Seite 86 Mitte links
Verlag Neumann-Neudamm, Seiten 15 (4), 16 (2), 17 (2), 19 (2), 24, 25, 26 (2), 29 (3), 30 (2), 36, 37, 39 (3), 40 (2), 41 (5), 42 (4), 46, 62 rechts
Vögele, Seite 76
Wernisch, Seiten 34 links oben und Mitte rechts, 51 links oben, 53 rechts oben, 104 links unten und rechts oben

Sachregister

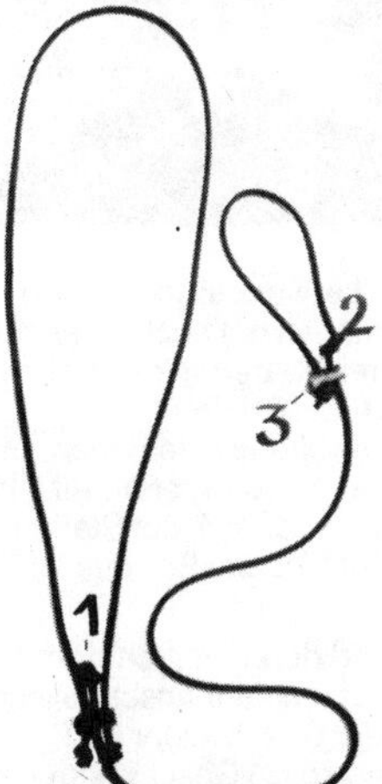
1
2
3

Hans Eggerts

Der Kleine Münsterländer Vorstehhund Heidewachtel – Spion

Zuchtgeschichtliches in Wort und Bild – 1912 bis 1945 –

108 Seiten mit 150 Bildern, 3. Auflage, DM 25,– Eigenverlag Hans Eggerts, 86932 Pürgen-Ummendorf, Pipinstr. 19 a, Tel. 08196/7727

Im Strudel beider Weltkriege und der nach 1945 beginnenden Völkerwanderung gingen viele Unterlagen verloren. Allmählich verblassen auch die Erinnerungen der noch lebenden Zeitzeugen. Es galt deshalb, alle jetzt noch vorhandenen und erreichbaren Bilder, Berichte und sonstigen Unterlagen zu sammeln und geschlossen herauszugeben. Schließlich gelang es, aufschlußreiche Berichte und sehr viele, bisher nicht veröffentlichte Bilder ausfindig zu machen. So können beispielsweise von den 16 zuerst eingetragenen KlM 12 im Bild vorgestellt werden und ferner 11 von 12 Kindern der Hertha v. Loburg 4, der Stammutter der Heitmann-Linie. Das nachweislich älteste Zeugnis eines KlM ist das Bild des im Jahre 1867 gewölften Caro.

Anhand der vorgelegten Bilder kann der Erbgang beider Linien und deren Verschmelzung einwandfrei in Figur und Farbe verfolgt werden. Sie geben somit einen sehr anschaulichen Aufschluß über die Entwicklung der Zucht, auch deshalb, weil viele Geschwister und mehrere Generationen im Bild gezeigt werden. In einem Falle gelang es, 8 Geschwister von 9 vorzustellen.

Dem Bildteil und den Berichten schließen sich Zuchtbucheintragungen mit vielen Einzelheiten aus dem Reichsgebiet in den Grenzen von 1938 und dem Ausland an; dazu gehören auch Bilder aus China (1924). Die Eintragungen geben Aufschluß über Zuchtmethoden, Züchter, Welpen- und Zwingernamen sowie viele andere, nicht nur die Züchter interessierende Dinge.

Über Freud und Leid eines KlM-Züchters und Jägers legt Freiherr von Bischoffshausen, Schlesien, in seinem Bericht über „Minka" ein sehr bewegendes Treuebekenntnis ab.

Der Autor will mit dieser Arbeit all die Frauen und Männer ehren, die Großes gewagt und die KlM-Zucht in früheren Zeiten zu dem gemacht haben, was sie heute ist, und auch die Erinnerung an die durch die Kriegsereignisse vernichteten Zuchtstämme und die Züchter lebendig halten.